Was Kinderseelen brauchen

Barbara Coloroso

Was Kinderseelen brauchen

Erziehung ohne Zwang
Mit Konsequenz und Toleranz
So helfen Sie Ihren Kindern, sicher, selbstbewusst und selbständig zu werden

Aus dem Englischen von Gertraud Hartl

SÜDWEST

INHALT

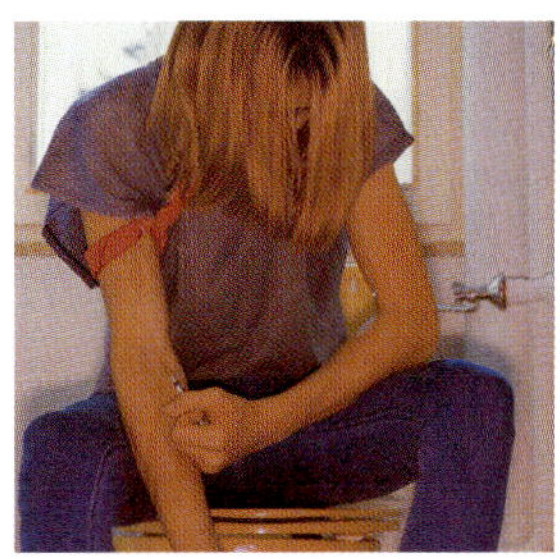

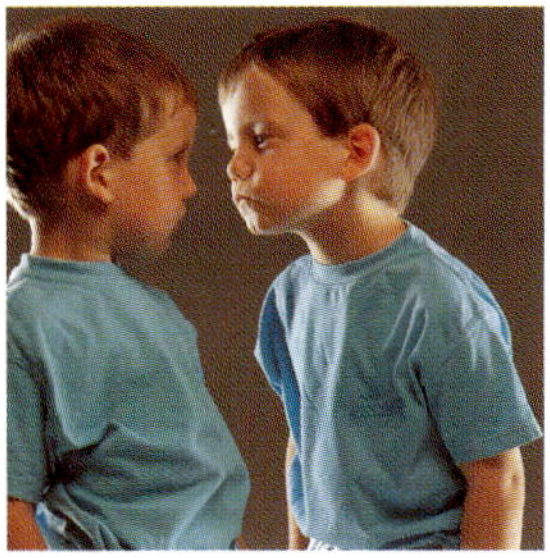

Vorwort

Ich fand auf Umwegen zu meiner Aufgabe als Mutter. Im Alter von 17 Jahren trat ich in ein Franziskanerkloster ein, um Nonne zu werden. Gleichzeitig begann ich ein Pädagogikstudium mit dem Ziel, in Sonderschulen zu unterrichten.

In den ersten Jahren meines Studiums lernte ich zum Thema »Erziehung« Verhaltensmodelle kennen, die von Bestechungen und Belohnungen, Drohungen und Strafen geprägt waren. Diese Methoden hatten sich bei Tierversuchen bewährt und wurden deshalb auch für den Einsatz bei Menschen als geeignet erachtet.

Dieses Konzept, Kinder nicht erziehen, sondern manipulieren zu wollen, erschreckte mich; ich konnte ihm aber zunächst noch nichts entgegensetzen.

»... weil sie Kinder sind, und aus keinem andern Grund besitzen sie Würde und Wert, einfach, weil sie sind ...« (Barbara Coloroso).

Als ich Novizin wurde und mich in die Philosophie und Theologie vertiefte, begann ich, die Lehrinhalte meines Studiums zu hinterfragen.

Schließlich nahm ich meinen Lehrberuf auf und versuchte als Konsequenz, die erlernten Erziehungsmethoden mit meinen philosophischen Grundsätzen in Einklang zu bringen – jedoch vergebens.

Mein Glaube daran, dass Kinder durch ihre bloße Existenz wertvoll seien, nicht etwa, weil sie sich bestimmten Vorstellungen entsprechend verhalten, war nicht mit einem System zu vereinbaren, das »angemessenes Verhalten« belohnt und »unangemessenes Verhalten« bestraft.

Kindererziehung – lebendig, ohne Drill

Ich wollte Kinder nicht anders behandeln, als ich selbst behandelt werden wollte. Dies aber widersprach dem Ziel, »ihnen zu ihrem eigenen Besten Gehorsam beizubringen«.

Methoden, die sowohl die Würde der Kinder als auch meine eigene nicht verletzten, ließen sich mit den gewohnten »Dressuren« nicht vereinbaren.

Ich musste mich aber weiterhin (und vor allem später noch als Mutter) fragen: Was haben alle diese typischen Erziehungsmethoden mit

dem eigentlichen Ursprung von Disziplin und Autorität zu tun, nämlich das Lernen eines Kindes lebendig und offen zu gestalten?
Können Kinder zu verantwortungsvollen, einfallsreichen und energievollen Menschen werden, wenn ihnen durch Kontrolle und Manipulation Gehorsam gelehrt wird? Wie sollen sie innere Disziplin entwickeln können, wenn jede Kontrolle von außen kommt?
Dieses Buch antwortet auf diese Fragen.

»Deine Kinder sind nicht deine Kinder. Sie sind Söhne und Töchter der Sehnsucht des Lebens nach sich selber. Sie kommen durch dich, aber nicht von dir, und obwohl sie bei dir sind, gehören sie dir nicht. Du kannst ihnen deine Liebe geben, aber nicht deine Gedanken, denn sie haben ihre eigenen Gedanken …« (Kahlil Gibran).

Kinder ernst genommen

Die Antworten sind als Annäherung an die Erfüllung von Erziehungsaufgaben zu verstehen, nicht als eine Sammlung bestimmter Mittel, Methoden oder gar Patentrezepte.
Dieses Buch soll vielmehr einen Beitrag dazu leisten, erstarrte pädagogische Vorstellungen zu überdenken, die Eignung von festgefahrenen Erziehungsmethoden zu hinterfragen und das eine oder andere zu ändern, um Kinder in ihrer Entwicklung zu Selbstbewusstsein, Disziplin und Selbständigkeit zu unterstützen.

Um dem eigenen Lebensgefühl und Selbstbild Ausdruck zu verleihen, wählt jeder Mensch seinen ganz eigenen Weg – von Kindesbeinen an.

GRUNDSÄTZE DER ERZIEHUNG

***Erziehung ist vor allem eine Vorstellung, die sich im Kopf der Erwachsenen abspielt.
Je enger die Vorstellung von dem, was für das Kind als unerlässliches Erziehungsziel angesehen wird, desto schwieriger wird die Erziehung.
Es gibt kein Allheilmittel, kein allgemein gültiges Strickmuster, aber einen einfachen Leitsatz: Leben Sie Ihren Kindern vor, was sich nachzuahmen lohnt, und behandeln Sie sie stets so, wie auch Sie selbst behandelt werden wollen.***

Erziehungskonzepte und -methoden

Inhalte und Ziele der Erziehung

Es gibt keine Patentrezepte, keine schnellen und einfachen Lösungen und Antworten für die Erziehungsaufgabe der Eltern, aber die meisten von uns können gute Eltern sein, wenn sie sich nur über die richtigen Mittel im Klaren sind. Leider sind diese Mittel für uns oft nicht sofort greifbar, denn diejenigen, die uns gleich in den Sinn kommen, sind meist nicht die geeigneten. Oft wurden sie uns ahnungslos und ohne böse Absicht von unseren Eltern, Großeltern, Geschwistern, anderen Familienmitgliedern und auch von der Gesellschaft, in der wir leben, mitgegeben. Wir wenden sie unbewusst an, und nicht immer eignen sie sich für unsere Zwecke.

»Glaube nichts, nur weil es dir gesagt wurde … Glaube nicht, was dir dein Lehrer gesagt hat, nur weil du deinen Lehrer respektierst«. (Aphorismus aus dem Buddhismus).

Geeignete Methoden

Um nun die richtigen Mittel und Methoden herauszufinden, müssen wir erst erkennen, welche davon in unserem Repertoire ungeeignet, nutzlos oder gar zerstörerisch sind. Der nächste Schritt ist die Bereitschaft, nach neuen Methoden zu suchen, die uns und unseren Kindern weit besser dienlich sind.

Untersuchen Sie alle Ihre gewohnten Methoden genau, dann erst können Sie entscheiden, welche davon unbrauchbar sind.

Sprechen Sie auch mit Ihren Kindern darüber, und bitten Sie sie um Hilfe. Es kann nervtötend sein, von Kindern hören zu müssen, dass der gerade erteilte Ratschlag völlig überflüssig war oder die eben gestellten Fragen wirklich blöd waren. Aber in beiden Fällen können Kinder im Recht sein und uns damit Gelegenheit geben, innezuhalten und besser geeignete Mittel einzusetzen. Fühlen Sie sich nach einem Zornausbruch (weil Ihr Kind Sie geärgert hat) verärgert, verletzt oder verlegen? Wenn Sie Ihr Kind um Hilfe bitten, damit Sie ungeeignete Methoden aufgeben oder Dinge unterlassen können, die es in seiner Entwicklung behindern, beruht das auch auf Gegenseitigkeit. Umge-

kehrt können Sie ihm dann auch klarmachen, dass der Wutanfall, den es gerade im Lebensmittelgeschäft bekam, nicht der richtige Weg ist, um an die gewünschten Cornflakes zu kommen.
Sie haben die Möglichkeit, Ihren alten Erziehungsstil zu überprüfen und durch einfachere, verantwortungsvollere und konstruktivere Maßnahmen zu ersetzen. Dabei ist es hilfreich zu wissen, worauf diese Methoden aufbauen.

Zwei wichtige Fragen

Bevor wir darüber entscheiden, welche Mittel und Methoden der Erziehung als unbrauchbar verworfen werden sollen, ist es wichtig, zwei grundlegende Fragen zu beantworten:

- Wie sieht mein Erziehungskonzept aus?
- Was ist mein Ziel in der Erziehung?

Will ich meinen Einfluss geltend machen, um die Persönlichkeit meiner Kinder zu stärken? Oder will ich ihn benutzen, um sie zu kontrollieren und ihnen Gehorsam beizubringen?

Wie sieht mein Erziehungskonzept aus?

Nur wer seinen eigenen Erziehungsplan kennt, kann alle Methoden und Mittel genau untersuchen und kritisch beurteilen.

Nur wenige von uns klären diese Frage, bevor sie Eltern werden. Wenn dann die Kinder da sind und die ersten Probleme auftauchen, ist man schnell geneigt, Kinder so zu erziehen, wie man selbst erzogen wurde. Die Worte unserer Mutter kommen uns in den Sinn, obwohl wir uns doch geschworen haben, niemals so wie sie zu reden. Wie der Vater holen wir aus, um unser Kind zu schlagen. Dabei haben wir uns geschworen, niemals so zu reagieren. Wir geraten in Panik, wälzen krampfhaft Erziehungsratgeber und besuchen alle möglichen Vorträge über Erziehungsfragen.
Von sogenannten Experten werden aber eine Menge verrückter, unproduktiver oder schlechter Erziehungspraktiken vertreten. Wenn wir unser eigenes Erziehungskonzept nicht untersucht haben und kennen, werden wir nicht in der Lage sein, das Gute vom Schlechten zu unterscheiden. Wir werden nicht in der Lage sein, Sätze wie »Das ist schon immer so gemacht worden« oder »Das war gut genug für mich, dann ist es auch gut genug für meine Kinder« mit Überzeugung

abzulehnen. Wenn wir finden, dass eine Methode nicht zu unserem Konzept passt, können wir uns entscheiden, sie ungeachtet der Theorie, die dahinter steht, nicht mehr anzuwenden. Ich habe drei Grundsätze gefunden, die sehr hilfreich bei der Bewertung eines Erziehungskonzepts sind:

- Kinder sind wertvoll.
- Ich will ein Kind nicht anders behandeln, als ich selbst behandelt werden will.
- Wenn die Methode funktioniert und die Würde des Kindes und die eigene nicht verletzt werden, dann handle ich danach.

Kinder in allen Zeiten und allen Situationen voraussetzungslos zu lieben ist nicht immer einfach. Doch so, wie sie uns fast blindlings vertrauen, gehört ihnen unsere immerwährende Hilfe, Unterstützung und Zuneigung.

Kinder sind wertvoll

Sie sind wertvoll, weil sie Kinder sind, aus keinem anderen Grund. Sie besitzen Würde und Wert – ganz einfach, weil sie da sind. Sie müssen ihren Wert als menschliche Wesen nicht beweisen, sie müssen uns nicht beweisen, dass sie wertvoll sind, und ebenso wenig müssen sie sich unsere Zuneigung verdienen. Sie haben ein Recht auf unsere bedingungslose Liebe.

Wir können ihre Frisuren, Nasenringe oder komischen Schuhe ablehnen, alles das muss uns nicht gefallen. Auf unsere Liebe jedoch müssen sie sich verlassen können, auch wenn es Schwierigkeiten gibt. Wenn sie sich in unseren Arm schmiegen und uns zum ersten Mal anlächeln, ist es leicht, für sie da zu sein. Wenn dann die ersten Zähne kommen und sie die ganze Nacht durchschreien, wird es schon schwieriger. Wenn sie Fahrradfahren lernen, ist es nicht allzu schwer, da zu sein. Wenn sie dagegen das Familienauto zu Schrott gefahren haben, ist es nicht mehr so leicht. Wenn sie bei der Schulaufführung auftreten, kann man sehr leicht dabei sein. Wenn aber ein Anruf von der Polizeiwache kommt, wird es schwierig.

Die Kinder der anderen

Wenn man Kinder als wertvoll betrachtet, dann schließt diese Haltung auch die Kinder von nebenan ein. Als Erwachsene sollten wir bereit sein, die Opfer zu bringen, die notwendig sind, um sicherzustellen, dass alle Kinder in unserer Gemeinde das haben, was sie brauchen. Dazu gehören gute medizinische Versorgung, Essen, Kleidung, Wohnung und die Möglichkeit, in Sicherheit und Geborgenheit etwas zu entdecken und zu wachsen. Diese Aufgabe kann der Einzelne nicht erfüllen. Für uns als Gesellschaft aber ist es möglich, wenn wir daran glauben, dass unsere Kinder es wert sind, all die nötige Zeit, die Energie und die Mittel aufzubringen. Es ist nicht genug, nur zu sagen, dass wir daran glauben. Wir müssen auch bereit sein, nach diesem Glauben zu handeln und unsere Erziehung danach auszurichten.

Kinder gut behandeln

Der Grundsatz, dass wir andere so behandeln sollen, wie wir auch selbst behandelt werden wollen, findet sich in allen großen Weltreligionen wieder (siehe Seite 15).

Eine wertvolle Erziehungsregel

Eine einfache, daher goldene Regel: Nehmen Sie die Kinder mindestens so ernst wie sich selbst – ganz nach dem englischen Sprichwort »Tit for Tat«, was etwa »Wie du mir, so ich dir« bedeutet.

Diese goldene Regel kann uns sehr nützlich sein, wenn sie auf die Beziehung mit unseren Kindern angewandt wird. Wenn wir nicht sicher sind, ob wir im Umgang mit Kindern richtig liegen, müssen wir uns nur an ihre Stelle versetzen und uns fragen, ob wir so behandelt werden wollten. Die Frage lautet also nicht, ob wir so behandelt wurden, sondern vielmehr, ob wir so behandelt werden wollen. Wenn die Antwort nein ist, dann müssen wir uns fragen, warum in aller Welt wir mit unseren Kindern so umgehen sollten.

Ich möchte nicht geschlagen werden, warum sollte ich dann meinen Sohn schlagen? Ich will nicht angeschrien werden, wenn ich einen Fehler gemacht habe, warum sollte ich dann meine Tochter anschreien, weil sie etwas fallen lassen hat? Ich möchte nicht, dass man sich über mich lustig macht, wenn ich Erwachsener versuche, Rollerblades zu fahren. Warum sollte ich mich dann über meine Tochter amüsieren, wenn sie die Gangschaltung noch immer nicht beherrscht, obwohl es ihr schon zehnmal gezeigt wurde?

Auch an die Zukunft denken

Wir müssen nicht nur an die Gegenwart denken, um zu erkennen, dass es am besten ist, Kinder nur so zu behandeln, wie man selbst behandelt werden will. Wenn wir heute versuchen, unsere Kinder mit

Moralischer Grundsatz der Weltreligionen

Baha'i: Es ist unser Wunsch und Bestreben, dass jeder von euch eine Quelle der Güte für die Menschen sei und ein Beispiel an Standhaftigkeit für die Menschheit. Hüte dich davor, dich über deine Nachbarn zu stellen (Baha u Ilah, Erleuchtungen, 315).

Buddhismus: Verletze andere nicht in einer Weise, die du selbst verletzend finden würdest (Undana-varqa, 518).

Christentum: So, wie du wolltest, dass dir getan wird, so tue auch den anderen (Lukas 6, 31).

Konfuzius: Sicherlich ist das das Größte an Liebe und Freundlichkeit: Tue andern nicht, was du nicht wolltest, dass dir getan wird (Analect XV, 23).

Hinduismus: Das ist das Wesen von wahrer Rechtschaffenheit: Behandle andere so, wie du auch selbst behandelt werden willst. Tue deinem Nachbarn nichts, was du nicht wolltest, dass er auch dir tue (Mahabharata).

Islam: Keiner von euch ist ein Gläubiger, bevor er nicht für seinen Bruder dasselbe wünscht wie auch für sich selbst (Sunnah).

Judentum: Was du selbst hasst, das tue auch nicht deinen Mitmenschen an. Das ist das ganze Gesetz, der Rest sind Anmerkungen (Talmud, Shabbat 31a).

Taoismus: Der gute Mensch soll die bösen Neigungen anderer bedauern oder sich über ihre Auszeichnung freuen; er soll ihnen in ihren Schwierigkeiten helfen, ihre Gewinne betrachten, als ob sie seine eigenen wären, und ihre Verluste in der gleichen Weise (Thai-shang 3).

Zoroastrismus: Dieses Wesen ist nur gut, wenn es anderen nicht antut, was für sich selbst nicht gut ist (Dadistan-I Dinik 94, 5).

Fast alle großen Religionsgemeinschaften der Welt berufen sich auf ähnliche Grundwerte, wenn es um den Umgang mit anderen Menschen und die Tolerierung ihrer Lebensgrundsätze geht.

Verhaltensmuster vererben sich von Generation zu Generation. Durch die Art der Erziehung ihrer Kinder können Eltern schon früh den Grundstein für ein würdevolles Miteinander innerhalb der Familie wie auch in der Gesellschaft legen.

bestimmten Praktiken zu kontrollieren, um ihnen dadurch Gehorsam beizubringen, wird das Auswirkungen haben. Wir werden in Schwierigkeiten kommen, wenn wir älter werden und mit einer jüngeren Generation zu tun haben, die andere, die schwächer sind, ausgezeichnet kontrollieren kann (weil wir es ihr jahrelang beigebracht haben). Und mit Sicherheit werden wir im Alter die Schwächeren sein. Ich will ein siebenjähriges Kind nicht auf eine Weise behandeln, die mir selbst als 70-jährige nicht gefallen würde. Es ist schwer, sich vorzustellen, wie man von einem erwachsenen Kind mit Versprechungen und Belohnungen dazu gebracht wird, am Morgen rechtzeitig aus dem Bett zu kommen, sich anzuziehen und zum Frühstück zu erscheinen. Noch schwerer ist es, sich vorzustellen, im Alter von 70 Jahren geschlagen zu werden, nur weil man seine Meinung sagt – anders ausgedrückt: widerspricht. Der Preis für eine falsche Erziehung wäre also der Verlust der eigenen Würde und Selbstachtung.
Deshalb ist eine gute Möglichkeit, den Erziehungsstil zu überprüfen, nach wie vor die Frage: Würde es mir gefallen, so behandelt zu werden? So einfach diese Frage scheinen mag, sie kann darüber entscheiden, wie wir diese kommende Generation erziehen werden.

Unsere Kinder können Selbstvertrauen und innere Unabhängigkeit nur entwickeln, wenn wir ihnen genügend Freiraum zugestehen – und die Achtung vor ihrer Persönlichkeit.

Kinder sind kein Eigentum

Ich glaube, dass wir zum ersten Mal in unserer Geschichte das nötige Werkzeug haben, um den Kreislauf von Fehlfunktion, Missbrauch und Vernachlässigung durchbrechen zu können. Es ist uns jetzt als Individuen und als Kollektiv bewusst geworden, welche Schäden körperlicher und emotionaler Missbrauch in einem Kind, einer Familie und einer Gesellschaft hervorrufen kann. Sicher wird es nicht einfach sein, die nötigen Veränderungen umzusetzen. Starker Widerstand wird vor allem von den Menschen kommen, die glauben, Kinder seien Besitz, über den verfügt werden kann. Einige werden bis zum bitteren Ende kämpfen und ihr »Recht« behaupten, ihre Kinder körperlich, emotional und sexuell zu missbrauchen. Natürlich müssen diejenigen, die sich für eine Veränderung einsetzen, auch gegen die eigenen Widerstände kämpfen. Die zerstörerischen Methoden haben wir nämlich als langjähriges Familienvermächtnis übernommen, das von Generation zu Generation weitergegeben wurde.
Kinder wurden und werden nur allzu oft als Eigentum der Erwachsenen behandelt und von ihnen benützt und missbraucht. Im späten 19. Jahrhundert beschrieb z. B. Elizabeth Browning (Barrett) Kinder, die zur Arbeit in den Fabriken herangezogen wurden.

Körperliche Schmerzen

Daraus gelernt haben wir aber immer noch nichts, denn 1978 schrieb James Dobson in seinem Buch »Temper Your Child's Temper Tantrums« (»Wie Sie die Wutanfälle Ihres Kindes mäßigen«):
»Bei einem sehr dickköpfigen Kleinkind kann man mit leichten Schlägen im Alter zwischen 15 und 18 Monaten beginnen … Führen Sie die Schläge mit einem neutralen Objekt aus – etwa einer kleinen Rute oder einem Gürtel –, aber nur selten mit der Hand … Die Schläge sollen weh tun, sonst werden sie keine Wirkung haben … Einige eigenwillige Kinder verlangen absolut danach. Ein folgsames Kind jedoch sollte dann bis zum Ende seines zehnten Lebensjahres keine weitere Prügel mehr erhalten.«
Dobson empfiehlt diese Methoden noch heute, wenn er mit Rat Suchenden Eltern in seiner international ausgestrahlten Radiosendung spricht. Unter dem Deckmantel von Disziplin wird körperliche und emotionale Gewalt gegen Kinder legitimiert und gutgeheißen.

»Hörst du das Weinen der Kinder? Oh, meine Brüder, noch ehe mit den Jahren der Kummer kommt … Sie weinen, während andere spielen, in einem Land der Freien« (aus: »Cry of the Children«).

Häufige Redensarten

- Keines meiner Kinder wird so mit mir sprechen.
- Eine Tracht Prügel hat noch keinem geschadet.
- Du bist so dumm. Sogar ein Dreijähriger könnte das besser machen als du.

Die Zeit heilt alle Wunden, sagt man. Doch die verletzte Kinderseele vergisst nicht. Die Auswirkungen jeglicher Gewaltanwendung im Kindesalter verfolgen den Erwachsenen ein Leben lang.

Der Historiker Philip Grevin beschreibt das Problem und bietet in seinem Buch »Spare the Child« (»Schütze das Kind«) eine positive Lösung an: »Die Vergangenheit hat einen mächtigen Einfluss auf die Zukunft, denn sie prägt Gefühle, Handlungen und Glaubenssätze in der Gegenwart. Die Schmerzen und Leiden, die Kinder erfahren mussten, die körperlich bestraft wurden, überdauern die Zeit … Die Gefühle, die aus dem Schmerz entstehen, der durch Gewaltanwendung von Erwachsenen an Kindern hervorgerufen wird, werden meistens verdrängt, vergessen und verleugnet, sie verschwinden jedoch niemals. In unserem innersten Wesenskern hat sich alles eingeprägt, und die Auswirkungen der Strafen durchdringen unser Leben, unsere Gedanken, unsere Kultur und unsere Welt…Wir können uns für einen anderen Weg ohne körperliche Bestrafung entscheiden, der dagegen von Fürsorge, Liebe und Stärkung der Lebenskraft geprägt ist.«

Seelische Schmerzen

Körperliche Bestrafung ist offensichtlicher Missbrauch. Der Missbrauch durch emotionale »Prügel« und Vernachlässigung dagegen ist nicht so leicht erkennbar. Durch ständige Demütigung und Kritik werden Kinder dazu gebracht, sich selbst als nicht gut genug oder als durchweg schlecht zu betrachten.

Häufige Redensarten

- Kannst du denn gar nichts richtig machen?
- Du bist ein Unfall.
- Ich wünschte, du wärst nie geboren worden.
- Warum kannst du nicht wie dein Bruder sein?

Andere Kinder werden von ihren Eltern vernachlässigt. Sie haben vielleicht alle materiellen Güter, die sie sich nur wünschen können, aber sie erfahren keine Geborgenheit, keine Zärtlichkeit oder herzliche Worte der Ermutigung, sondern nur Kälte. Das tief sitzende Gefühl von Verlorenheit und Kummer zeigt sich nicht in blauen Flecken oder gebrochenen Gliedern, sondern in einem gebrochenen Herzen. Diese Hoffnungslosigkeit und Verzweiflung wirken sich auf ihre Ehe, auf ihre Familienbande, auf ihre Arbeit und auf ihre Freizeit aus.
Wenn wir entschlossen sind, unsere Kinder nicht anders zu behandeln, als wir selbst behandelt werden wollen, müssen wir nach verantwortungsvollen und effektiven Alternativen zu Drohungen, Schlägen, Unterdrückung und Vernachlässigung suchen.

Die Würde des Kindes nicht verletzen

Nur weil eine Methode funktioniert oder zu funktionieren scheint, ist sie noch nicht gut. Viele Erziehungsmaßnahmen zielen darauf ab, Kinder Gehorsam zu lehren und sie zu kontrollieren. Ein ernstes Problem dabei ist, dass dafür die Würde der Kinder ebenso wie die der Eltern geopfert wird – im Namen von Verhaltenskorrekturen oder Verhaltenskontrollen. Verhaltenskontrollen basieren auf Macht und manipulieren die Kinder durch Bestechung, Belohnung, Drohung und Strafe. Diese Methode bringt Kinder dazu zu gehorchen, verletzt aber auf nachdrückliche Weise ihre Würde. Das »brave Verhalten« wird zu einem schrecklich hohen Preis erkauft.

»Belohnungen und Strafen sind nicht der richtige Weg, um ein angemessenes Verhalten zu erreichen. Beide Methoden vermitteln die falsche Botschaft, nämlich, dass Freundlichkeit eine Ware ist, die man kaufen oder um die man handeln kann« (Elizabeth Navar).

Macht und Kontrolle

Während der ersten Semester meines Studiums konnte ich die Wirkung von Verhaltenskorrekturen unmittelbar beobachten. Die Methodik von Belohnung und Strafe mag bei Tieren ja gut funktionieren, aber ein Kind wird hierdurch naturgemäß in Abhängigkeit und Angst gehalten. Es hängt ab von den Belohnungen, die es von den Eltern für positives Verhalten erhält, und es lebt in der Angst davor, mit welchen Strafen sie wohl auf negatives Verhalten reagieren werden.
Es spielt keine Rolle, mit welchen gut klingenden Bezeichnungen diese Methoden beschönigt werden. Es geht hier eindeutig um Be-

herrschung, Manipulation und Kontrolle. Kinder sind Individuen, die das Recht darauf haben, ihre Bedürfnisse auszudrücken, und dafür auch Respekt erwarten können. Eltern, die ständig mit Bestechung, Belohnung, Drohung und Strafe arbeiten, neigen dazu, ihre Kinder als Menschen zu sehen, die in eine bestimmte Form gepresst und dazu gebracht werden müssen, sich so zu verhalten, wie die Eltern es wünschen. Diese Haltung ist meistens unbewusst, und das macht sie umso gefährlicher.

Kontrolle durch die Eltern

Erzwungenes Wohlverhalten durch Strafe und Drohungen lässt Kinder lediglich die pure Macht des Stärkeren spüren, ändert aber nicht ihr Verhalten beispielsweise aufgrund von Eigenverantwortlichkeit.

Durch Bestechung, Belohnung, Drohung und Strafe bleibt die Kontrolle in den Händen der Eltern und vermittelt den Kindern die Botschaft: Weil ich ein Erwachsener bin, kann ich dich zum Gehorsam zwingen, und das werde ich auch tun. Oft folgt dann noch der rechtfertigende Spruch: »Es ist ja zu deinem Besten.«

Häufige Redensarten

- Wenn du im Geschäft brav bist, dann lasse ich dich mit deinem Freund spielen, wenn du heimkommst.
- Wenn du fünf Einser im Zeugnis hast, dann kauf ich dir das Motorrad.
- Wenn du aufhörst zu schreien, dann kannst du etwas Süßes haben.

Das Kind wird Ihre Forderungen vielleicht erfüllen, aber es erfährt dadurch auch Kontrolle und Manipulation als eine Kraft, die von außen wirkt, aber nicht aus seinem Inneren kommt. Es gehorcht, weil es dafür belohnt wird, nicht aus Selbstachtung, Selbstdisziplin oder Eigenverantwortlichkeit heraus.

Belohnung statt Respekt

Der Weg, den wir wählen, um Menschen zu motivieren, sagt viel darüber aus, was wir von ihnen halten. Wenn wir an jemanden glauben und Achtung vor dessen Aufgabe haben, ist es unnötig, ihn mit Belohnungen zu locken, denn Glaube und Respekt sind die Triebfeder

seiner Handlungen. Wenn wir jedoch von der gestellten Aufgabe oder dem, der sie erfüllen soll, nicht allzu viel halten, dann greifen wir darauf zurück, ihn mit einer Belohnung zu locken. Warum setzen wir also auf Angst anstatt auf Vertrauen?
Kinder, die ständig bestochen und belohnt werden, werden mit großer Wahrscheinlichkeit zu Erwachsenen, die übermäßig von der Zustimmung und Anerkennung anderer abhängig sind. Eigenes Selbstvertrauen und Verantwortungsgefühl fehlen ihnen.

Häufige Fragen

- Was springt für mich dabei heraus?
- Gibt es eine Belohnung dafür?
- Gefällt es dir?
- Hast du gesehen, wie ich es gemacht habe?
- Habe ich es richtig gemacht?

Drohung und Strafe

Drohungen bauen auf Bestrafungen auf, sie orientieren sich am Urteil von Erwachsenen und schaffen Druck von außen. Die innere Kontrollinstanz des Kindes wird nicht anerkannt. Dies ruft bei den Beteiligten Ärger und Groll hervor und zieht damit weitere Konflikte nach sich. Das Entscheidende aber ist, dass das Kind seiner Würde und seines Selbstwertgefühls beraubt wird. Dies kann sich folgendermaßen abspielen:

- Durch Isolation (»Wenn du deine Schwester noch einmal schlägst, bleibst du für den Rest des Tages in deinem Zimmer«)
- Durch Demütigung (»Wenn du lügst, werde ich eine lange Pappnase an dein Gesicht kleben, damit du aussiehst wie Pinocchio«)
- Durch Beschämung (»Schäm dich, du hast in die Hosen gemacht«)
- Durch Liebesentzug (»Du brauchst gar nicht zu kommen, damit ich dich in den Arm nehme – du warst heute ein böser Junge«)
- Durch Einsperren (»Wenn du noch mal so zu deiner Mutter sprichst, dann bekommst du eine Woche Hausarrest«)
- Durch rohe Gewalt (»Beug dich vor und wage ja nicht, zu weinen. Wenn du weinst, dann werde ich dich umso heftiger schlagen«)

»Die Methode, Leckerbissen für die Ausführung von Kunststücken bereitzuhalten, eignet sich vielleicht für die Dressur von Tieren; es ist aber äußerst zweifelhaft, ob sie die richtige ist, um die zukünftige Generation von Denkern und Problemlösern heranzuziehen« (Kathy Tyler).

Der Erziehungsschwerpunkt liegt auf der Kritik, sie demütigt die Kinder und beraubt sie ihrer Würde als Menschen. Sie hören dann vielleicht wirklich damit auf, die Schwester zu ärgern, die Eltern offensichtlich anzulügen, den Bruder zu beißen und zu weinen, wenn sie geschlagen werden. Aber sie haben dann auch gelernt, sich nur »richtig« zu benehmen, wenn sie befürchten müssen, erwischt und bestraft zu werden. Ihr Selbstwertgefühl und ihr Gespür für angemessene, selbstverantwortliche und rücksichtsvolle Handlungen werden ernsthaft beeinträchtigt.

Reaktionen des Kindes

»Wenn Sie verhindern wollen, dass Ihr Kind ein normales, verantwortliches Gewissen entwickelt, das es ihm ermöglicht, Selbstbeherrschung zu üben, dann bauen Sie Ihre Beziehung zu ihm auf Strafen auf. Kontrollieren Sie sein Verhalten vorwiegend durch Schläge und Schimpfen, vor allem durch Schimpfen« (Ross D. Campell).

Angesichts der Dominanz, der Manipulation und der Kontrolle durch jemanden, der größer ist, reagieren Kinder folgendermaßen:

- Mit Furcht – sie tun, was ihnen gesagt wird, weil sie abhängig sind und Angst haben. (»Wenn ich nicht mache, was sie mir sagt, dann schickt sie mich wieder ohne Abendessen ins Bett.« – »Er wird mich wieder schlagen, wenn ich dich besuche.«) Kinder werden den Erwachsenen nur so lange gehorchen, bis sie groß genug sind, um sich ihre Wünsche selbst zu erfüllen, zurückzuschlagen oder von zu Hause wegzugehen.
- Mit Kampf – sie greifen die Erwachsenen an oder lassen ihre Wut an anderen aus. (»Wenn er mich noch einmal schlägt, dann bringe ich ihn um.« – »Wenn Mama mich schlagen kann, dann sehe ich nicht ein, warum ich meine kleine Schwester nicht auch schlagen darf.«) Der Erwachsene reagiert darauf oft noch schärfer, und die Situation eskaliert.
- Mit Flucht – sie versuchen, manipulativen und kontrollierenden Eltern zu entkommen, indem sie ihre Gefühle, Gedanken und Handlungen vor ihnen verbergen oder tatsächlich von zu Hause weglaufen. (»Mit mir ist alles in Ordnung, lass mich nur in Ruhe, ich komme allein klar.« – »Ich weiß nicht, wann das Spiel stattfindet, Papa. Ich will auch nicht, dass du dabei bist.« »Ich werde von hier abhauen.«) Die Flucht kann auch nach innen stattfinden und verheerende Folgen haben. Kinder, deren Bedürfnisse und Gefühle übergangen, ignoriert oder abgewiesen werden, können kein Selbstwertgefühl entwickeln. Das bringt sie in die Gefahr, promiskuitiv, drogenabhängig oder selbstmordgefährdet zu werden.

Zwang – ein schlechtes Mittel

Während meiner ersten Jahre als Lehrerin kam ich mit einem »Rüstzeug« in die Klassenzimmer, das ich mir in meinen Universitätsseminaren angeeignet hatte. Nach einem Jahr als Referendarin dachte ich, alle Fragen im Zusammenhang mit Kontrolle und Manipulation für mich geklärt zu haben. Ich hielt es für eine meiner Hauptaufgaben, meinen Schülern Gehorsam beizubringen. Durch einen fünfeinhalbjährigen Jungen erfuhr ich aber etwas Neues: Er weigerte sich strikt, sitzen zu bleiben. Ich versuchte es mit allen mir bekannten Mitteln: »Jeff, bitte setz dich jetzt hin ... Schau nur, wie schön Susie sitzen bleibt ... Ich gebe dir Schokolade, wenn du dich jetzt hinsetzt ... Der Direktor kommt gleich rein, bitte setz dich!« Alles war umsonst. Er sah mir herausfordernd in die Augen: »Zwing mich doch, wenn du kannst!« Ich drückte ihn mit Gewalt auf seinen Stuhl. Er sprang sofort wieder auf. Dann tat ich etwas, was ich heute niemals mehr versuchen würde: Ich packte ihn an den Schultern, setzte mich und zog ihn mit mir hinunter auf den Stuhl. Er lachte mich an und verkündete: »Sobald du wieder aufstehst, werde ich auch wieder aufstehen.« Daraus habe ich gelernt, dass ich Kinder nicht kontrollieren und zum Gehorsam zwingen kann. Ich konnte Jeff nicht dazu bringen, etwas zu tun, was er selbst nicht wollte.

»Kreative Stärke ist Einfluss, nicht Zwang – Überzeugung wohnt im Herzen« (Deutsches Sprichwort).

Erziehung ohne Zwang

Wirklich starke Lehrer und Eltern versuchen nicht, Kinder durch Drohungen, Strafen oder Belohnungen zu kontrollieren und zu bestimmten Verhaltensweisen zu zwingen – das könnte den gegenteiligen Effekt haben.
Durch Kontrolle und Zwang werden Kinder oft unterwürfig, gehorsam bzw. angepasst, oder sie fallen in das andere Extrem und lehnen sich gegen jede Form von Autorität auf.

Aufgrund der Erfahrung mit Jeff musste ich meine Rolle als Lehrerin, meine Lehrmethoden und -ziele neu überdenken. Ich kam zu dem Vorsatz, nur noch Methoden anzuwenden, die sowohl die Würde der Kinder wie auch meine eigene nicht verletzen.

Fragen ergeben Antworten, und Antworten ergeben Fragen. Beim Lernprozess in der Gruppe ist jeder am Ergebnis beteiligt – ein lebendiges Lernen um des Lernens willen.

Belohnung für etwas, was gut gemacht wurde, ist die Tatsache, dass es gemacht wurde, nicht das Wie, Warum, Wann oder gar Wofür. Weitere Verstärkung ist nicht nötig.

Einige Jahre später unterrichtete ich eine Gruppe von gefährdeten Jugendlichen in einer Modellklasse der Universität. Mein Mentor, der Verhaltensführung lehrte, sprach mich an. Seine Abschlussstudenten waren als Hospitanten in meinen Unterricht gekommen, wo sie irritiert feststellen mussten, dass ich nicht mit dem Anreiz von Belohnungen arbeitete. Ich ließ keine Lobreden hören, es gab keine Einschränkung von Privilegien, und ebenso wenig drohte ich mit harten Strafen oder Zwangsmaßnahmen. Ich fragte meinen Mentor, ob er den Eindruck habe, dass die Schüler bei der Sache wären und die gestellten Aufgaben erfüllten. Das wurde von ihm bejaht. Außerdem konnte er feststellen, dass sie eigenständig und kooperativ arbeiteten sowie ihre Probleme und Konflikte untereinander selbst lösten. Sie bekämpften sich nicht, verhielten sich nicht desinteressiert. Eine Rechtfertigung für meine Methode war nicht mehr nötig. Was wir hier im Unterricht machten, war ganz einfach unsere Arbeit.

Der richtige Anreiz

Die Veränderung war nicht sofort eingetreten. Viele meiner Schüler kamen aus Lehrgängen, in denen ausschließlich die Methoden der Verhaltenskorrektur angewandt worden waren. Es war also nicht überraschend, dass sie mich sofort fragten: »Was bekommen wir, wenn wir die Aufgabe erfüllt haben?« Meine Antwort war für sie völlig neu: »Du weißt dann, dass du es erledigst hast.« Es dauerte eine Weile, bis sie davon überzeugt waren, dass ich an sie glaubte und wusste, dass sie die notwendigen Aufgaben erfüllen und ihre Probleme selbst lösen konnten. Ihre Fortschritte wurden von ihnen selbst registriert. Am Ende gab es dann keine Belohnung, sondern das befriedigende Gefühl, eine Aufgabe bewältigt zu haben. Sie glaubten an sich selbst und an ihre Fähigkeit, Aufgaben zu meistern.

Erfolg, die beste Belohnung

Die gleiche Methode funktioniert auch in der Familie. Eine Fünfjährige, die sich damit abmüht, Fahrradfahren zu lernen, braucht Unterstützung. Sie braucht Ermutigung (»Ich weiß, du schaffst es – versuch es noch einmal«), aber keine Drohungen. (»Du wirst dein ganzes Leben lang Dreirad fahren müssen.«) Wenn sie dann geschafft hat, allein loszufahren, muss sie für die Bewältigung dieser schwierigen Aufgabe nicht belohnt werden. Die beste Belohnung für sie ist ihre eigene Zufriedenheit und der Glaube an sich selbst. Das prägt sich so positiv ein, dass das Kind immer wieder versuchen wird, diese gute Erfahrung zu machen.

Das Vertrauen in die eigene Leistung und in die eigenen Fähigkeiten ist Motor und Motivation genug, um die angenehme Erfahrung, eine Situation selbst gemeistert zu haben, zu wiederholen. Kein Druck, keine Bestechung könnte Ihr Kind zu größeren Anstrengungen verleiten.

Einfluss und Bestärkung

Möchten Sie Ihre Kinder beeinflussen und bestärken oder kontrollieren und sie dazu bringen zu gehorchen? Die meisten von uns werden vermutlich sagen, dass sie sie beeinflussen und bestärken möchten. Die Methoden aber, die wir anwenden, strafen diese Antwort Lügen. Sie zeigen deutlich, dass wir sehr wohl darauf abzielen, unsere Kinder zu kontrollieren und gehorsam zu machen. Vielleicht gebrauchen wir keine brutale Gewalt, aber wir sagen unserem Kind z. B., es soll in die Ecke gehen und sich schämen, weil es seinen Bruder geschlagen hat. Es stellt sich entweder gehorsam in die Ecke oder weigert sich trotzig. Dies lässt uns wiederum zu Strafmaßnahmen greifen. Wie auch immer – das Kind hat nicht gelernt, verantwortungsvoll mit seinem Zorn umzugehen. Wir werden weiterhin nicht genug Vertrauen haben, um es mit dem kleinen Bruder allein zu lassen.

Verantwortung für Kinder übernehmen

Einer der großen Erzieher unserer Zeit, Haim Ginott, sagt über den mächtigen Einfluss, den wir auf Kinder haben:
»Mein Auftreten bestimmt das Klima. Meine tägliche Stimmung ›macht das Wetter‹ ... Ich habe eine gewaltige Macht, um das Leben eines Kindes unglücklich oder fröhlich zu gestalten. Ich kann sowohl ein Folterinstrument als auch ein Instrument der Inspiration sein. Ich kann demütigen oder nachgeben, verletzen oder heilen. In allen Situationen liegt es in meiner Verantwortung, darüber zu entscheiden, ob eine Krise eskaliert oder sich wieder beruhigt und ob ein Kind menschlich oder unmenschlich behandelt wird.«

Kinder lernen in erster Linie durch Nachmachen und Abschauen. Die Basis für ihre späteren Lebens- und Verhaltensweisen, ihre Vorlieben und Abneigungen schafft das Elternhaus.

Wenn wir glauben, dass unser Ziel darin besteht, unsere Kinder zu beeinflussen und zu bestärken, dann müssen wir uns dieser Einstellung gemäß verhalten. Einfluss ist immer vorhanden und wirksam, ob wir uns darum bemühen oder nicht. Die Frage ist: Wirkt unser Einfluss produktiv, wird er unserer Verantwortung gerecht, oder ist er negativ, unproduktiv und unverantwortlich?
Wenn Sie die Gewohnheit haben, eine Schachtel Zigaretten pro Tag zu rauchen, dann macht das Ihr Kind nicht zum Raucher, beeinflusst aber ganz sicher sein Verhalten. Wenn Sie Ihre Wochenenden mit Ihren Kindern draußen verbringen, anstatt vor dem Fernseher zu sitzen, dann sind die Chancen, dass Ihre Kinder später zu Stubenhockern werden, sehr gering. Wenn Sie selbst gut für sich sorgen, werden Ihre Kinder auch später so mit sich umgehen. Wir beeinflussen ständig die Menschen um uns herum und werden ständig von ihnen beeinflusst. Was wir unseren Kinder mitgeben wollen, ist unsere Entscheidung.

Verantwortungsbewusstsein schaffen

Kraft ist wie eine Kerze mit einer riesigen hell leuchtenden Flamme. Das Licht, das wir als Eltern ausstrahlen, kann das Leben der Kinder erhellen. Im Alter, wenn unser Licht unvermeidlich zu flackern beginnt, werden wir durch das Licht der kommenden Generation geführt. Wollen wir hoffen, dass ihre Kraft einmal vergleichsweise stärker sein wird als die, die wir ihnen mit auf den Lebensweg gaben. Wenn wir unsere Kinder bestärken wollen, müssen wir ihnen zunächst eine sichere, geborgene Umgebung bieten. Dazu gehören bedingungslose Liebe, Wärme, Zärtlichkeit und die Sorge um ihr körperliches, emotionales und geistiges Wohlbefinden. Diese starke, liebevolle Grundlage gibt unseren Kindern die Möglichkeit, zu wählen und Entscheidungen zu treffen. Wir bieten ihnen dadurch einen festen Grund, auf dem sie bauen und ihren Verantwortungs- und Entscheidungsbereich ständig erweitern können. Wenn sie gelernt haben, ihre eigenen Entscheidungen zu treffen, können sie als Erwachsene Verantwortung übernehmen, ihre eigenen Interessen und Rechte gut vertreten und für sich selbst eintreten. Ebenso werden sie dann auch die Rechte und legitimen Bedürfnisse anderer respektieren. Wenn wir unsere Kinder positiv beeinflussen und bestärken, dann werden wir nicht mehr das Gefühl haben, sie kontrollieren und dafür sorgen zu müssen, dass sie gehorchen. Ermutigung und Disziplin heißen die Alternativen zur manipulativen Steuerung des kindlichen Verhaltens.

Ermutigung ist wichtig

Wir können unsere Kinder ermutigen, anstatt sie zu bestechen und zu belohnen. Für »richtiges« Verhalten werden Belohnungen in Aussicht gestellt. Damit wird das Verhalten bewertet und ausgedrückt: Du hast das, was ich von dir wollte, gut gemacht. Du hast mir damit Freude gemacht. Somit geht es hierbei nur um die Bewertung der Eltern. Ermutigung dagegen ist immer möglich, sie ist wertfrei, und das Kind steht dabei im Mittelpunkt, denn ihm werden Vertrauen und Zuversicht entgegengebracht. Z. B. fällt ein Kind, das gerade laufen gelernt hat, auf die Nase.

- Es braucht kein Lob. (Etwa: »Du bist gut gefallen. Gut gemacht!«)
- Man muss es auch nicht bestechen. (»Komm zu mir, dann bekommst du etwas Süßes.«)
- Bestrafung wäre genauso falsch. (»Du Tölpel, wann lernst du denn endlich laufen?«)
- Das Kind braucht Ermutigung, jemanden, der ihm wieder aufhilft und ihm sagt: »Ich weiß, du schaffst es. Versuch es noch einmal.«

»Jeder Mensch sehnt sich danach, geliebt zu werden. Das Größte, das wir tun können, ist, andere Menschen wissen zu lassen, dass sie geliebt werden und fähig sind, andere zu lieben« (Fred Rodgers).

Lebenswichtige Botschaften

Ermutigung regt an. Sie vermittelt Mut und Vertrauen. Sie inspiriert und unterstützt. Sie lässt ein Kind stolz auf sich selbst sein und verstärkt die innere Motivation. Ein Kind zu ermutigen heißt, durch Worte oder Taten die folgenden lebenswichtigen Botschaften zu vermitteln.

- Ich glaube an dich.
- Ich vertraue dir.
- Ich weiß, dass du es kannst.
- Ich höre dir zu.
- Ich hab dich gern.
- Du bist sehr wichtig für mich.

Die Art und Weise, wie diese Botschaften ausgedrückt werden können, ist genauso unterschiedlich wie die Eltern, von denen sie kommen. Diese sechs entscheidenden Lebensbotschaften sind konkret und unzweideutig. Sie bedürfen keiner Definition oder Erklärung, denn sie sind unverfälscht und werden immer verstanden, wenn sie ehrlich gemeint sind.

Disziplin

Disziplin heißt nicht Bestrafung

»Die wichtigste Quelle positiver Disziplin ist, in einer liebevollen Familie aufzuwachsen, in der Liebe empfangen und gegeben wird« (Benjamin Spock).

Echte Disziplin ist die Alternative zur Bestrafung. Sie ist nicht, wie allgemein angenommen, mit Bestrafung gleichzusetzen. Bestrafung geht vom Erwachsenen aus, er beurteilt das Verhalten. Das Kind erlebt damit eine Beherrschung von außen; das ruft Ärger und Groll hervor und zieht weitere Konflikte nach sich. Bestrafen heißt, einem Kind etwas anzutun, wenn es sich aus der Sicht der Eltern in unangemessener und unverantwortlicher Weise verhält. In der Strafe liegt eine moralische Bewertung, sie demonstriert die Fähigkeit der Eltern, das Kind zu etwas zwingen zu können. Das Kind lernt dadurch, dass der Stärkere »im Recht« ist. Es ist absurd, wenn eine Mutter oder ein Vater einem fünfjährigen Kind einen Klaps gibt und dabei ruft: »Du böser Junge, du darfst deinen kleinen Bruder nicht schlagen!«

Das Kind erfährt dadurch, dass man als Größerer einen Kleineren schlagen darf – und das ist genau das, was das Kind eben auch getan hat.

Strafen ohne Logik

Oft weiß das Kind auch gar nicht, wofür es bestraft wird, denn gewöhnlich besteht keine unmittelbare Beziehung zwischen dem, was das Kind »verbrochen« hat, und der darauf folgenden Bestrafung. Manchmal wenden die Eltern dabei keine körperliche Gewalt an, sie gehen subtiler vor. Sie sprechen von der »logischen Folge« und versuchen eher, ihre Kinder »die schmerzhaften Folgen« eines Fehlers spüren zu lassen, als eine Lösung für das entstandene Problem zu suchen. Beispiele hierfür sind:

- Ein Kind erreicht das Klassenziel nicht, und zur Strafe nimmt ihm der Vater sein Skateboard weg.
- Ein anderes räumt seine Spielsachen nicht auf und stellt am nächsten Tag fest, dass seine Mutter – um ihm eine Lektion zu erteilen – die Spielsachen an einen Wohlfahrtsverband verschenkt hat.
- Ein zehnjähriges Kind kommt zu spät zum Abendessen und wird zur Strafe ohne Mahlzeit in sein Zimmer geschickt.

Ein Kind (und auch ein bewusst denkender Erwachsener) kann darin keinen sinnvollen Zusammenhang erkennen.

Kinder sind sich keiner Schuld bewusst. Logische Folgen ihrer Missetaten bleiben ihnen daher meist unverständlich. Respektieren Sie Kinder wie Erwachsene, denn auch sie haben ein Recht auf Erklärungen und auf eine eigene Meinung.

Disziplin hilft zu lernen

Echte Disziplin beurteilt nicht, sie ist nicht willkürlich, chaotisch oder zwanghaft. Das ursprüngliche lateinische Wort bedeutet: »mit Autorität anleiten«, »das Lernen lebendig gestalten«. Unser Ziel als Eltern ist es, das Lernen unserer Kinder lebendig zu gestalten. Wir können sie anleiten, belehren und sie in der Entwicklung ihrer eigenen Disziplin unterstützen. Selbstdisziplin ist eine innere Antriebskraft, die nicht von außen auferlegt wird. Jegliche Erziehungsmethode, die das Lernen eines Kindes nicht lebendig gestaltet und die Würde des Kindes verletzt, kann nicht als echte Disziplin bezeichnet werden. Sie ist immer eine Bestrafung, ganz egal, mit welch schönen Worten sie kaschiert wird. Die folgenden vier Schritte zeigen, wie durch Disziplin das Lernen eines Kindes lebendig wird. Bestrafung bietet diese Möglichkeiten nicht.

Echte Disziplin

- Sie zeigt Kindern, was sie getan haben.
- Sie lässt das Problem bei ihnen selbst.
- Sie zeigt ihnen Lösungsmöglichkeiten.
- Sie wahrt ihre Würde.

Sich im Erwachsenenleben zurechtzufinden bedeutet u.a. sich seines Tuns bewusst zu sein. Grenzen und Auswirkungen werden Kinder aber nur durch Ausprobieren und durch den stets begleitenden Schutz ihrer Eltern erfahren.

Ein Beispiel

Ein Junge besucht bei einem Schulausflug mit seiner Klasse ein naturkundliches Museum und zerbricht dort einen Glaskasten. Daraufhin wird er nicht mit den üblichen Strafmaßnahmen bedacht, sondern erfährt echte Disziplin. Sein Lehrer spricht mit ihm und zeigt Vertrauen in seine Fähigkeit, das Problem selbst zu lösen. Der Junge wird weder bedroht noch beschimpft, noch zum Direktor zitiert. Er erfährt, dass die Verantwortung für das Missgeschick bei ihm belassen wird. Also schreibt er einen Brief an die Angestellten des Museums und ersetzt den Glaskasten. Sein Lehrer hat ihm gezeigt, was er falsch gemacht hat und welche Lösungen es für das Problem gibt. Die Würde des Jungen wurde bei alldem ebenfalls nicht verletzt.

Konsequente Folgen

Wenn wir Leben in das Lernen unserer Kinder bringen wollen, dann heißt das auch, dass Disziplin wirkliche Konsequenzen oder ein Einschreiten durch Erwachsene bedingt. Wichtig ist, dass Kinder die Realität einer Situation erfahren, nicht aber die Anwendung von Macht und Kontrolle durch einen Erwachsenen. Echte Konsequenzen treten als natürliche oder als verständliche, nachvollziehbare Folgen ein. Und sie stehen immer in direktem Zusammenhang mit der Handlung des Kindes.

- Wenn sich ein Kind einen Schuh falsch herum anzieht, wird ihm beim Gehen der Fuß weh tun (natürliche Folge).
- Wenn ein Kind an einem kalten Tag ohne Mantel das Haus verlässt, wird es frieren (natürliche Folge).
- Wenn ein Teenager ein Auto kaputtfährt, wird er das Auto erst dann wieder benützen können, wenn er für die Reparatur aufkam und es richten ließ (verständliche Folge).

- Wenn eine Zwölfjährige sich Kleidung ausleiht und zerrissen zurückbringt, muss sie sich darum kümmern, dass die Kleidung wieder in Ordnung gebracht wird (verständliche Folge).
- Wenn ein Kind zu spät zum Abendessen kommt, wird es diese Mahlzeit entweder kalt essen (natürliche Folge) oder sich selbst aufwärmen müssen (verständliche Folge).

Kinder lernen so ohne nörgelnde, mahnende oder warnende Worte der Eltern. Durch echte Konsequenzen erfahren Kinder die Regeln ihrer Umwelt und dass sie selbst eine positive Kontrolle über ihr Leben haben. Sie können eigenständig entscheiden und ihre Probleme selbst lösen.

Solange Leben und Gesundheit Ihres Kindes nicht auf dem Spiel stehen, sollten Sie Ihren Sprössling die Welt mit allen Konsequenzen selbst erobern lassen. Kein noch so gut gemeinter Rat kann eigene Erfahrungswerte ersetzen.

Lebensgefährliche Folgen

Wenn die natürlichen Folgen nicht lebensgefährlich und moralisch oder gesundheitlich nicht bedenklich sind, dann ist es gut, ein Kind seine Erfahrungen ohne Warnungen oder Ermahnungen machen zu

Nicht alle Risiken lassen sich von unseren Kindern fern halten: Ständige Wachsamkeit ist unerlässlich, um notfalls das Schlimmste verhindern zu können.

lassen. Wenn die natürlichen Folgen aber lebensgefährlich, moralisch fragwürdig oder ungesund sind, dann müssen kluge und liebevolle Eltern eingreifen. Dann ist nicht der richtige Zeitpunkt, um ein Kind selbst eine Erfahrung machen zu lassen.

Ursache und Wirkung: Kinder verstehen es manchmal anders

Sind die Folgen des kindlichen Tuns lebensbedrohlich, müssen Eltern eingreifen. Handeln Sie schnell, aber erklären Sie später ruhig und sachlich die Motive Ihres Tuns. Auch kleine Kinder verstehen meist mehr, als manch Erwachsener glauben mag.

Sie würden Ihrem 18 Monate alten Kind nicht sagen, dass es vom Auto erfasst werden kann, wenn es auf die Straße läuft, und es dann mit einem »Versuch es doch einmal!« auffordern, es auszuprobieren. Sie haben die Verpflichtung, Ihr Kleinkind keiner Gefahr auszusetzen. Einem Kind von 18 Monaten kann man noch nicht sagen: »Wenn du auf die Straße läufst, dann musst du in Zukunft im Garten bleiben.« Einige Eltern wenden vielleicht ein, dass für ein Kind, das zu klein ist, um verständliche Folgen zu begreifen, und das den natürlichen Folgen nicht ausgesetzt werden kann, weil sie lebensgefährlich wären, ein Klaps auf den Po die Lösung wäre. Der zweijährige Sohn meiner Nachbarn zeigte seinen Eltern, wie töricht diese Annahme ist. Er verstand sehr wohl das Prinzip von Ursache und Wirkung, aber ganz anders als seine Eltern. Nachdem er seinen Klaps auf den Po bekommen hatte, rannte er beim nächsten Mal, als er Lust auf eine Entdeckungsreise hatte, wieder über die Straße, nur hielt er dieses Mal beide Hände auf sein Hinterteil. Bestrafung lehrt Kinder oft, dass sie zuerst einmal ihr »Hinterteil schützen müssen«, wenn sie etwas Verbotenes getan haben.

Das richtige Maß finden

Wenn Ihr zehnjähriges Kind damit droht, vom Hausdach zu springen, werden Sie nicht sagen: »Dann geh mal los und erfahre die wirklichen Konsequenzen deines unverantwortlichen Handelns. Wenn du unten angekommen bist, werden wir darüber sprechen.« Sie werden Ihr Kind vielmehr mit allen Mitteln am Springen hindern und damit sein Leben schützen.

Wenn Ihr Teenager völlig betrunken nach Hause kommt und mit Ihnen um die Autoschlüssel streiten will, werden Sie nicht sagen: »Nun, dann probiere ruhig die Konsequenzen aus, mir ist das egal.« Sie werden Ihr Kind vielmehr entweder zurückhalten, die Autoschlüssel verstecken oder gar die Verteilerkappe am Auto entfernen.

Gesundheitsschädliche Folgen

Wenn sich das Kind so verhält, dass es seiner Gesundheit ernsthaft schadet, dann müssen die Eltern oder ein anderer verantwortungsvoller Erwachsener einschreiten. Wenn sich z. B. ein zwölfjähriges Kind weigert, seine Zähne regelmäßig zu putzen, nachdem es eine fest sitzende Zahnspange bekommen hat, dann kann der Zahnarzt die Spange entfernen und sie erst dann wieder einsetzen, wenn das Kind bereit ist, seine Zähne zu pflegen (verständliche Folge). Dies ist besser, als das Kind die natürliche und lebenslange Folge von verfärbten oder schlechten Zähnen erfahren zu lassen. Ebenso braucht ein magersüchtiges Mädchen im Teenageralter verantwortungsbewusste Eltern, die eingreifen, bevor ihr körperlicher und emotionaler Zustand lebensbedrohlich wird.

Moralische Werte wie Freundlichkeit, Mitgefühl, Fairness oder Ehrlichkeit lernen Kinder ebenfalls nur durch die Vermittlung der Eltern.

Wenn eine Situation weder lebensbedrohlich noch ungesund ist, fragen Sie sich selbst, ob die natürlich eintretenden Folgen das Lernen für das Kind bereichern. Wenn die Antwort ja lautet, dann halten Sie sich heraus und lassen der Natur ihren Lauf. Wenn Ihr Kleinkind seine Schuhe falsch herum trägt, wird es das sehr schnell bemerken und selbst ändern.

Moralisch bedenkliche Folgen

Lynn Leight, die Autorin von »Raising Sexually Healthy Children« (»Kinder zu gesunder Sexualität erziehen«) fasst die moralische Frage in vier Leitsätzen zusammen, deren Beantwortung uns zeigt, warum »es so nicht geht«:

- Weil es unfreundlich ist. (Ein achtjähriges Mädchen will mit Ausnahme von zwei Mädchen ihre ganze Klasse zur Geburtstagsfeier einladen.)
- Weil es weh tut. (Ein Vierjähriger zieht die Katze der Familie am Schwanz.)
- Weil es unfair ist. (Ein Sechsjähriger nimmt einem Zweijährigen ständig seine Spielsachen weg, macht dies aber auf eine »nette« Art und verwirrt den Kleineren dadurch völlig.)
- Weil es unehrlich ist. (Ein Teenager erzählt Ihnen, er würde anstelle seines Freundes eine Prüfung schreiben.)

Die Eltern als Vorbild

Eltern können solche Gelegenheiten nutzen, um dem Kind Werte wie Freundlichkeit, Mitgefühl, Fairness und Ehrlichkeit zu vermitteln. Dadurch werden Möglichkeiten aufgezeigt, sich richtig zu verhalten. Wenn Sie mutige Eltern sind, die ihre Prinzipien und Wertvorstellungen auch vertreten, und wenn Ihr Verhalten mit Ihren Grundsätzen übereinstimmt, dann haben Ihre Kinder ein wunderbares Vorbild, von dem sie lernen und dem sie nacheifern können.

Sinnvolle Konsequenzen

Wenn Disziplin nötig wird, dann suchen Sie bitte nach »vernünftigen« Konsequenzen. Aufwand und Ergebnis sollten schon im Vorfeld überprüft werden, bevor Ihre Auswahl sich als unsinnig, nicht praktikabel oder zu kompliziert herausstellt.

Wenn ein Kind nach seinem Fehlverhalten aus den natürlichen Folgen nichts oder zu wenig lernen kann bzw. überhaupt keine Folgen eintreten, sollten sich die Eltern sinnvolle Konsequenzen überlegen. Viele Eltern bemühen sich um angemessene Konsequenzen. Wenn Ihnen keine passenden einfallen wollen, fragen Sie sich, ob Sie Ihr Kind bestrafen oder ihm Disziplin beibringen möchten. Natürliche Folgen ergeben sich einfach. Sinnvolle Folgen müssen erst überlegt werden.

Echte Disziplin erfordert naturgemäß mehr Energie vom Kind als von den Eltern. Mit Ihrer Führung und Unterstützung lernt Ihr Kind, ein Problem zu lösen, das es selbst hervorgerufen hat. Aus dieser Erfahrung kann es wiederum lernen.

Vier wichtige Anhaltspunkte

Wenn Sie Zweifel am Sinn der ausgewählten Konsequenzen haben, können Sie für sich relativ einfach nachprüfen, ob die vier folgenden Punkte zutreffen.

1. Ist die Konsequenz vernünftig und der Situation angemessen?

Wenn ein Kleinkind ein Glas zerbricht, wäre es nicht sinnvoll, es die Scherben aufsammeln zu lassen. Es wäre aber sinnvoll, es darum zu bitten, die Tüte zu halten, in die Sie die aufgesammelten Scherben werfen. Das Kind in sein Zimmer zu schicken ist sinnlos; es aber der Mutter am Ende beim Aufwischen helfen zu lassen ist vernünftig. Das Kind zu schlagen ist ebenso unangemessen. Außerdem könnte man überlegen, ob man das Kind das nächste Mal nicht besser aus einem Plastikbecher trinken lässt.

2. Dient die Konsequenz einem sinnvollen Zweck?

Ihre Tochter muss ihrer Freundin eine Schallplatte ersetzen weil sie das Cover mit Nagellack ruiniert hat. Sie hat Musik gehört und sich dabei die Nägel lackiert. Als sinnvolle Konsequenz lernt sie, nicht zwei Dinge gleichzeitig zu tun. Sie aber zu schlagen, weil sie so ungeschickt war, erfüllt diesen Zweck nicht, und ebenso wenig wäre es sinnvoll, ihr zu sagen, dass sie nun niemals wieder etwas ausleihen dürfe.

3. Ist die Konsequenz einfach?

Wenn Sie mit Ihrem Teenager einen zehn Seiten langen »Vertrag« entwerfen, der den Gebrauch des Familienautos regeln soll, dann fordern Sie damit Schwierigkeiten und Streit heraus und provozieren die Suche nach einem Hintertürchen. Besser ist es, wenn Sie Ihrem Teenager sagen, dass mit der Möglichkeit, das Auto zu benützen, auch eine bestimmte Verantwortung einhergeht. Wenn er das Auto gegen einen Pfosten fährt, könnte das heißen, dass er nicht den Zweitwagen bekommt, während das Auto repariert wird. Außerdem muss er eine Möglichkeit finden, um für den Schaden aufzukommen. Sagen Sie Ihrem Kind: »Du hast ein Problem, also überlege dir, wie du es lösen kannst.« Damit erübrigt sich die Notwendigkeit, auf jede vorstellbare Verletzung der Regeln eine Konsequenz eintreten zu lassen.

Zu starke Reglementierung verleitet unter Umständen dazu, Fluchtwege zu suchen: »Du hast mir gesagt, ich könnte das Auto nicht benützen, wenn ich das ganze Benzin verbrauche; aber vom Öl hast du nichts gesagt.«

4. Ist die Konsequenz praktisch?

Es ist nicht praktisch, Ihrem Kind zu sagen, es könne nicht zur Schule gehen, bevor es nicht alle Hausarbeiten erledigt hat. Wenn Sie es aber wissen lassen, dass es die Hausarbeiten, die es vor der Schule nicht erledigt hat, danach machen muss, entspricht dies einer praktischen Konsequenz.

Die Kriterien

- Sie sollten vernünftig und angemessen sein.
- Es ist daraus zu lernen.
- Sie sollten einfach und simpel sein.
- Sie sollten praktisch umsetzbar sein.

Aus Konsequenzen wirklich lernen

Wenn nicht alle vier Punkte zutreffen, darf die Wirkung bezweifelt werden. Es könnte sich dann eher um eine Bestrafung handeln, die nur wie eine sinnvolle Konsequenz erscheint.

Verantwortung für das eigene Tun

Der Lerneffekt erzieherischer Maßnahmen ist umso größer, je eindeutiger Sie Ihren Konsequenzenkatalog auf Angemessenheit, Einfachheit, Sinnhaftigkeit und praktische Umsetzung hin überprüfen.

Nehmen wir an, Ihre Tochter hat das Auto nicht zum vereinbarten Zeitpunkt zurückgebracht. Sie mussten deshalb ein Taxi nehmen, weil Sie sonst Ihre Verabredung verpasst hätten. Angesichts der Tatsache, dass Ihre Tochter die jüngeren Geschwister täglich zur Schule fährt, wäre ein generelles Autoverbot nicht praktisch. Eine einfache Konsequenz wäre dagegen eine Woche Hausarrest, aber hier würden die anderen Anhaltspunkte nicht zutreffen, es wäre weder eine praktische noch eine sinnvolle Konsequenz. Da Ihre Tochter aber lernen soll, Verantwortung für ihre Unpünktlichkeit zu übernehmen, wäre hier die beste Lösung, sie das Ihretwegen notwendig gewordene Taxi bezahlen zu lassen.
Um noch einmal auf das Beispiel mit dem Jungen, der den Glaskasten zerbrach, zurückzukommen: Er hatte eine wirklich gute Gelegenheit, mit Hilfe sinnvoller, einfacher und praktischer Konsequenzen Disziplin zu erfahren. Durch eine Bestrafung hätte er nicht verstanden, dass es für sein Problem eine Lösung gibt. Mit echter Disziplin konnte er jedoch lernen, für sein eigenes Verhalten auch selbst Verantwortung zu übernehmen.

Die innere Kraft der Erziehung

Disziplin ist nicht nur für Kinder wichtig. Wir alle können von Disziplin profitieren, unabhängig vom Alter. Wenn wir als Erwachsene echte Disziplin nicht kennen gelernt haben, ist es sehr schwierig für uns, unseren Kindern mit Disziplin anstelle von Bestrafung zu begegnen. Erst wenn wir begreifen, wie äußerst kraftvoll Ermutigung und Disziplin in unserem eigenen Leben wirken, dann können wir auch unsere Kinder bestärken und sie mit der Würde und Achtung behandeln, die wir für uns selbst wünschen.

Beim spielerischen Kräftemessen lernen Kinder die positive Dynamik von Willenskraft und Ausdauer kennen – ein wichtiges Instrument der Selbstbestimmung.

Sich selbst akzeptieren, um Kraft geben zu können

Es ist außerordentlich schwierig, wenn nicht sogar unmöglich, unsere Kinder zu bestärken, wenn wir selbst nur wenig oder gar keine innere Kraft besitzen und ausstrahlen. Wir wollen unseren Kindern vermitteln, dass sie wertvoll sind. Dazu müssen wir erst selbst von unserem eigenen Wert überzeugt sein.

Als einmal vor dem Start eines Flugzeugs die Stewardess mit den allgemeinen Sicherheitsmaßnahmen vertraut machte, fügte sie den üblichen Durchsagen ihre eigene hinzu: »Diejenigen unter Ihnen, die mit Kindern reisen, denken bitte daran, dass Sie zuerst selbst Sauerstoff brauchen, bevor Sie jemand anderem behilflich sein können. Sie werden niemandem zu Hilfe kommen können, wenn Sie selbst nicht atmen können.«

Die Bemerkung erinnerte mich daran, dass wir nicht in der Lage sind, einem anderen Menschen etwas zu geben, wenn wir nicht auch selbst gut für uns sorgen. Nur wenn wir für uns selbst eine angenehme, sichere und liebevolle Umgebung schaffen und uns die Gelegenheit geben, zu wachsen und zu lernen, haben wir die nötige Kraft, um auch unsere Kinder zu bestärken.

»Wir bilden einen Kreis der Hoffnung und reichen uns die Flamme weiter. Wenn meine Flamme verlöscht, wird deine sie wieder anzünden. Zusammen ist unser Licht stärker … und jede Kerze verspricht: ›Die Dunkelheit ist nicht das letzte Wort‹« (David McCauly).

DIE EINFLÜSSE DER FAMILIE

Familien sind eigene Gesellschaftsformen in Miniaturausgabe. Sie haben eine gemeinsame Sprache, gemeinsame Einstellungen und ein gemeinsames Verhalten. All dieses wird in jeder Generation gelebt und an die folgende weitergegeben. In diesem Kapitel werden Ihnen die drei Grundtypen der Familienformen mit ihren inneren Strukturen vorgestellt.

Die drei Familienformen

Der Mikrokosmos Familie

Kinder sind Kinder – ganz einfach aufgrund ihres Alters und ihres menschlichen Entwicklungsstands. Eltern aber sind nur Eltern durch ihre Kinder. Ohne Kinder wären sie keine Eltern, und erst zusammen mit ihnen sind sie eine Familie. Sie selbst haben oder hatten eine Familie, gleich, welcher Art. Sie wurden in eine Familie hineingeboren, auch wenn Sie diese niemals kennen gelernt haben.

Wir alle neigen bis zu einem gewissen Grad dazu, egozentrisch zu sein und Beziehungen nur in Bezug darauf zu beurteilen, wie jemand zu uns steht. Wenn wir an Familien denken, denken wir natürlich zuerst an die einzelnen Personen und deren persönliche Bindung zu uns selbst. So erfahren wir Familie – Vater, Schwester, Kinder, Ehemann, dessen Mutter, dessen Bruder, vielleicht auch dessen Kinder aus einer früheren Ehe. Wir können viel über Erziehung lernen, wenn wir die Familie als Ganzes betrachten, als eine Einheit in sich selbst. Einzelne Personen sind Individuen mit einer eigenen Geschichte, dies trifft auch für Familien zu. Wir sind Kinder oder Eltern innerhalb einer Familienstruktur, und die Art der Familie entscheidet darüber, wie wir erziehen und wie Kinder aufwachsen.

»Wer von uns ist reif genug, um Kinder zu haben, bevor sie da sind? Der Wert einer Ehe liegt nicht darin, dass Erwachsene Kinder hervorbringen, sondern dass aus Kindern Erwachsene werden« (Peter de Vries).

Verschiedene Familientypen

Es gibt grundsätzlich drei Arten von Familien:

- Die überorganisierte Familie
- Die profillose Familie
- Die Familie mit Rückhalt

Was diese Familientypen unterscheidet, ist die Art der Strukturen, durch die sie geprägt sind. Die jeweiligen Strukturen bestimmen alle Beziehungen innerhalb der Familie: die des Kindes zu den Eltern, der Eltern zum Kind, der Eltern untereinander, der Kinder untereinander und sogar die Art, wie sich die Familie als Ganzes zur Außenwelt verhält.

Die überorganisierte Familie

Eine Ziegelmauer ist ein lebloses Gebilde, das nach innen und außen Grenzen setzt. In überorganisierten Familien sind die Strukturen starr, sie dienen der Kontrolle und der Macht. Beides befindet sich in den Händen der Eltern.

Die profillose Familie

Für die gesunde Entwicklung brauchen Kinder Maßstäbe, Grenzen und vor allem Orientierungshilfen, anhand deren sie die innere Disziplin lernen und den Glauben an sich aufbauen können.

In profillosen Familien gibt es so gut wie keine Richtlinien, sie werden nicht als notwendig erachtet. Wie bei einer Qualle finden sich auch dort keine festen Bestandteile, auf alle Strudel und Strömungen im Umfeld wird reagiert.

Die Familie mit Rückhalt

Die Familie mit Rückhalt ist mit einem Rückgrat vergleichbar, sie ist fest und dennoch flexibel. Wie die geschmeidige Wirbelsäule verleiht sie dem Ganzen Form und Bewegung.

Unterschiedliche Auswirkungen

- Die Familie mit Rückhalt bietet die nötige Unterstützung, die Kindern ermöglicht, ihr einmaliges und wahres Selbst in vollem Umfang zu erkennen und zu erfahren. Kinder aus diesen Familien werden im Glauben an sich selbst, an andere und an die Zukunft bestärkt. Sie sind sich ihres einmaligen Selbst bewusst und deshalb fähig, sich selbst und anderen mit Liebe und Empathie zu begegnen. Die Eltern helfen ihren Kindern dabei, innere Disziplin zu entwickeln und stets fähig zu sein, den Glauben an sich selbst zu wahren und das eigene Potenzial zu erhalten.
- Obgleich überorganisierte und profillose Familien sehr konträr sind, lernen die Kinder in beiden Familienformen nicht, eigenständig zu denken. Ohne Zugang zu ihren Gefühlen und ihrem wahren Selbst haben sie weder Glauben an sich selbst noch Hoffnung für die Zukunft. Dies bringt sie in Gefahr, promiskuitiv, drogenabhängig oder selbstmordgefährdet zu werden. Keine dieser beiden Familienformen bietet Strukturen, auf die sich ein Kind in seiner geistigen, körperlichen, sexuellen, emotionalen und moralischen Entwicklung stützen kann. Als Erwachsene haben sie das Gefühl, machtlos und unfähig zu sein und kein befriedigendes Leben führen zu können.

Gloria Steinem schreibt über das wahre Selbst in »Revolution from Within« (»Revolution von innen«): »Wir wissen, dass Erwachsene ebenso wie Kinder, deren innerste Gefühle und Vorlieben ignoriert, verspottet, bestraft oder unterdrückt wurden, glauben, dass etwas Entscheidendes in ihrem Inneren ›falsch‹ sei. Auf der anderen Seite ist es jenen Menschen, die ihr innerstes Wesen schätzen können, bewusst, was es heißt, in sich selbst zu Hause zu sein … Eines ist völlig klar: Der menschliche Geist hat das Potenzial, sich vorzustellen, wie sowohl das Selbstwertgefühl gebrochen als auch wie es bestärkt werden kann. Die Vorstellung ist immer der erste Schritt, um etwas in die Wirklichkeit umzusetzen. Erst durch den Glauben an ein wahres Selbst kann ein wahres Selbst auch entstehen.«

Eigene Familienerfahrungen analysieren

Wenn Sie die drei Familienformen näher betrachten, werden Sie vermutlich einiges davon wiedererkennen. Einige Darstellungen hinterlassen sicher ein unangenehmes Gefühl, denn Sie finden darin Szenen aus Ihrer eigenen Familie wieder. Andere wieder werden Sie darin bestätigen, dass es sich gelohnt hat, die Konflikte mit Ihrem Teenager in der letzten Wochen durchzustehen, so schwer es auch war. Die Beschäftigung mit den drei verschiedenen Familienformen wird Sie in Ihrer Entwicklung als Eltern ermutigen. Der Schlüssel zu diesem Prozess liegt darin, sich bewusst zu machen, welche Botschaften und Methoden Sie bei Ihren eigenen Eltern kennen gelernt haben, noch immer mit sich herumtragen und auch anwenden. Dies schärft Ihr Bewusstsein für das, was Sie Ihren eigenen Kindern vermitteln, sei es nun direkt oder indirekt.

Beleuchten Sie kritisch Ihre Familiensituation, und machen Sie sich dabei bewusst, welche Mittel und Maßnahmen Sie von Ihren eigenen Eltern übernommen haben. Sie werden schnell sehen, was Sie wiederum Ihren Kindern weitergeben. So erkennen Sie das Klima, das Sie für sich selbst und Ihre Kinder schaffen.

Die eigene Vergangenheit anerkennen

Die Psychoanalytikerin Alice Miller sagt dazu: »Wir sind dem Wiederholungszwang weniger ausgesetzt, wenn wir bereit sind zu erkennen, was uns selbst geschehen ist. Dann müssen wir nicht behaupten, dass wir ›zu unserem eigenen Besten‹ missbraucht wurden, und brauchen auch unsere schmerzvollen Reaktionen auf die Vergangenheit nicht abzuwehren. Je mehr wir die Vergangenheit idealisieren und uns weigern, die Leiden unserer Kindheit anzuerkennen, umso mehr geben wir sie unbewusst an die nächste Generation weiter.«

Die überorganisierte Familie

Die Strukturen

Betrachten wir die Strukturen der überorganisierten Familie, werden vor allem zwanghafte Ordnung, Kontrolle, Gehorsam und eine starre Beachtung von Regeln in Verbindung mit einer strengen Hierarchie auffallen. Die Kinder werden kontrolliert, manipuliert und müssen gehorchen. Ihre Gefühle werden ignoriert und lächerlich gemacht oder verleugnet. Die Eltern geben Anweisungen, überwachen, erteilen überflüssige Belehrungen, ordnen an, drohen und ermahnen. Die überorganisierte Familie ist im Grunde eine Diktatur, vielleicht wohlwollender Art, aber trotzdem eine Zwangsherrschaft. Macht ist gleich Kontrolle, und beides kommt von oben, also von den Eltern.

Gebote, Verbote und Kontrolle

»Kinder brauchen Eltern, die ihnen Selbstdisziplin vorleben, anstatt sie zu predigen. Sie lernen vom Beispiel der Eltern, nicht aus Worten ...« (John Bradshaw).

Es herrschen Hierarchie und Kontrolle. Die Eltern haben absolute Autoriät. Sie erlassen Anordnungen und sind immer die Sieger. Manchmal sind ihre Methoden ganz offensichtliche Machtinstrumente. (»Ich habe hier das Sagen, und du wirst mir gehorchen.« – »Es ist mir egal, was der Lehrer oder sonst jemand sagt, du tust das, was ich dir sage.«) Oft sind die Methoden auch subtiler, jedoch nicht weniger schädlich. (»Am besten machst du es so, wie ich es sage.«)

Pünktlichkeit, Sauberkeit und Ordnung sind oberstes Gesetz. Die Eltern haben einen strengen Zeitplan, sie erlassen unnötige Gesundheitsvorschriften und pochen auf streng einzuhaltende Richtlinien. (»Du wirst um Mitternacht zu Hause sein und nicht eine Minute später.« – »Berühre nichts in dem Geschäft. Alles ist voller Bakterien.« – »Räume alles so auf, wie du es vorgefunden hast.«)

Eine Litanei von strengen Regeln, Verboten und Geboten wird erlassen, um das gewünschte Verhalten zu erreichen. (»Du wirst dein Bett so machen, weil ich es so sage.« – »Solange du die Füße unter meinen Tisch stellst, wirst du deine Haare nicht schneiden lassen.«)

Die Regeln werden unter Androhung von Gewalt durchgesetzt. Oft wird auch brutale Gewalt angewandt, und jegliches Nichterfüllen des erwarteten Standards wird durch strenge Bestrafung »korrigiert«. (»Ich schlage dich windelweich, wenn du das noch mal tust.« – »Egal, ob du 16 bist, du bist nicht zu alt, um Schläge zu bekommen.«)

Strenge Rituale werden eingehalten. Die Eltern verlangen, dass alltägliche Dinge wie Schlafen, Essen, Anziehen, Spielen und Religionsausübung unter strenger Beachtung von Regeln ausgeführt werden. (»Es ist mir egal, dass der Film noch nicht zu Ende ist. Du gehst sofort ins Bett.« – »Du musst die Erbsen mit der Gabel essen.« – »Du kannst das Hemd nicht zu dieser Hose anziehen.«)

Missachtung von Gefühl und Verstand

Überdisziplinierte Kinder streben danach, anderen Menschen zu gefallen. Sie sind gefügig, sie beugen sich, um so die Zuneigung und Liebe der Eltern zu erlangen.

Liebe unterliegt Bedingungen. Zuneigung und Anerkennung werden nur gewährt, wenn die Kinder gehorsam sind. (»Ich habe dich nur lieb, wenn du brav bist.« – »Wenn du jemals in solche Schwierigkeiten kommen solltest, dann brauchst du damit nicht zu uns zu kommen.« – »Mamis kleiner Liebling würde so etwas nie tun.«)

Die Kinder lernen nicht, selbständig zu denken. Wenn Kindern beigebracht wird, was sie zu denken haben, dann sind sie leichter manipulierbar. Sie glauben wissen zu müssen, was für andere richtig ist, lernen aber ihre eigenen Bedürfnisse nicht kennen. (»Zieh dir deinen Mantel an. Es ist kalt draußen.« – »Meinst du nicht, du solltest dich umziehen? Das rote Kleid sieht besser aus.« – »Bring deine Mutter nicht zum Weinen.« – »Lass deinen Vater stolz auf dich sein.«)

Die Geistes- und Willenskraft des Kindes sollen durch Einschüchterung und Bestrafung gebrochen werden. (»Ich will keine Entschuldigung hören. Gib mir nur den Autoschlüssel. Du hast Hausarrest.« – »Hör auf zu weinen, oder ich gebe dir einen Grund dazu.«)

Die Eltern demütigen die Kinder durch Sarkasmus, sie machen sie lächerlich und bringen sie in Verlegenheit, um ihr Verhalten zu manipulieren und zu kontrollieren. (»Wie kannst du nur so dumm sein?« – »Du bist so eine Heulsuse. Kein Wunder, dass niemand mit dir spielen will.« – »Eine Schildkröte kann schneller laufen als du.«)

Das Risiko von Promiskuität, Drogenmissbrauch und Selbstmord ist bei diesen Kindern groß. Da es ihnen an starkem Selbstwertgefühl mangelt, suchen sie nach Zuneigung in sexuellen Abenteuern. Sie haben ein ausgeprägtes Gefühl von Selbsthass und unterdrücktem Ärger und Wut. (»Ich bin nicht gut.« – »Ich kann gar nichts richtig machen.« – »Was ist schon Besonderes an mir?« – »Ich bin unkompliziert. Liebe mich einfach, und ich mache alles, was du willst.« – »Es wäre besser, ich wäre tot.«)

Wenn das kindliche Leben allzu strengen Regeln unterworfen wird, bleibt die Selbständigkeit auf der Strecke.

Das Schaffen einer feindlichen Umwelt

Kinder in überorganisierten Familien sollen vor allem eines: Sie sollen funktionieren.

Bestechung und Drohung werden häufig angewandt. Die Eltern schwanken ständig zwischen Belohnung und Strafe. Die Kinder wissen nie, woran sie sind. (»Wenn du diese Stereoanlage auch nur berührst, verschwindest du für den Rest des Tages in deinem Zimmer.« – »Wenn du aufhörst zu weinen, bekommst du Schokolade«).

Der Konkurrenzkampf wird gefördert. Die Eltern ermutigen oder zwingen die Kinder, mit anderen zu konkurrieren, um Leistungen zu erzielen und andere zu übertreffen. (»Nun wollen wir einmal sehen, wer die besten Plätzchen backen kann.« – »Du bist mein Lieblingssohn – dich habe ich am allerliebsten.« – »Sie ist klüger als du.«)

Das Lernen findet in einer angsterfüllten Atmosphäre statt. Fehler sind schlecht, Irrtümer verwerflich. Perfektion ist das angestrebte Ziel. (»Wenn du in die Hosen machst, dann wirst du wieder Windeln tragen, genau wie ein Baby.« – »Du enttäuscht uns, wenn deine Noten nicht gut genug für das Gymnasium sind.«)

Die Geschlechterrollen müssen genau gespielt werden. Jungen lernen, alle Gefühle von Schwachheit und Angst zu unterdrücken, um nicht verletzlich zu erscheinen. Mädchen haben Gefühle von Ärger zu meiden und aufgesetzte Hilflosigkeit auszudrücken. (»Jungen weinen nicht.« – »Mädchen tun so etwas nicht.« – »Dein Bruder wird den Reifen für dich wechseln. Ich will nicht, dass du deine Hände schmutzig machst.« – »Du bist Papis kleines Mädchen.«)

Hilfe von außen wird als nicht notwendig erachtet. Persönliche Probleme werden verleugnet und vor anderen Familienmitgliedern verborgen. Familiäre Probleme werden vertuscht oder als Familiengeheimnis behandelt. Die Suche nach Hilfe wird als Zeichen von Schwäche betrachtet. (»Papa ist nicht betrunken, er braucht nur mehr Schlaf. Er hat so schwer gearbeitet.« – »Oma braucht das nicht zu wissen, das würde sie nur krank machen.« – »Wir brauchen gar keine Hilfe, damit kommen wir allein zurecht. Therapie ist nur etwas für wirklich Verrückte.«)

Verborgene Problematik

In überorganisierten Familien haben Kinder kaum Gelegenheit herauszufinden, wer sie wirklich sind und wie sie sich entwickeln können. Den Kindern ist nicht erlaubt, ihre Ansichten und Gefühle auszudrücken. Sie werden eingeschüchtert, gezwungen und oft mit körperlicher Gewalt bedroht oder tatsächlich missbraucht. Oft werden sie übermäßig fügsam sowie apathisch und lassen sich leicht von jeder Autorität führen. Als Erwachsene wählen sie manchmal Partner, von denen sie ebenso manipuliert und sogar missbraucht werden. Unter Umständen werden sie sogar ihre eigenen Kinder missbrauchen und so den Kreis wieder schließen. Sie haben oft die feste Absicht, ihre Kinder niemals so aufwachsen zu lassen wie sie selbst, und schaffen stattdessen eine profillose Familienform. Wieder andere reagieren gezwungenermaßen passiv und verdrängen ihre Wut und ihren Ärger. In späteren Jahren können diese unterdrückten Gefühle in gewalttätigen Handlungen gegen sich und andere hervorbrechen.

Die zementierte Struktur in der überorganisierten Familie presst die Entwicklung der Kinder in fest vorgegebene Bahnen und unterbindet derart jede Chance auf Selbstentfaltung.

Latente Gewalt

Von außen betrachtet, wirken überorganisierte Familien oft sehr homogen und friedlich. Dies ist aber nur die äußere Fassade. Unter der Oberfläche brodelt eine explosive Mischung aus Ärger, Wut, Demütigung und Frustration. Sie wird durch brutale Gewalt, Zwang oder Einschüchterung in Schach gehalten und wartet nur darauf hervorzubrechen.

Die profillose Familie

Die zwei Typen dieser Familie

»Kinder, die mit einem Mangel an beständiger Liebe und Fürsorge aufwachsen, treten in das Erwachsenenalter ohne das tiefe Gefühl ein, die Welt sei ein sicherer und schützender Ort. Im Gegenteil: Sie nehmen die Welt als gefährlich und Furcht erregend wahr, stellen auch sich selbst infrage und halten sich für wertlos und nicht liebenswert« (M.-Scott Peck).

In extremem Gegensatz zu der überorganisierten Familie steht die profillose Familie. Wie in der bereits behandelten überorganisierten Familie wird ein gesundes Ausleben von Gefühlen unterdrückt, wenn auch auf andere Art.
Profillose Familien treten in zwei Typen auf, deren Auswirkungen auf die Kinder jedoch gleich sind. Der eine wird von Eltern geschaffen, die selbst aus überorganisierten Familien stammen und sich geschworen haben, ihre Kinder niemals so großzuziehen, wie sie selbst erzogen wurden. Das Problem dabei ist, dass diesen Eltern nie erlaubt wurde, ein eigenes Stehvermögen zu entwickeln. Sie haben nicht erfahren, wie sie in ihrer eigenen Familie Strukturen, Konsequenz und sichere Grenzen schaffen können. Der andere Typ der profillosen Familie entsteht durch Eltern, die ihre Kinder physisch oder psychisch sich selbst überlassen und sie dadurch zwingen, für sich selbst zu sorgen. Diese Eltern haben vor allem ganz persönliche Probleme, die wiederum durch die Herkunft aus einer überorganisierten oder einer profillosen Familie bedingt sind. Sie können kaum für sich selbst sorgen und deshalb noch viel weniger für ihre Kinder.

Typ A der profillosen Familie

Diese Eltern haben gelernt, was und wann sie etwas zu denken haben und wann sie sprechen, agieren und reagieren sollen. Sie können aber nicht eigenständig genug denken. Wenn sie dann in ihrer eigenen Familie den nötigen Rückhalt entwickeln möchten, wissen sie nicht, wie sie vorgehen können. Wie sollten sie auch? Sie haben nie gelernt, ihrer eigenen Intuition zu folgen. Sie wissen nur, wie sie nach Regeln, die ihnen eingehämmert wurden, handeln oder aus Angst heraus reagieren können. Sie fürchten sich davor, den ihnen bekannten Missbrauch zu wiederholen, aber sie wissen nicht, was sie an seine Stelle setzen könnten. Daraus entsteht ein extremer Mangel an Disziplin. Diese Eltern setzen so gut wie keine Grenzen und neigen dazu, ihre Kinder förmlich zu ersticken. Alles, was das Kind haben will, bekommt es, auch auf die Gefahr hin, dass die Eltern ihre Bedürfnisse zurückstellen. Da die Eltern die eigenen Bedürfnisse meist gar nicht erkannt haben, können sie auch nicht den Unterschied zwischen den Wünschen des Kindes und dessen wirklichen Bedürfnissen machen. Es gibt keine festen und klaren Strukturen, die in den kritischen Augenblicken des Familienalltags hilfreich wären. Stattdessen herrscht ein ständiges Chaos bei den alltäglichen Angelegenheiten, seien es die Bettgehzeiten, die Mahlzeiten, die Arbeiten im Haushalt, das Taschengeld, das Fernsehen oder auch Streitigkeiten und Probleme.

Typische Bemerkungen in solchen Situationen

- »Sie geht zu Bett, wenn sie müde ist. Für mich spielt es keine Rolle, wo sie schläft und ob sie ihren Schlafanzug trägt oder nicht. Ich hatte immer eine feste Bettgehzeit, und es war egal, ob gerade ein Freund zu Besuch war. Ich musste einfach um acht Uhr im Bett sein, sonst gab es Ärger.«
- »Sie bekommt das zu essen, was sie haben will. Schokokrapfen zum Frühstück oder Mittagessen sind völlig in Ordnung. Ich musste immer das essen, was mir vorgesetzt wurde.«
- »Er ist nur einmal Kind. Warum soll er seine Kindheit mit Arbeiten im Haushalt vergeuden? Ich musste schon mit sechs Jahren arbeiten.«
- »Wenn sie Geld braucht, dann soll sie es auch haben. Ich will nicht, dass sie sich so um Geld sorgen muss, wie ich es musste.«
- »Er ist klug genug, um selbst zu entscheiden, was er im Fernsehen sehen will. Meine Eltern ließen mich nur das sehen, was sie wollten.«

Besonders Eltern, die selbst in einer überorganisierten Familie aufwuchsen, neigen dazu, bei der Erziehung ihrer eigenen Kinder in das andere Extrem zu verfallen.

Wenn der Mangel an konsequenten Erziehungsstrukturen zu einem absoluten Chaos führt, dann entstehen daraus große Probleme. Die Eltern greifen dann auf die einzigen Erziehungsmethoden zurück, die sie kennen: Bestechung, Drohung, Belohnung und Strafe.

Häufige Bemerkungen in solchen Situationen

- »Geh jetzt sofort zu Bett. Ich habe es satt, dass du immer so lange aufbleibst. Wenn du nicht in zehn Minuten schläfst, dann wirst du morgen schon um sechs Uhr im Bett sein.«
- »Du wirst das essen, was dir deine Großmutter gibt. Ich möchte nicht, dass sie denkt, dass ich verzogene Kinder habe. Wenn du alles schön aufisst, dann kannst du dir auf dem Heimweg ein Eis kaufen.«

- »Dein Zimmer ist ein Chaos. Wenn es nicht bis Mittag aufgeräumt ist, werde ich hineingehen und es so aufräumen, wie mein Vater das immer getan hat.«
- »Sieh nur, wie viel Geld du verschwendet hast. Du bist genau wie deine Mutter, du denkst, es wächst auf Bäumen. Wenn du Geld verpulvern willst, verdiene erst mal selbst welches, so wie ich es musste.«
- »Schalte jetzt den Fernseher aus. Er läuft seit sechs Stunden ununterbrochen. Für den Rest des Monats gibt es kein Fernsehen mehr.«

Kinder suchen klare Strukturen

Fehlende Orientierungshilfen veranlassen die Kinder auf der Suche nach der eigenen Identität, nach Leitbildern außerhalb der Familie zu suchen.

Während die Eltern zwischen den Extremen der überorganisierten und der profillosen Familie hin und her schwanken, bleiben die Kinder orientierungslos und verwirrt zurück und verlieren dabei ihr Gefühl für die eigene Identität. Sie suchen wahllos Trost, Unterstützung und Anerkennung bei irgendeinem Erwachsenen, der bereit ist, ihnen eine Art von Rückhalt zu bieten. Ebenso wie die Kinder aus überorganisierten Familien, wenn auch aus entgegengesetzten Gründen, fühlen auch sie sich oft zu Kultfiguren oder Sekten hingezogen. Das Kind aus einer überorganisierten Familie sucht dort Wärme, Sicherheit und ein Gefühl der Zugehörigkeit. Das Kind aus einer profillosen Familie dagegen hofft, dort klare Konsequenzen und Strukturen zu finden.

Typ B der profillosen Familie

Bei diesem Familientyp leiden die Eltern unter ernsten persönlichen Problemen, sie sind fast ständig nur mit sich selbst beschäftigt und nicht fähig, für ihre Kinder zu sorgen: wegen eines gravierenden Mangels an Selbstwertgefühl oder weil sie Drogen-, Alkohol- oder psychische Probleme haben. Möglicherweise sind diese Eltern einfach auch zu sehr damit beschäftigt, ihr eigenes Leben zu organisieren. Das Wohlergehen ihrer Kinder ist zweitrangig. Ein Beispiel dafür sind Eltern, die völlig fixiert sind auf Selbsthilfegruppen für Süchtige. Auf Kosten der Bedürfnisse ihrer Kinder halten sie sich ständig in diesen Gruppen auf. Andere Eltern flüchten sich in selbstzerstörerischer Weise in ihre Arbeit. Die Kinder als Leidtragende erfahren kaum Fürsorge.

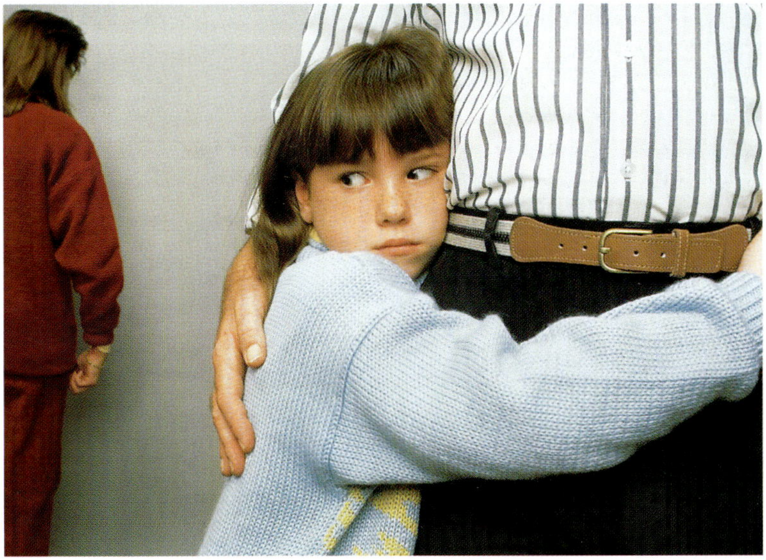

Häufig erfahrene Hilflosigkeit angesichts chaotischer Strukturen schwächt das Selbstvertrauen – Ängstlichkeit und Verlassenheitsgefühle stellen sich ein.

Typische Bemerkungen in solchen Fällen

- »Ich muss zu all diesen Treffen gehen, damit ich nicht wieder zu trinken anfange. Wenn ich mich ständig so beschäftige, dann muss ich nicht über mein Verlangen nach Alkohol nachdenken.«
- »Am Dienstag ist immer mein Sportabend. Ich brauche das. Ich habe keine Zeit für den Elternabend. Wenn du Probleme in der Schule hast, dann wird mich das dein Lehrer schon wissen lassen.«
- »Es tut mir leid, dass ich die Schulaufführung, das Fußballspiel und den Zahnarzttermin verpasst habe, aber du siehst ja, wie ich mich abrackere. Eines Tages wirst du mir dafür dankbar sein, ich tue ja alles nur für euch.«

Im Fall dieses Familientyps ist niemand da, der ein fürsorgliches, liebevolles und unterstützendes Klima für die Kinder schafft. Diese bekommen das Gefühl, auf niemanden zählen zu können, fühlen sich ungeliebt, im Stich gelassen und fangen an, anderen Menschen zu misstrauen. Aus der Not heraus lernen sie, zu lügen und andere zu manipulieren, damit ihre Grundbedürfnisse erfüllt werden. Als Erwachsene werden sie einsam und unfähig sein, andere zu lieben. Unehrlichkeit und Manipulation bestimmen ihr Leben.

In der profillosen Familie kämpfen häufig die Eltern selbst gegen einen Berg persönlicher Probleme an und vernachlässigen darüber die Bedürfnisse der Kinder.

Das Chaos herrscht

Chaos bestimmt das Klima. (»Dieses Telefon funktioniert mal wieder nicht.« – »Ich weiß nicht, wo deine Schuhe sind, sie sind wohl irgendwo unter den Kleidern für die Altkleidersammlung.«)

Alles findet in einer chaotischen Umgebung statt. (»Ich kann die anderen Kinder nicht alle ruhig halten, während du lernst. Was denkst du denn, wo du bist, in einer Bibliothek?« – »Er muss sich seine Schuhe selbst zubinden. Wenn er oft genug auf die Nase gefallen ist, dann wird er schon lernen, wie man das macht.«)

In einer profillosen Familie werden die wirklichen Probleme der Kinder nicht wahrgenommen oder sogar ignoriert. Die Kinder bleiben sich selbst überlassen und können kaum Hilfe erwarten.

Es gibt keine erkennbaren Strukturen, Regeln oder Richtlinien. (»Die Kinder essen dann, wenn sie Lust dazu haben. Wenn sie dick werden, dann ist es eben so. Das ist nicht meine Schuld.«)

Die Eltern ignorieren ernste Familienprobleme und erkennen nicht, dass es notwendig ist, Hilfe zu suchen. Gravierende Schwierigkeiten werden als Kleinigkeiten abgetan. Oft erhalten die Kinder die notwendige Hilfe erst, wenn jemand, der nicht zur Familie gehört, das Problem anspricht. (»Wenn wir nicht viel Aufhebens davon machen, wird es von selbst vorübergehen.« – »Sie läuft und spricht sehr langsam, aber ich bin sicher, dass alles in Ordnung ist. Außerdem hätte ich gar keine Zeit, mit ihr zum Arzt zu gehen.«)

Standhaftigkeit und Selbstwertgefühl entwickeln sich nicht stark genug. Deshalb können die Kinder von anderen leicht zu etwas angestiftet werden, oder sie suchen Zuneigung und Anerkennung in sexuellen Aktivitäten und ein Gefühl der Zugehörigkeit im Drogenkonsum. (»Komm schon, niemand ist zu Hause. Sie werden nie erfahren, dass wir hier gewesen sind.« – »Ich mache alles, was du willst, wenn du mich nur liebst.« – »Alle anderen nehmen auch Drogen.« – »Alle anderen haben sich den Kopf auch glatt rasiert.«)

Keine tragfähigen Methoden

Liebe unterliegt Bedingungen. Um Zuneigung und Unterstützung zu bekommen, müssen die Kinder den Erwartungen der Eltern entsprechen. Sie fühlen sich für die Gefühle der Eltern verantwortlich. Anerkennung und Liebe müssen erst verdient werden. (»Sei ein liebes Mädchen für die Mami.« – »Wenn du deine Haare schneiden lassen würdest, dann hätte ich dich wirklich lieb.« – »Du hast mich so glücklich damit gemacht, dass du unter den Einserschülern bist.«)

Gefühle bestimmen das Verhalten von Eltern und Kindern. (»Ich bin zu aufgebracht, um vom Sofa aufzustehen und für die Kinder zu kochen. Sie müssen sich selbst darum kümmern.« – »Er hat mich so wütend gemacht, also habe ich ihn geschlagen.«)

Überflüssige Belehrungen und Demütigungen gehören zur Erziehung. (»Wenn du dein Geld nicht für dieses Spielzeug ausgegeben hättest, dann hättest du jetzt etwas übrig.« – »Du bist ein Tölpel. Das nächste Mal werde ich den Tisch selbst decken.«)

Drohungen und Bestechungen sind alltäglich. (»Gehe ruhig auf die Straße, die Polizei wird dich schon erwischen.« – »Wenn du onanierst, dann werden dir Haare auf den Händen wachsen, und dann wird es jeder wissen.« – »Für gute Noten gebe ich dir fünf Mark.«)

Bestrafungen und Belohnungen sind willkürlich. (»Als ihr euch gestern gestritten habt, habe ich einfach nicht hingehört. Aber heute ist es anders. Wenn du deinen Bruder nur noch einmal so ansiehst, dann gibt es Schläge.« – »Du bist so ein liebes Mädchen, ich werde dir jetzt das hübsche Kleid kaufen, dass dir gestern so gut gefallen hat.«)

Eine neue Chance wird nur willkürlich gewährt. (»Ich weiß, dass ich dir gesagt habe, du müsstest es bezahlen, wenn du eine Beule in das Auto fährst. Dieses Mal werde ich es übernehmen, aber das nächste Mal bist du dran, das kannst du mir glauben.«)

Eltern in profillosen Familien lassen ihre Kinder zu selten erkennen, wie wichtig sie doch eigentlich sind. Das ungehinderte »Dürfen« ist kein Ersatz für mangelnde Aufmerksamkeit.

Schlechter Start ins Leben

Profillose Familien haben wenig Stabilität, alles ist erlaubt. Kinder werden ruhig gehalten, gedemütigt, in Verlegenheit gebracht und manipuliert. Da sie von ihren Eltern in ihrem Selbstwertgefühl nicht bestärkt werden, fehlt ihnen eine zuversichtliche Haltung gegenüber ihrer Umwelt. Sie haben Hemmungen, sich auszudrücken, halten ihre Gefühle unter Verschluss oder sind übermäßig bereit, Risiken einzugehen.

Kinder können im Klima einer überorganisierten oder profillosen Familie überleben, sich aber kaum positiv entwickeln. Sie brauchen Richtlinien und Grenzen, die ihrem Leben Orientierung geben.

Die Familie mit Rückhalt

»Die Fähigkeit, liebevoll zu handeln, friedfertig und großzügig zu sein sowie die Rechte und Bedürfnisse anderer zu respektieren, gründet auf der Erfahrung, genauso großzügig und sanft geliebt und respektiert worden zu sein« (Rita Nakashima).

Positive Voraussetzungen

Die Erscheinungsformen der Familie mit Rückhalt sind sehr vielfältig. Sie hat weder ein bestimmtes soziales Umfeld noch eine besondere Herkunftsgeschichte. Die Eltern sind nicht unbedingt religiös und gehören auch keiner besonderen Gesellschaftsschicht an. Die Familie mit Rückhalt zeichnet sich nicht so sehr durch das aus, was sie tut oder nicht, sondern dadurch, wie sie Individualität und Gemeinschaft in Einklang bringt. Gegenseitigkeit wird hier großgeschrieben.

Respekt wird nicht gefordert, sondern vorgelebt

Für Familien mit Rückhalt ist vor allem auch bezeichnend, was sie nicht sind: Sie sind nicht hierarchisch strukturiert, sie sind nicht unflexibel und auch nicht gewalttätig. Die Kinder lernen, falsche Autorität infrage zu stellen. Sie wissen, dass sie nein sagen dürfen, dass sie zuhören können und dass auch ihnen zugehört wird. Weil sie selbst respektiert werden, behandeln sie auch andere mit Respekt. Kinder werden in Familien mit Rückhalt mit Liebe und Mitgefühl behandelt, deshalb können sie dies auch anderen weitergeben. Diese Familienform bietet die Konsequenz, die Stabilität, die Fairness und das ruhige und friedliche Klima, das Kinder brauchen, um ein eigenes und echtes Selbstwertgefühl entwickeln zu können. Sie werden nicht kontrolliert und beherrscht, sondern in ihrer Einmaligkeit bestärkt. Diese positiven Erfahrungen können sie weitergeben.

Liebe und Achtung

Liebe unterliegt keinen Bedingungen. Kinder besitzen Würde und Wert, einfach weil sie da sind. (»Es macht Spaß, mit dir zusammen zu sein.« – »Ich bin da, wenn du mich brauchst.«)

Die Kinder werden freundlich, großzügig, zärtlich und humorvoll behandelt. Kinder lernen durch Beobachtung der Eltern, dass zärtliche Berührungen in zwischenmenschlichen Beziehungen wichtig sind. Sie erleben die Lebensfreude ihrer Eltern und lachen mit ihnen gemeinsam, aber sie werden nicht von ihnen ausgelacht.

Die Persönlichkeitsentwicklung wird gestärkt. Die Kinder werden so angenommen, wie sie sind, die Erwartungen an sie sind positiv.

Sechs entscheidende Botschaften

1. Ich glaube an dich.
2. Ich vertraue dir.
3. Ich weiss, dass du im täglichen Leben zurechtkommst.
4. Ich höre dir zu.
5. Ich sorge für dich.
6. Du bist mir sehr wichtig.

(»Du kannst das, ich weiß es.«) Die Eltern gehen unbefangen mit sich selbst und ihrem eigenen Ehrgeiz um, so dass sie dem Kind beim Erlernen einer neuen Fähigkeit helfen können. Die Kinder können in Ruhe lernen und ihr Können vervollkommnen. (»Versuche, die nächste Sprosse zu erreichen. Ich bin hier und fange dich auf, wenn du mich brauchst.«)

Die Kinder entwickeln Selbstbewusstsein, nehmen ihre eigenen Gefühle an und handeln selbstverantwortlich. Die Eltern sind liebevoll und lassen die Kinder an ihren Gefühlen teilhaben. Sie leben vor, wie man seine Emotionen angemessen ausdrücken kann. (»Ich bin traurig, weil er in eine andere Stadt gezogen ist. Ich werde ihn wirklich sehr vermissen.«)

Das Selbstwertgefühl der Kinder wird gestärkt. Dadurch sind sie vor Promiskuität, Drogenmissbrauch und Selbstmord geschützt, denn sie erfahren täglich:

1. Ich mag mich selbst.
2. Ich kann für mich selbst denken.
3. Kein Problem ist so groß, dass es nicht gelöst werden kann.

Verantwortung lernen

Die Regeln sind einfach und präzise. Die Eltern setzen Regeln fest, die sich auf ihr Wissen, ihr Verantwortungsgefühl und auf die Notwendigkeit für ihre Kinder stützen. Die Kinder lernen, Grenzen anzuerkennen. (»Das Auto wird gestartet, wenn jeder angeschnallt ist.« »Du kannst entscheiden, welchen Helm du tragen willst.«)

Das Klima in der Familie fördert kreatives, konstruktives und verantwortungsvolles Handeln. Unklarheiten werden vermieden und Fehler als Gelegenheit betrachtet, zu lernen und sich zu entwickeln. (»Das nächste Mal wirst du es besser machen.«)

»Unsere Kinder können uns mehr über die wahren Geheimnisse des Lebens und über unser eigenes Leben enthüllen, als es unsere Eltern jemals konnten. Es ist nicht notwendig, dass uns gesagt wird, nachgiebig oder streng zu sein. Wir müssen für die Bedürfnisse, die Gefühle und die Persönlichkeit der Kinder ebenso große Achtung haben wie für unsere eigenen« (Rita Nakashima).

Unverantwortliches Handeln zieht natürliche oder verständliche Folgen nach sich, die einfach und zweckmäßig sind. Drohungen, Bestechungen oder Strafen sind nicht notwendig. (»Wenn du in Pfützen herumläufst, werden deine Turnschuhe nass.« – »Du hast die Jacke, die dir dein Freund geliehen hat, verloren. Also wirst du sie ersetzen müssen.«)

Das alltägliche Leben in einer Familie mit Rückhalt lehrt die Kinder, nach und nach immer mehr eigene Entscheidungen zu treffen und Verantwortung zu übernehmen.

Die Kinder erhalten immer wieder neue Chancen. Dies ist nicht dasselbe wie die willkürlich gewährte zweite Chance in der profillosen Familie. Kindern wird ganz klar Verantwortung übertragen, ein Fehlschlag zieht auch verständliche Folgen nach sich. Wenn etwas schief geht, erleben sie, welche Folgen dadurch entstehen. Später erhalten sie die Gelegenheit, es noch einmal zu versuchen. (»Du kannst das Auto wieder fahren, wenn du mit der Versicherung gesprochen hast und weißt, wie du für die Reparatur aufkommen wirst. Bis dahin kannst du das Auto nicht benützen.«)

Kinder lernen echte Disziplin auf lebendige Weise kennen. Ihnen wird gezeigt, was sie falsch gemacht haben. Das Problem bleibt in ihrer Verantwortung. Sie erfahren auch, welche Lösungsmöglichkeiten es gibt. Die Würde der Kinder wird nicht verletzt.

Soziales Verhalten

Demokratie lernt man durch Erfahrung. Bei Familientreffen werden alle Familienmitglieder über Ereignisse, Pläne und Probleme informiert. Alle sind aufgefordert, sich so weit wie möglich bei der Planung von Aktivitäten und der Lösung von Konflikten zu beteiligen. Die Kinder erfahren, dass ihre Gefühle und Vorstellungen respektiert und akzeptiert werden und dass es nicht immer einfach ist, die Bedürfnisse und Wünsche aller Familienmitglieder unter einen Hut zu bringen.

Es wird gezeigt, wie man zusammenarbeiten kann, die Kinder werden dazu ermutigt. Die Eltern demonstrieren, wie man verschiedene Aufgaben erfüllt, und helfen den Kindern, neue Fähigkeiten zu erlernen. (»Ich glaube, du bist alt genug, um mit der Maschine umzugehen. Schau mir zu, wie das geht. Du kannst es dann auch machen.« – »Wir wollen uns überlegen, wohin dieses Wochenende unsere Radtour gehen soll. Ich überprüfe dieses Mal die Räder. Wer will den Proviant vorbereiten und sich die Radkarte ansehen?«)

Die Familie ist bereit, Hilfe zu suchen, wenn es Schwierigkeiten gibt. Probleme werden weder verleugnet noch verschleiert. Die Eltern sind offen für den Rat von Älteren oder Experten und auch bereit, diese Hilfe anzunehmen. (»Wir haben ein Verständigungsproblem. Ich hätte gern, dass uns eine dritte Person dabei hilft. Ich weiß nicht, wie man mit einem Kind in der Pubertät umgeht.«)

Die Kinder lernen, eigenständig zu denken. Sie werden ermutigt, auf ihre eigene innere Stimme zu hören, spontan zu sein, ihrer Kreativität in Gedanken und Handlungen freien Lauf zu lassen und Probleme durchzusprechen. Man spricht mit ihnen, nicht zu ihnen, und ihnen wird zugehört, sie werden nicht ignoriert. Auf der anderen Seite lernen sie, die echte Lebensweisheit älterer Menschen zu respektieren. Sie dürfen neugierig sein und eigene Entdeckungen machen. (»Wenn du bei etwas ein gutes Gefühl hast, dann vertraue deiner inneren Stimme.« – »Kannst du mir sagen, was du davon hältst und wie wir das in Ordnung bringen können?« – »Der Opa hat das von Grund auf gelernt. Er hat es mir gezeigt, und ich werde es dir zeigen.«)

»Lernen Sie aus der Vergangenheit, wo immer Sie können, aber lassen Sie sie hinter sich. Denken Sie daran, dass sie durch nichts verändert werden kann, dass Sie aber durch sie lernen können, Ihre Zukunft besser zu gestalten« (Abraham J.Twerski).

Veränderung ist nicht leicht

Vielleicht haben Sie sich mittlerweile schon über Ihre persönlichen Familienverhältnisse Gedanken gemacht und wollen nun, falls sie nicht schon in einer solchen leben, die nötigen Gegebenheiten für eine Familie mit Rückhalt schaffen. Dann denken Sie bitte daran, dass Veränderungen nicht über Nacht geschehen. Alles braucht seine Zeit. Bei der Realisierung der neuen Strukturen werden Sie Hilfe und Unterstützung brauchen. Sie finden diese Hilfe vielleicht in Ihrer Umgebung bei einem verständnisvollen Nachbarn, Freund oder Kollegen. Manchmal kann auch ein Fachmann in der Erziehungsberatung Ihnen helfen herauszufinden, wo Sie gerade stehen und wie Sie Ihr Ziel erreichen können. Eine ausgezeichnete Hilfsquelle sollten Sie dabei nicht übersehen: Ihre eigenen Kinder. Es ist eine Tatsache, dass Kinder sich in einer gesunden, lebenstüchtigen Weise entwickeln können, wenn auch die Eltern bereit sind, sich weiterzuentwickeln. Eltern können von ihren Kindern lernen.

FORMEN DER VERNEINUNG

Kinder brauchen zweifellos Grenzen, um sich zurechtzufinden. Gleichzeitig haben sie aber trotzdem das Recht, diese Grenzen zu hinterfragen und den Grund für das elterliche Nein zu erfahren. Denn unsinnig eingesetzte Verbote und überflüssige Belehrungen sind für die kindliche Entwicklung eher hinderlich, und das Sammeln von möglichst vielfältigen Erfahrungen mit all ihren Konsequenzen wird so gut wie aussichtslos. Kinder sollten aus ihren Fehlern lernen dürfen. Ein zu schnell eingesetztes Nein erzieht zur Unselbständigkeit.

Direktes und indirektes Nein

Richtiger Umgang mit dem Nein

Nun kennen Sie Ihr Erziehungskonzept und die Art der Familie, die bei dessen Entstehung beteiligt war. Sie können jetzt ihre Methoden genauer untersuchen. Einige davon sind sehr nützlich, andere müssen ausgesondert werden, bei wieder anderen genügt eine kleine Korrektur. Mit den folgenden Tips schaffen Sie die nötigen Veränderungen.

»Wenn wir unsere Richtung nicht ändern, werden wir wahrscheinlich wieder dort ankommen, wo wir gerade herkommen« (Chinesisches Sprichwort).

Die häufigsten Verneinungen

- Nein
- Keinesfalls
- Bestimmt nicht
- Niemals

Ist Ihnen schon aufgefallen, wie oft Sie nein zu Ihren Kindern sagen?
»Mama, kann ich einen Keks haben?« – »Nein, wir essen gleich.«
»Papa, kann ich rüber zu Tina gehen?« – »Nein.«
»Mama, kann ich das Auto haben?« – »Keinesfalls.«
»Papa, kann ich die ganze Nacht ausgehen?« – »Niemals!«
Wenn wir bei weniger wichtigen Angelegenheiten mit unserem Nein nicht konsequent sind, lernen Kinder, uns nicht ernst zu nehmen, wenn wir in einer wirklich wichtigen Situation nein sagen. Nachfolgend finden Sie drei Alternativen, die Sie anwenden sollten.

Die erste Alternative

- Ja, später

»Mama, kann ich einen Keks haben?« – »Ja, später!«
Ist Ihnen aufgefallen, dass die Antwort nicht lautete »Jetzt nicht, du kannst später einen haben«? Das Kind war wahrscheinlich schon zum Kampf bereit, aber wie soll man gegen ein »Ja, später« angehen?

»Ich bin aber so hungrig, Mama.« – »Gut, dann nimm dir einen Keks.« Es ist mindestens schon drei Sekunden später. Wichtig dabei ist, dass Sie ein Nein nicht in ein Ja verwandelt haben. Verkneifen Sie sich auch den Hinweis: »Aber dass du dir nicht den Appetit für das Mittagessen verdirbst!« Wollen Sie, wenn es so kommt, den Keks wieder zurücknehmen? Diese Bemerkung wäre also völlig überflüssig.

Die zweite Alternative

- Moment, bitte

Auf das strikte Nein zu verzichten oder es weniger einzusetzen bedeutet nicht, von dem Kind nicht mehr ernst genommen zu werden, wenn Sie einmal wirklich mit großem Nachdruck nein zu Ihrem Kind sagen müssen.

»Papa, kann ich rüber zu Tina gehen?« – »Moment, bitte.«
Es ist nichts falsch daran, um einen Augenblick Geduld zu bitten, denn damit gewinnt man Zeit, um sich eine Meinung zu bilden. Sie denken vielleicht: »Es wäre ganz schön, wenn sie rübergeht, dann hätte ich ein bisschen Ruhe.« Die Antwort lautet also: »Ja, du darfst gehen.« Oder Sie denken: »Wir haben noch viel zu tun, bevor unsere Gäste heute kommen.« Dann wäre die Antwort: »Nein, du bleibst hier.« Wir sollten zumindest wissen, aus welchem Grund wir nein sagen. Wie oft sagen viele von uns nein zu unseren Kindern und haben nicht die leiseste Ahnung, aus welchem Grund.
Wenn ein Kind sofort eine Antwort haben will, dann könnte die Variante von »Moment, bitte« etwa so lauten: »Wenn du jetzt sofort eine Antwort willst, dann heißt sie nein. Wenn du ein bisschen wartest, vielleicht ja.«

Die dritte Alternative

- Überzeuge mich

»Mama, kann ich das Auto haben?« – »Überzeuge mich!«
Diese Alternative kann man sinnvoll bei Jugendlichen einsetzen, sie kann aber auch bei jedem Kind, das bereits spricht, angewandt werden. Warum sollte man als Erwachsener seine ganze Energie aufwen-

den, um einen Jugendlichen davon zu überzeugen, dass er das Auto nicht haben kann? Lieber soll er doch seine jugendliche Energie einsetzen und uns Eltern davon überzeugen, dass er das Auto braucht.
»Mama, alle meine Freunde ...« – »Ich bin nicht überzeugt.«
»Mama, wenn du mir das Auto nicht gibst, dann musst du uns alle zum Training fahren.« – »Ich bin überzeugt!«
Wenn Sie diese Alternativen anwenden und dafür Ihre Neins sparsamer einsetzen, dann wird ein Nein bei wichtigeren Angelegenheiten wirklich ernst genommen und akzeptiert werden. Wenn Ihr 16-jähriger Sohn Sie fragt, ob er die ganze Nacht mit seinen Freunden ausgehen kann, dann ist das sicher der richtige Zeitpunkt für ein klares Nein.

Ein wegweisendes Nein

Ich habe mit schwangeren Teenagern, jugendlichen Straftätern und Kindern gearbeitet, die von zu Hause ausgerissen waren. Alle diese gefährdeten jungen Menschen haben in ihrem Leben förmlich darum gebeten, ein klares Nein zu hören. Für solche Jugendliche kann ein Nein bedeuten, dass sie wichtig genug sind, um Grenzen gesetzt zu bekommen, und dass sich jemand wirklich um sie sorgt. Das Rückgrat unseres Körpers schränkt uns in gewisser Weise ein, wir können uns z. B. nicht nach hinten durchbeugen. Durch unsere moralischen Überzeugungen sind uns ebenfalls Grenzen gesetzt. Es gibt Dinge, die wir nicht tun – nicht weil sie illegal sind bzw. weil die Gefahr besteht, dabei erwischt zu werden. Was uns davon abhält, ist unser eigenes »moralisches Rückgrat«. Diese Grenzen, die wir aufgrund eines oftmaligen rechtzeitigen Neins verinnerlicht haben, sind Teil dessen, was wir als Gewissen oder auch als gesunden Menschenverstand bezeichnen. Diese Art von Rückgrat ist bei vielen 16-jährigen noch nicht voll entwickelt. Die Eltern in Familien mit Rückhalt schaffen sowohl den nötigen Freiraum wie auch die Grenzen, damit ihre Kinder ein eigenes »moralisches Rückgrat« entwickeln können.

Kindern Grenzen aufzuzeigen hat nichts damit zu tun, dass sie weniger geliebt werden. Ein begründetes »Halt, bis hierhin und nicht weiter!« kann ganz im Gegenteil dazu beitragen, ihnen zu signalisieren, dass man sich um sie sorgt, dass sie einem wichtig sind.

Ein klares Nein aus Sorge

Wenn Ihr Sohn Sie also fragt, ob er die ganze Nacht wegbleiben kann, und darauf ein klares Nein bekommt, wird er vermutlich weiterfragen: »Warum nicht?« Eine typische, aber unkluge Antwort wäre:

»Weil ich es sage.« Er könnte heimlich aus dem Haus gehen. Besser ist es, wenn Sie Ihre Ablehnung begründen und ihm in einem kurzen Gespräch darüber klarmachen, dass Sie um seine persönliche Sicherheit besorgt sind; z.B.:»Mein Sohn, du kannst nicht die ganze Nacht wegbleiben, es geht um deine Sicherheit.« – »Du vertraust mir nicht!« – »Oh doch, ich vertraue Dir. Du kannst den ganzen Tag draußen sein, bis zum Abend. Aber nach Mitternacht ist hier alles geschlossen, wo wollt ihr dann hingehen? Ich möchte nicht, dass du in eine Situation kommst, mit der du noch nicht umgehen kannst.« – »Aber Mama, alle bleiben so lange weg.« – »Das stimmt nicht, du machst es nicht.« – »Du liebst mich nicht.« – »Doch, das tue ich.«

Worauf Sie achten sollten

Ganz egal, was wir tun oder sagen, einige Teenager werden dennoch heimlich aus dem Haus gehen und das Verbot missachten. Wenn wir ihnen aber erklärt haben, warum wir dagegen sind, anstatt nur strikt zu verbieten, ist die Chance wesentlich größer, Einsicht bewirkt zu haben. Es ist nicht genug, einfach nur nein zu sagen.

Das Nein in der Familie

Sparen Sie Ihr Nein für wirklich wichtige Verbote auf. Wenn Ihnen bei anderen Gelegenheiten das Nein schon auf der Zunge liegt, überlegen Sie, ob die ein oder andere Alternative für Sie und Ihre Kinder nicht geeigneter wäre.

Eltern in überorganisierten Familien sind berüchtigt dafür, Verbote strikt und ohne weitere Erklärungen zu verhängen. Diese Verbote dienen der Kontrolle der Kinder, dem Erzwingen von Gehorsam, ohne sie zu begründen. Das Ergebnis ist, dass die Kinder sich fügen, ohne über den Sinn von Regeln nachzudenken. Oder sie lehnen sie einfach ab – und mit diesen schließlich vielleicht auch die sinnvollen Regeln, die für das Funktionieren unserer Gesellschaft notwendig sind.

In profillosen Familien dagegen gibt es kaum Verbote. Oft kommt dies daher, dass die Eltern aus überorganisierten Familien stammen und sich geschworen haben, diese Art von »Strenge« bei ihren Kindern niemals anzuwenden. Eltern aus profillosen Familien haben nicht genug »moralisches Rückgrat« entwickelt, mit dem sie sich den Forderungen ihrer Kinder entgegenstellen könnten.

Die Kinder aus profillosen Familien werden haltlos und erfahren nicht, wie sie selbst dieses Rückgrat entwickeln können. Sie wünschen sich aber eine gewisse Ordnung und fühlen sich zu Menschen hingezogen, die ihrem Leben Halt geben können. Das könnten jedoch Menschen sein, die zur Führung junger Menschen keineswegs geeignet sind. Sowohl Kinder aus überorganisierten wie auch aus profillosen Familien geraten sehr schnell in Sekten oder andere Gruppierungen, in denen ein anderer für sie denkt.
Die Eltern in Familien mit Rückhalt sparen sich das Nein für wirklich wichtige Dinge auf, wenn es keine andere Alternative gibt. Dann ist es ihnen wirklich ernst, sie stehen hinter dem Verbot und können dies auch im Interesse ihrer Kinder vertreten. Verbote werden sinnvoll begründet. Die Kinder können dadurch ein »moralisches Rückgrat« entwickeln, das ihnen hilft, verantwortlich zu handeln.

Verneinung der Persönlichkeit

Überflüssige Belehrungen

Grenzen helfen Kindern, sich in der Welt zu orientieren. Sind solche Grenzen sinnvoll und begründet, entwickeln sie Selbstbewusstsein und Verantwortungsgefühl.

Karl ist ohne Mantel draußen. Es ist nicht so kalt, dass er erfrieren kann – wäre sein Leben bedroht, müsste man natürlich eingreifen. Im Moment ist ihm nur kalt. Man könnte ihn überflüssigerweise belehren: »Wenn du deinen Mantel angezogen hättest, dann wäre dir nicht kalt.« Das weiß er bereits. Überflüssige Belehrungen enthalten Informationen, die Kinder bereits kennen.
Ein Klassiker unter den überflüssigen Belehrungen ist z. B.: »Wenn du es so gemacht hättest, wie ich es dir gesagt habe, dann hättest du jetzt nicht solche Schwierigkeiten.«
Anstatt Karl unnötig zu belehren, könnte man hinausgehen und sagen: »Karl, du siehst aus, als ob dir kalt ist.« Er steht fröstelnd da und sagt darauf: »Ich erfriere, ich hole mir jetzt einen Pullover.« Die Antwort darauf kann nur sein: »Eine gute Idee.« Das Kind entscheidet, wie es das Problem, das es hervorgerufen hat, lösen will.
Sie wissen, dass man einen Machtkampf mit einem Kind immer verliert. Wenn man dem Jungen vorschlägt, einen Mantel anzuziehen, den er nicht tragen will, möchte er wahrscheinlich lieber erfrieren, als dass er nachgibt.

> **Worauf Sie achten sollten**
>
> Kinder brauchen keine überflüssigen Belehrungen, sondern die Möglichkeit, Probleme, mit denen sie konfrontiert werden oder die sie selbst hervorgerufen haben, auch selbst lösen zu können. Es ist hilfreich für sie, wenn ein Erwachsener da ist, der sie in dem Glauben bestärkt, dass sie mit ihren eigenen Problemen selbst zurechtkommen, und nicht etwa ihre Fähigkeiten bestreitet oder anzweifelt.

Fragen, die uns nirgendwohin führen

Sprechen Sie Probleme direkt an. Schulmeisterliche Zurechtweisung bringt weder Sie noch Ihr Kind der Lösung ein Stück näher.

Es gibt vier Arten von völlig unnötigen Fragen.

- Fragen, auf die es keine vernünftige Antwort gibt, z. B.: »Warum um alles in der Welt hast du die ganze Wand verschmiert?«

Haben Sie auf eine solche Frage jemals eine gute Antwort bekommen? Was darauf folgt, sind vielleicht phantasievolle Geschichten oder auch Entschuldigungen. Machen Sie stattdessen lieber eine klare Aussage, das ist weitaus produktiver. (»Ich will mit dir über die Schmiererei an der Wand reden.« – »Lass dir etwas einfallen, um das wieder sauber zu machen.«) Die Verantwortung für das Problem und dessen Lösung bleibt dort, wo sie hingehört, beim Kind.

- Rhetorische Fragen, z. B.: »Willst du jetzt bitte still sein?« Was ist, wenn das Kind nein sagt? Hat es wirklich die Wahl, ja oder nein zu sagen? Fragen, die keine Wahl lassen, sind in Wahrheit Befehle, die wie eine Bitte aussehen. Aussagen sind auch hier viel produktiver. (»Sei jetzt bitte einen Moment ruhig, ich überlege gerade, wo wir hingehen.«)
- Fragen, die bestrafen, z. B.: »Kannst du denn gar nichts richtig machen?«

Diese Art von Fragen wirkt zerstörerisch. Sie richten sich gegen das Selbstwertgefühl des Kindes und dienen keinem produktiven Zweck. Es ist wirkungsvoller, das Problem direkt anzusprechen. (»Du hast die Schildkröte heute Morgen nicht gefüttert. Sie sieht furchtbar hungrig aus.«)

- Unklare Fragen, z. B.: »Das ist doch eine gute Idee, findest du nicht?« – »Kann ich etwas dazu sagen?«

Mit solchen Fragen geben Sie als Eltern Unsicherheit zu erkennen. Auch hier ist es angebracht, Ihrem Kind zu sagen, was Sie wirklich denken. (»Mir gefällt das.« – »Ich muss etwas sagen.«)

Worauf Sie achten sollten

Verneinen Sie nicht mit solchen Fragen die Tatsache, dass Ihr Kind Persönlichkeit besitzt. Es hat wie Sie selbst das Recht, faire und sinnvolle Fragen gestellt zu bekommen, die es ehrlich beantworten will und aus denen es auch lernen kann. Bevor Sie also eine Frage stellen, sollten Sie überlegen, warum Sie es tun. Muss die Frage gestellt werden, weil Ihnen Informationen fehlen? Könnte eine Aussage besser sein? Die besten Fragen sind sowieso die, die wir uns selbst stellen, bevor wir sie an jemand anders richten.

Leere Drohungen und Ultimaten

»Ich schlage dich windelweich!« – « Du wirst niemals wieder mit uns in Urlaub fahren!« Wir sind alle keine perfekten Eltern, manchmal sind wir einfach mit unserer Weisheit am Ende. In einem solchen Moment greift man gern zu leeren Drohungen. Die Kinder sollen dadurch eingeschüchtert werden, um endlich zu gehorchen.

Auch wenn der Kragen zu platzen droht, verrennen Sie sich nicht in unhaltbare Strafandrohungen oder Ultimaten – damit erreichen Sie nichts, außer dass Sie die Persönlichkeit des Kindes verletzen.

Ultimaten stellen schon eine deutliche Steigerung dar: »Wenn du dich nicht besserst, junge Dame, dann werde ich dich in ein Heim stecken.« Sie wissen, dass Sie das nicht tun werden, aber weiß es Ihre Tochter auch?

Ein Ultimatum wird oft gestellt, wenn man vor Wut völlig außer sich und nicht mehr verhandlungsbereit ist. Ein Ultimatum lässt auch keinen Raum für Verhandlungen oder Ausweichmanöver. Sie versuchen damit, Ihre absolute Macht durchzusetzen. Dadurch werden Sie unflexibel, der Handlungsspielraum wird dem Kind überlassen. Was ist, wenn sich Ihre Tochter nicht bessert? Wollen Sie sie dann wirklich in ein Heim bringen? Sie verlieren Ihre Macht, wenn Sie Ihre Ankündigung nicht wahr machen, das ist die eine Seite. Schlimmer aber ist die Angst vor dem Verlassenwerden, die Sie Ihrem Kind mit solchen Drohungen einflößen.

Erniedrigungen

»Charakter entwickelt sich langsam, kann aber schnell zerstört werden« (Faith Baldwin).

»Deine Schwester hat so etwas nie gemacht.« – »Du wirst es nie zu etwas bringen.« – »Du wirst das wohl nie begreifen!«
Erniedrigungen verallgemeinern und verletzen die Würde und das Selbstwertgefühl des Kindes. Kinder, die so gedemütigt werden, behandeln auch sich selbst und andere auf diese Weise. (»Ich bin so ein Blödian.« – »Du bezeichnest dich als Fußballspieler?« – »Du bist so dumm.«)

Worauf Sie achten sollten

Wenn Sie sich über Ihr Kind aufgeregt haben, dann beruhigen Sie sich erst einmal, um wieder verhandeln zu können, anstatt leere Drohungen und Ultimaten zu verkünden. Falls Sie diese bereits ausgesprochen haben, sollten Sie sie wieder zurücknehmen und mit Ihrem Kind offen reden.
Erniedrigungen sollten Sie unbedingt vermeiden, reagieren Sie Ihren Ärger über ein Problem nicht an Ihren Kindern ab, sondern sprechen Sie mit ihnen fair darüber.

»Sei vorsichtig!«

Es ist besser, seine Besorgnis zu äußern, als sie hinter Floskeln zu verbergen.

Die Straßen sind vereist, und Ihre Tochter will mit dem Auto zu einer Veranstaltung fahren. Ihr erster Impuls ist, ihr zu sagen, sie solle doch vorsichtig sein. Warum wollen Sie ihr die Autoschlüssel überhaupt geben, wenn Sie sie ermahnen müssen, vorsichtig zu sein? Sagen Sie lieber: »Die Straßen sind eisig, aber ich weiß, dass du mit dem Auto umgehen kannst. Sag mir doch noch einmal, was du tun musst, wenn das Auto ins Schleudern kommt.« Oder bezweifeln Sie etwa die Fähigkeit Ihrer Tochter, einen Wagen eigenverantwortlich und sicher zu lenken? In diesem Fall wäre die Aufforderung »Sei vorsichtig!« nur Ausdruck Ihres Unwillens, das Auto zu leihen – und im Grunde nur eine versteckte Anweisung, ja keinen Schaden zu verursachen. Wenn Ihre Tochter aber weiß, dass sie mit jedem Problem jederzeit zu Ihnen kommen kann, und Sie Ihrer Tochter voll vertrauen und sich nur um ihre Sicherheit sorgen, dann sagen Sie lieber offen und direkt: »Ich liebe dich, und ich bin besorgt.«

»Denke selbst, aber höre lieber auf mich!«

Während meiner Tätigkeit als Grundschullehrerin beschwerten sich ständig Eltern über meine Weigerung, ihre Kinder anzuweisen, Mäntel und Handschuhe anzuziehen, wenn sie bei Kälte nach draußen gehen wollten. Die gleichen Eltern wünschten aber, dass ihre Kinder lernen sollten, selbständig zu denken und eigene Entscheidungen zu treffen. Ich fragte meine Schüler, warum sie sich wohl warm anziehen sollten. Sie antworteten: »Weil es meine Mama gesagt hat.« Oder: »Weil man sonst krank wird.« Der erste Grund reicht nicht aus, und der zweite hat mit den Tatsachen nichts zu tun.

Kinder brauchen Unterstützung, Erklärungen, Ermutigung, die Gelegenheit, Verantwortung zu übernehmen, und die Aufforderung, selbständig zu denken.

Wenn Sie für Ihre Kinder das Denken übernehmen, wenden Sie damit vermutlich eine althergebrachte Erziehungsmethode an. Hat Ihre Mutter bei Ihrem letzten Besuch zu Hause nicht gesagt »Und zieh dich warm an, ja!« Sie sind jetzt ein verantwortungsvoller Erwachsener, und trotzdem werden Sie noch ermahnt. Falsch verstandene Fürsorge zeigt sich in der irritierenden Botschaft: »Denke selbständig, aber hör lieber auf das, was ich dir sage.«

Aus Fehlern lernen dürfen

Kinder brauchen viele Informationen über sich selbst und die Welt um sie herum. Sie müssen die Möglichkeit haben, viele Entscheidungen zu treffen und dabei auch Fehler machen zu dürfen. Solange ihre Entscheidungen nicht lebensgefährlich, gesundheitsschädlich oder moralisch bedenklich sind, sollten Sie sie akzeptieren und Ihre Kinder die Verantwortung dafür selbst übernehmen.

Nur so kann Selbstvertrauen entstehen, das ein wichtiger Schritt in der Entwicklung zu einem verantwortungsvollen Erwachsenen ist.

Worauf Sie achten sollten

Es ist für Ihre Kinder lebensnotwendig, zu lernen, selbständig zu denken, zu entscheiden und Verantwortung zu übernehmen. Zweifeln Sie nicht an ihrer Persönlichkeit. Ihre Kinder haben die nötigen Fähigkeiten, die Sie nur zu unterstützen und mit zu entwickeln brauchen: durch viele Erklärungen und ständige Ermutigung.

ICH SELBST SEIN

Erwachsen werden bedeutet, seine eigene Identität zu finden und sich nach und nach von den Eltern zu lösen. Der Weg bis dorthin kann allerdings für alle Betroffenen ziemlich aufregend und auch aufreibend sein. Wenn Kinder auf den eigenen Füßen stehen und selbst Entscheidungen treffen möchten, unterstützen Sie sie. Nur so können sie ihre Persönlichkeit entdecken und Vertrauen in ihre Fähigkeiten entwickeln. Dieses Kapitel hilft Ihnen dabei, Ihren Kindern den nötigen Freiraum dazu zu geben.

Selbstverwirklichung

Die Bedeutung der Selbstverwirklichung

Sie lächeln zurück, wenn Ihr Baby Sie anlächelt. Sie klatschen in die Hände, wenn es seine ersten Schritte tut, und lachen, wenn es zum ersten Mal »Mama« sagt. Elternsein ist eine wunderbare Erfahrung. Aber plötzlich hören Sie ein gefürchtetes Wort aus dem Kindermund: »Nein!« Damit hat Ihr Kind das Babyalter verlassen und ist ins Trotzalter eingetreten. Die erste Altersstufe des Widerstands ist erreicht.

»Ich möchte, dass du begeistert bist von dem, wer du bist, was du bist, was du hast und was daraus entstehen kann. Ich möchte dich inspirieren, damit du siehst, dass du noch viel weiter kommen kannst« (Virginia Satir).

Drei wichtige Altersstufen des Trotzalters

- Zwei Jahre
- Fünf Jahre
- Die Pubertät

Die Kinder versuchen, ihre Individualität und ihre Unabhängigkeit zu behaupten, und distanzieren sich körperlich und emotional von den Personen, die ihnen am nächsten stehen. Kinder rebellieren mit zwei Jahren gegen ihre Mutter. Der Vater kann gar nicht verstehen, warum die Mutter mit dem Zweijährigen solche Schwierigkeiten hat. Die Mutter macht das verrückt. (Es könnte auch dem Vater so gehen, wenn er die erste Bezugsperson wäre.)

Mit fünf Jahren rebellieren die Kinder gegen Mutter und Vater. Jetzt kommt auch der Vater in Bedrängnis, und die Mutter kann ihn beruhigen: »Ich habe das schon einmal mitgemacht, es geht wieder vorbei.«

In der Pubertät rebellieren die Kinder gegen die ganze ältere Generation: »Ich kann ohne euch alle ich selbst sein!«

Entscheidende Phasen

In diesen Altersstufen versuchen die Kinder, auf verschiedene Weise auszudrücken: Ich kann ich selbst sein. Dies ist notwendig, um eine eigenständige, von den Eltern unabhängige Identität aufzubauen. Der Zweijährige besteht darauf, sich selbst anzuziehen, Hose und Schuhe werden verkehrt herum getragen.

Dem Fünfjährigen macht es ungeheuren Spaß, die Eltern bei Erzählungen in der Öffentlichkeit zu korrigieren. (»Aber Papa, du hast die Geschichte ganz falsch erzählt!«)
Die 13-jährige entscheidet sich schließlich, beim Abschlussball die Hose der Mutter und den Lieblingspullover des Vaters zu tragen. Leider haben Sie sich vorher noch durch den Feierabendstau gequält, um das schöne Kleid von der Reinigung zu holen. (»Heutzutage trägt kein Mensch mehr Kleider an einem Tanzabend.«)
Diese Altersstufen stellen für Eltern und Kinder eine Herausforderung und eine Entwicklungsmöglichkeit zugleich dar. Erst in der Pubertät jedoch zeigt sich, wie wirksam Ihre Erziehungsmethoden wirklich waren. Der Teenager drückt dann aus: Ich kann ich selbst sein, unabhängig von der ganzen älteren Generation – ohne dabei mit der Familie brechen zu müssen.

Selbstverwirklichung in der Familie

Die überorganisierte Familie

»Eine Person, die versucht, ihr Selbst so aufzubauen, dass es den Normen und Erwartungen anderer Menschen entspricht…, wird ihr Selbst zwar spiegeln, sich aber darin niemals wirklich selbst erkennen können« (Mary Summer Rain).

Ein Teenager kommt mit grün gefärbten Haaren, schillerndem Make-up oder zerrissener Hose herein. Die Eltern in überorganisierten Familien reagieren mit strikten Verboten: »Keines meiner Kinder geht so aus dem Haus. Wasch dir sofort das Gesicht! Zieh dich anständig an!« Der Teenager denkt: »Ich kann in dieser Familie nicht ich selbst sein.«
Ein anderer Teenager zieht sich z.B. erst dann so an, wenn er das Haus verlassen hat und die Eltern ihn nicht mehr maßregeln können. Auch er drückt bezüglich seiner Eltern aus: »Ich bin nur dann so, wie ihr denkt, wenn ich bei euch bin. Ich kann euch nicht sagen, wer ich wirklich bin – das würde euch nicht gefallen.«
Die Eltern in diesen Familien setzen strenge Regeln fest und erlassen Verbote und Gebote, sie befinden sich in einem ständigen Machtkampf.
Wenn der Machtkampf in dieser Phase sich aber zu Gunsten der Eltern entscheidet, wird das Kind seinen Ärger und seine Wut unterdrücken und gegen sich selbst richten. In beiden Fällen verliert der Teenager seine Würde und sein Selbstwertgefühl.

Wer bin ich?

Kinder aus überorganisierten Familien haben kaum die Möglichkeit, ihre Persönlichkeit zu entdecken und sich selbst zu verwirklichen. Sie reagieren auf die Forderungen der Eltern mit Unterwerfung oder Überreaktion.

Die profillose Familie

Die Eltern aus der profillosen Familie des Typs A (siehe Seite 46ff.) verbieten ihrem Teenager nichts, sie eifern ihm sogar nach. Die Kinder färben die Haare grün – also auch die Mutter. Der Vater leiht sich die neuen Jeans von seinem Sohn aus. Die Eltern lassen sich den Breakdance zeigen. Auch dieser Teenager denkt: »Ich kann in dieser Familie nicht ich selbst sein.«

»Wenn die eigene Persönlichkeit völlig ignoriert wird, dann ist es fast so, als würde man aus dem Leben verdrängt. Es ist, als ob eine Kerze ausgeblasen wird« (Evelyn Scott).

Er kämpft darum, unabhängig von seinen Eltern zu einem Selbstverständnis zu finden. Er will anders sein als sie und eine eigene Identität entwickeln. Das Problem dabei ist, dass er von seinen Eltern nicht lernen kann, wie das zu erreichen ist. Diese Familienform ist von Inkonsequenz und Chaos geprägt; dadurch wird das Kind verwirrt und kann sein Selbst nicht entdecken.

Auch in der profillosen Familie des Typs B (siehe Seite 48ff.) gibt es weder Anleitung noch klare Strukturen. Gewöhnlich sind die Eltern mit ihrem eigenen Widerstand beschäftigt, oder sie sind körperlich oder geistig abwesend. Ein Kind in der Pubertät reagiert darauf oft mit extremer Kleidung oder Aufmachung, um endlich beachtet zu werden.

Wer bin ich?

Sich selbst zu verwirklichen oder die eigene Identität zu entdecken, dazu haben Kinder aus profillosen Familien kaum Gelegenheit. Sie reagieren auf die Orientierungslosigkeit der Eltern und die fehlende Unterstützung durch die Eltern mit Flucht zu anderen (vielleicht gefährlichen) Autoritäten und in die Selbstisolierung.

Selbständiges Denken

Eltern zeigen wahre Stärke, indem sie ihre Kinder nicht kontrollieren, sondern in deren Persönlichkeit bestärken. Das ist sehr leicht gesagt, aber sehr schwierig durchzuführen. Wir möchten, dass unsere Kinder verantwortungsvolle, tatkräftige und liebevolle Individuen sind, die selbständig denken können. Oft bringen wir ihnen aber nur bei, was sie denken sollen, nicht wie. Vom Kleinkindalter an sagen wir ihnen: »Denke selbst daran. Hast du deine Handschuhe?« – »Wo hast du denn die Schuhe? Wie oft soll ich dir noch sagen, dass du selbst an deine Sachen denken sollst!« Viele Menschen lernen erst mühsam als Erwachsene, selbständig zu denken. Sie haben zwar sehr gut gelernt, was ihre Eltern denken, nicht aber, wie sie selbständig denken können.

Entscheidungsfähigkeit entwickeln

»Kinder, die schon früh Entscheidungen treffen dürfen, haben später keinen Grund zur Rebellion, denn es ist schwer, gegen seine eigenen Entscheidungen zu protestieren« (Don Shaw).

Kinder brauchen Selbstwertgefühl, Integrität und eine Vorstellung von ihrer eigenen Kraft, um ihre Probleme selbst lösen zu können. Wenn sie Verantwortung übernehmen und ihre eigenen Entscheidungen treffen können, können sie diese Kraft entwickeln. Kinder lernen diese Fähigkeiten, wenn wir ihnen Gelegenheit dazu geben. Wenn Kinder harmlose Dinge selbst entscheiden dürfen, lernen sie dadurch, auch Wichtiges richtig zu entscheiden. Dazu gehören auch Fehlentscheidungen, für deren Folgen die Kinder ebenso verantwortlich sind. Wenn das Kind unangenehme Folgen konstruktiv verarbeiten kann, lernt es, mit der Enttäuschung umzugehen. Es erfährt, dass es einer Situation nicht ausgeliefert ist dadurch werden seine Würde und sein Selbstwertgefühl gestärkt.

Verantwortungsgefühl und Entscheidungskraft sind notwendige Voraussetzungen für Selbstdisziplin. Kinder brauchen Vertrauen, um diese Fähigkeiten zu erlernen. Der Verantwortungs- und Entscheidungsbereich muss dem Alter angemessen sein. Einen 15-jährigen kann man bitten, den Rasen zu mähen, nicht aber einen Fünfjährigen. Ein vierjähriges Kind kann helfen, die Wäsche auszusortieren, ein Zwölfjähriger kann sie durchaus auch waschen, zusammenlegen und aufräumen. Eine 18-jährige kann entscheiden, ob sie zur Schule gehen will oder nicht. Sie kann dann auch die Konsequenzen aus dieser Entscheidung tragen.

Einige Entscheidungen und Verantwortungsbereiche sollten die Eltern sich aber auch vorbehalten. Man sollte sich aber ehrlich fragen: »Behalte ich mir diese Entscheidung vor, weil ich befürchte, ich könnte die Kontrolle verlieren, wenn ich sie meinem Kind überlasse? Oder verhalte ich mich so, damit es etwas lernen kann?«
Überprüfen Sie, welche Entscheidungen Sie selbst treffen und welche Sie Ihren Kindern überlassen möchten. Wir sollten im Laufe der Zeit den Entscheidungs- und Verantwortungsbereich der Kinder ständig erweitern. Wenn sie erwachsen sind, müssen sie die volle Verantwortung für ihr Handeln tragen. Wir müssen dazu beitragen, dass sie das dann auch können.

Möglichst früh selbst entscheiden

Ein Kleinkind fragt man noch nicht, ob es ins Bett gehen möchte. Mit drei Jahren kann es das noch nicht selbst entscheiden. Man kann es aber fragen, welchen Schlafanzug es anziehen möchte; das kann es schon ganz gut allein entscheiden. Es ist dann auch ganz in Ordnung, wenn das rote Oberteil zu der blauen Hose getragen wird.

Lassen Sie sich nicht durch Bemerkungen und gut gemeinte Ratschläge anderer irritieren. Kinder, die sich bei harmlosen Dingen selbst entscheiden dürfen, lernen dabei auch, später wichtige Dinge richtig zu entscheiden.

Entscheidungsfreiheit langsam steigern

Wenn die Kinder älter werden, können sie mehr entscheiden und tragen auch mehr Verantwortung. Sie sollten bereits in frühen Jahren (ob in Kindergarten oder Schule) Ihre Kinder aus verschiedenen Kleidungsmöglichkeiten, die Sie anbieten, eine freie Wahl treffen lassen. Wenn dabei die abenteuerlichsten Kombinationen entstehen, die Ihnen nicht gefallen, ignorieren Sie das am besten und denken daran, dass es ja nicht lebensgefährlich ist.
Mit zunehmendem Alter werden Ihre Kinder auch diesbezüglich immer treffsicherer entscheiden, so dass auch Ihre Differenzierung zwischen Schul- und Freizeitkleidung nicht mehr nötig ist. Freuen Sie sich, wenn Sie noch dann und wann um Rat gefragt werden, aber freuen Sie sich vor allem über die zunehmende Selbständigkeit Ihrer Kinder.
Wenn Kinder einer überorganisierten Familie im Teenageralter sind, neigen die Eltern dazu, noch strenger zu sein, anstatt den Verantwortungs- und Entscheidungsbereich der Kinder zu vergrößern. Der Teenager aber hat gelernt, sich anzupassen. Er weiß, dass er bei der

Wahl des »falschen« Kleidungsstücks entweder angeschrien wird oder auf subtilere Art zu hören bekommt, dass er genau das nicht tragen kann. Schuldgefühle zu erzeugen gehört zu dieser Methode: »Du kannst das ruhig tragen, aber denke daran, deine Oma hat ein schwaches Herz.«

Teenager aus strukturlosen Familien verfügen über kein verlässliches Gerüst, an das sie sich halten können.

Das größte Problem taucht auf, wenn der Teenager sich entschlossen hat, die Erwartungen nicht mehr zu erfüllen. Eltern in überorganisierten Familien klagen immer wieder: »Schauen Sie nur dieses Kind an. Es war immer brav, gut angezogen und hatte gute Manieren. Aber jetzt!« Darauf könnte man eigentlich nur antworten: »Wissen Sie, es hat sich gar nicht verändert. Als es klein war, hat es sich so angezogen und benommen, wie Sie es ihm gesagt haben. Jetzt hört es darauf, was ihm jemand anders sagt. Es macht noch immer das, was ihm gesagt wird, nur sind das nicht mehr Sie. Das Kind hat nicht gelernt, eigenständig zu denken.«

Ganz ohne Anleitung geht es nicht

In den profillosen Familien gibt es für die Kinder bis ins Teenageralter und darüber hinaus kaum Unterstützung und Orientierungshilfe, um die Entscheidungsfähigkeit zu schulen, und wenn doch, dann

Besonders kleine Kinder erfüllt es mit Stolz, wenn sie erleben, dass auch ihre Meinung Gewicht hat – und sollte es sich nur um einen eigens ausgewählten Apfel handeln.

eher zufällig. Die Jugendlichen aus diesen Familien suchen entweder die Führung durch andere oder ziehen sich in sich selbst zurück und lehnen jede spätere Form der Unterstützung, Ermutigung oder Beratung ab. Wenn sie Anleitung durch andere suchen, schließen sie sich oft starken, charismatischen Führerfiguren an, die ihre Bedürfnisse erfüllen können. Teenager übernehmen dann schnell die Ansicht dieser Führer, auch wenn dies auf Kosten ihres eigenen Willens geschieht. Da ihnen ein starkes Selbstwertgefühl fehlt, definieren sich diese Jugendlichen nur über die Beziehung zu der Leitperson, die sie ausgewählt haben.
Im anderen Fall, wenn sie auf Distanz gehen und sich isolieren, sind sich die betroffenen Jugendlichen völlig genug, lernen somit nicht, eine gesunde zwischenmenschliche Beziehung aufzubauen. Sie leben nach dem Motto »Ich kann mich nur auf mich selbst verlassen«.

Die Eigenwilligkeit unterstützen

Wenn Ihr Kind sehr eigenwillig ist, bedeutet das einen Vorteil, der vielleicht in jungen Jahren noch nicht als solcher erkannt wird. Eigenwillige Kinder sind im Teenageralter und als junge Erwachsene oft sehr viel umgänglicher als gehorsame Kinder. Gehorsame Kinder kann man gut anleiten, solange sie noch klein sind, denn sie brauchen die Anerkennung und Zustimmung von Erwachsenen. Auch im Teenageralter können sie noch gut geführt werden, denn auch dann suchen sie noch nach Anerkennung, wenn auch nicht durch die Eltern.

Wenn Sie Ihre Kinder ermutigen, sich durch Wahl- und Entscheidungsmöglichkeiten auszudrücken, solange sie noch klein sind, haben sie in der Pubertät bereits ein Rückgrat entwickelt, mit dessen Hilfe sie ihre Identität weiter entfalten können.

Ein starker Wille braucht Freiraum

Eigenwillige Kinder aber lassen sich von niemandem gern anleiten, weder von ihren Eltern noch von anderen Menschen. Freuen Sie sich also über den starken Willen Ihres Kindes, solange es noch klein ist. Fördern Sie Ihr eigenwilliges Kind liebevoll in dem Wissen, dass ihm das eigenständige Denken in späteren Jahren zugute kommen wird.
Untersuchen Sie genau, welche Möglichkeiten Sie Ihren Kindern geben, um Entscheidungen zu treffen und Verantwortung zu übernehmen. Erweitern Sie den Spielraum, wenn das Kind älter wird! Behalten Sie sich Entscheidungen vor, wie Sie es als kluge und fürsorgliche Eltern für richtig halten. Alle anderen können Sie Ihren Kindern überlassen.

»Feigheit fragt: ›Ist es sicher?‹ Zweckmäßigkeit fragt: ›Ist es klug?‹ Eitelkeit fragt: ›Ist es beliebt?‹ Das Gewissen fragt: ›Ist es richtig?‹ Es gibt eine Zeit, in der man eine Haltung einnehmen muss, die weder sicher, klug noch beliebt ist – sondern weil sie richtig ist« (Martin Luther King jr.).

Die Familie mit Rückhalt

Kinder aus Familien mit Rückhalt haben von Anfang an erfahren, dass ihnen zugehört wird und dass sie umsorgt und geliebt werden. Sie können ihre Gefühle und Gedanken frei äußern und dürfen auch Fehler machen und daraus lernen. Sollte die Entscheidung eines Kindes den Eltern nicht gefallen, so teilen sie das mit, akzeptieren diese aber und verteidigen sie unter Umständen auch gegenüber intoleranten Verwandten. So entwickeln sich diese Kinder zu verantwortlichen, tatkräftigen und liebevollen Menschen, die ihre Interessen gut vertreten können. Ebenso, wie sie ihre eigenen Rechte wahrnehmen, respektieren sie dann auch die Rechte und Bedürfnisse anderer. Die Eltern unterstützen ihr Kind ständig dabei, seine Persönlichkeit zu entdecken, indem sie mit Disziplin das Lernen lebendig gestalten, ermutigen, eigenständig zu denken, ermöglichen, Protest auszudrücken, solange es nicht schädlich ist. Für das Kind heißt das: Ich kann in dieser Familie ich selbst sein.

Wer bin ich?

Kinder aus Familien mit Rückgrat haben gute Möglichkeiten, sich selbst zu entdecken und zu verwirklichen. Sie entwickeln schon bald aufgrund von genügend Freiraum, um auszuprobieren und zu lernen, und genügend Disziplin, um sich zu orientieren, die Fähigkeiten, selbständig zu denken, zu entscheiden und die Verantwortung zu übernehmen.

Exkurs: Widerstand

Die Bedeutung von Widerstand

Ein wesentlicher Aspekt von Selbstbewusstsein ist die Fähigkeit, Widerstand zu leisten, wenn es nötig ist. Unsere Kinder müssen den Mut haben, ihre moralische Haltung zu vertreten und sich gegen Ungerechtigkeit einzusetzen, sei es in der Familie, im Klassenzimmer oder auf der Straße. Nur so können Sie festen Boden unter den Füßen gewinnen und sich gegen schädliche Einflüsse von außen schützen.

Sie könnten bereits mit Kleinigkeiten Widerstand praktizieren und somit Ihren Kindern näher bringen, indem Sie sich beispielsweise weigern, ihnen zum Frühstück Schokokrapfen zu servieren.
Manchmal reicht es aber nicht aus, einfach nur nein zu sagen, man muss darüber hinaus aktiv werden, um Konventionen, Traditionen oder eine allgemeine Praxis durchbrechen zu können. Wir müssen den Status quo nicht einfach hinnehmen. Wenn wir Zivilcourage haben und für die Werte, an die wir glauben, auch eintreten, können wir eine Veränderung bewirken. Unser Protest kann sich in kleinen Taten, einfachen Gesten oder auch in öffentlichen Protestmärschen äußern. Widerstand heißt, seinen eigenen Standpunkt zu vertreten und auch danach zu handeln.

Das Vorbild der Familie

- In einer überorganisierten Familie wird Widerstand gegen den Status quo weder vorgelebt noch toleriert. Gesellschaftliche Verhaltensregeln und Verbote werden befolgt, auch wenn sie sinnlos sind und eine Weiterentwicklung verhindern. Die elterliche Autorität darf nicht infrage gestellt werden, und Abweichungen von der Norm sind auch bei kleinen Dingen verboten. (»Zu diesen Schuhen gehören Schuhbänder, und anders wirst du sie auch nicht tragen.«)
- Die Eltern in einer profillosen Familie zeigen ständig Inkonsequenz. Sie halten vielleicht an einem Stoppschild und beschweren sich bei dem Kind darüber, dass das ein idiotischer Platz für ein Stoppschild ist. Später bestrafen sie das Kind, weil es eine Regel in der Schule nicht beachtet hat, und befehlen ihm gleichzeitig, ruhig zu sein, wenn es behauptet, dass diese Regel dumm sei. Die Kinder erfahren dadurch, dass alle Regeln, Autoritäten und moralischen Werte willkürlich sind.
- Die Eltern in einer Familie mit Rückhalt haben Werte, auch wenn diese nicht der allgemeinen Meinung oder dem letzten Modetrend entsprechen. Dies äußert sich vielleicht darin, dass sie den Müll trennen, auch wenn die Nachbarn das für überflüssig halten, oder vielleicht darin, dass sie in einer Gemeindeversammlung ihre Meinung äußern, während die anderen alles still hinnehmen. Wenn wir wirklich Zivilcourage leben, zeigen wir unseren Kindern, wie sie verantwortungsvoll und konstruktiv Widerstand leisten können.

»Andere zu beherrschen erfordert Stärke, sich selbst zu beherrschen, erfordert wahre Kraft« (Tao Te Ching).

RICHTIGER UMGANG MIT GEFÜHLEN

Wie die Menschen mit ihren Gefühlen umgehen, hat weniger mit dem elterlichen Erbgut zu tun, sondern vielmehr damit, wie Vater und Mutter ihren Kindern Situationen der Wut, des Zorns, der Freude und des Glücks vorleben. Die liebevolle Umarmung wie auch das konstruktive Streiten müssen erst gelernt werden. Auch für das Funktionieren der zwischenmenschlichen Beziehungen benötigen Kinder Anleitung und Führung.

Beherrschen und Zeigen von Gefühlen

Die Natur von Gefühlen

Ein neunjähriger Schüler in einer meiner Klassen wusste, dass er unter einer Koordinationsstörung litt. Er konnte seine Hände nicht so bewegen, wie er wollte. Das hinderte ihn aber nicht daran, einem anderen Schüler einen gezielten Kinnhaken zu verpassen. Er sah mich und jammerte: »Ich habe meiner Hand gesagt, dass sie es nicht tun soll, aber sie hat es trotzdem gemacht.«

Er war listig und ging davon aus, dass seine Verteidigungsstrategie auch dieses Mal funktionieren würde. Meine Antwort kam für ihn überraschend: »Du bist wütend, und du allein und niemand sonst ist dafür verantwortlich, wie du mit deiner Wut umgehst. Ich glaube, du musst dich jetzt erst einmal beruhigen und dir überlegen, wie du auf andere Weise damit zurechtkommen kannst.«

Entschuldigungen schnell parat

Er war daran gewöhnt, dass sein Verhalten wegen seiner Behinderung entschuldigt wird, und meinte: »Er hat mich wütend gemacht, es ist nicht mein Fehler. Er hat mich dazu gebracht, ihn zu schlagen.«

Es war nicht einfach, ihm einen wichtigen Aspekt zwischenmenschlicher Beziehungen zu erklären: Ein Mensch kann einen anderen nicht wütend machen. Er kann ihn ärgern und provozieren, aber der andere allein entscheidet, wie er darauf reagiert. Deshalb ist auch der andere für seine Entscheidung und deren Folgen verantwortlich.

Ein Zwölfjähriger in einer anderen Klasse bekam eines Tages einen Wutanfall. Er hatte schon viele verschiedene Therapien durchlaufen und war mit den entsprechenden Fachausdrücken vertraut. Während er sich nun auf den Boden warf und mit Armen und Beinen um sich schlug, stand ich einfach da und beobachtete ihn ungläubig. Er sah mich danach mit Tränen in den Augen an und meinte in aller Offenheit: »Ich kann nichts dafür, ich bin verhaltensgestört!« Er war wirk-

»Jeder kann wütend werden – das ist einfach. Aber auf die richtige Person, im richtigen Maß, zum richtigen Zeitpunkt und aus dem richtigen Grund wütend werden – das ist nicht einfach« (Aristoteles).

Einem Menschen kann alles genommen werden, bis auf das eine: die letzte Freiheit, nämlich in jeder Situation seine Haltung dazu wählen zu können – seinen eigenen Weg zu wählen.

lich davon überzeugt und konnte nicht verstehen, dass ihn gerade diese Wutausbrüche in alle jene verschiedenen Therapien gebracht hatten. Keines dieser Kinder hatte gelernt, seine eigenen Gefühle zu akzeptieren und Verantwortung dafür zu übernehmen.

Vielleicht sind Sie des Öfteren zornig und denken dann, dass Sie diese Eigenschaft z. B. von Ihrem Vater geerbt haben, den Sie oft in seinem Jähzorn erleben konnten. Wenn Sie aber wirklich mit sich ins Gericht gehen, werden Sie zugeben müssen, dass solche Eigenschaften keine Frage der Gene, sondern vielmehr der Disziplin und Selbsterziehung sind: Wenn die Gefühle sich auch nicht ändern, so kann man doch die Kontrolle über sie gewinnen und angemessen damit umgehen.

Den Umgang mit Gefühlen lernen

Wenn wir mit zerstörerischen Erziehungsmethoden aufgewachsen sind, werden wir nie völlig davon frei werden. Wir können aber sicherstellen, dass wir sie nicht bei unseren Kindern anwenden.

Kinder, die wütend und frustriert das Mathematikbuch auf den Boden werfen, können ihren Zorn nicht anders ausdrücken. Vielleicht haben sie schon beobachtet, wie ihre Eltern aus Wut mit Geschirr um sich warfen. Kinder lernen durch Beobachtung; wenn sie bei ihren Eltern sehen, dass sie aus der Wut heraus um sich schlagen oder mit Dingen werfen, werden sie dieses Verhalten übernehmen. Alle Verhaltensweisen sind erlernt.

Gefühle kontrollieren

Es ist möglich, Kindern zu zeigen, wie sie diese Überreaktionen aufgeben und ihre Gefühle auf angemessene und verantwortliche Weise ausdrücken können. Zuerst jedoch müssen sie erfahren, dass es keine schlechten Gefühle gibt. Es ist völlig in Ordnung, sich glücklich, besorgt, fröhlich, traurig, verärgert, frustriert oder verletzt zu fühlen. Gefühle sind die Triebfeder für die Entwicklung und signalisieren, wenn eine Veränderung notwendig ist. Wenn wir besorgt oder fröhlich sind, können wir mit anderen in Kontakt treten. Wenn wir verärgert oder verletzt sind, spüren wir geistig und körperlich, dass etwas nicht stimmt und verändert werden muss. Manchmal muss nicht die Situation verändert werden, sondern lediglich unsere Sichtweise. Wenn ich mich ärgere, weil ich in einer langen Schlange warten muss, dann scheint die Wartezeit endlos zu sein. Wenn ich aber die Zeit nütze und z. B. währenddessen meine Kontoauszüge durchgehe, habe ich damit wenigstens meinen Standpunkt verändert, wenn ich schon die tatsächliche Situation nicht verändern kann. Ich kann zwar nicht immer kontrollieren, was um mich herum passiert, ich habe aber zumindest die Kontrolle über meine Reaktion auf eine bestimmte Situation. Genauso ist es auch mit Gefühlen. Gefühle sind weder gut noch schlecht, sie existieren einfach. Wir sind dafür verantwortlich, wie wir mit ihnen umgehen. Ich kann zornig sein und es so weit kommen lassen, dass ich wütend um mich schlage. Ich kann dieses Gefühl aber auch als eine Warnung erkennen, dass etwas geändert werden muss. Das kann entweder meine Haltung in dieser bestimmten Situation sein oder vielleicht auch die Situation selbst.

Gefühlsausbrüche in der Familie

Die überorganisierte Familie

Die überorganisierte Familienstruktur lässt keinen Platz für Emotionen. In dieser verbiesterten Atmosphäre verlieren Kinder ihre angeborene Spontaneität.

Hier verlangen die Eltern Gehorsam und beherrschen die Kinder durch Einschüchterung. Die Kinder lernen schon sehr früh, ihre wirklichen Gefühle und ihr wahres Selbst nicht zu zeigen. Spontaner Ausdruck von Freude, Sorge oder Glück wird erstickt, denn alle Gefühle werden von den Eltern unterdrückt. Wut, Feindseligkeit, Widerstand und Traurigkeit werden bestraft. Schließlich ist das Kind so sehr vor seinen Eltern auf der Hut, dass nichts mehr spontan zum Ausdruck kommt. Erst muss überprüft werden, ob das Gefühl für die Eltern akzeptabel ist.

Kleine Kinder dürfen ihre Umgebung nicht auf eigene Faust entdecken. Sie müssen ruhig und still sein, dürfen sich nicht schmutzig machen und nichts Verbotenes berühren. Wenn sie ihre weinenden Geschwister beruhigen möchten, werden sie ermahnt, sie in Ruhe zu lassen.

Kinder, die ständig auf diese Weise eingeschränkt werden, fangen an zu glauben, sie seien wertlos. Sie fühlen sich schuldig und sind ängstlich, wenn sie einmal Spaß haben. Ständig sind sie in Alarmbereitschaft, um die subtilen Signale bevorstehender Wutausbrüche ihrer Eltern empfangen und schnell darauf reagieren zu können. Sie er-

leben ihre Eltern selten fröhlich; deshalb empfinden sie wenig Lebensfreude. Dadurch wird ihnen von den Eltern die Botschaft vermittelt, dass man das Leben ertragen, aber nicht genießen soll.
Ärger, Angst, Traurigkeit und Gekränktsein werden ignoriert oder bestraft. (»Stampf nicht mit den Füßen, sonst bekommst du eins drauf.« – »In deinem Alter solltest du keine Angst im Dunkeln haben.« – »Steh jetzt auf, so schlimm war das nicht.«)

Unterdrückte Gefühle suchen sich zwangsläufig ein Ventil. Die aufgestauten Emotionen können sich gegen sich selber oder aber auch gegen andere Menschen wenden.

Die Kinder dürfen diese Gefühle nicht ausdrücken und müssen sie verdrängen. Manchmal spüren sie gar nicht mehr, dass sie zornig oder gekränkt sind, und so staut sich die Energie, die aus diesen Gefühlen entsteht, in ihnen auf. (»Mein Vater ist eben so. Ich muss mit diesen Schlägen leben, es ist nur zu meinem Besten.« – »Ich weine nie, wenn sie mich schlägt. Sie soll mich nicht weinen sehen.«)
Die aufgestaute Energie kann sich auf drei verschiedene Weisen entladen.

Passiv-destruktive Handlungen gegen sich selbst

Diese Handlungen weisen auf ein mangelndes Selbstwertgefühl oder sogar auf Selbsthass hin.

So äußert sich passiv-destruktives Handeln

- Abwertende Äußerungen über sich selbst
- Selbstverletzungen
- Sexuelle Abhängigkeit
- Drogensucht und Alkoholmissbrauch
- Psychosomatische Krankheiten, Schwermut und Depressionen
- Essstörungen
- Selbstmord

Eine passiv-destruktive Person zeigt ihre Gefühle nicht offen oder beschuldigt andere, diese Gefühle verursacht zu haben. (»Es ist schon in Ordnung. Ich bin nicht traurig.« – »Er hat mich dazu gebracht.«) Passiv-destruktive Handlungen richten sich gegen die Person und nicht gegen das Problem.

Aggressionen gegenüber anderen

Aggressionen gegenüber anderen äußern sich in Handlungen, die anderen absichtlich schaden sollen.

So äußert sich aggressives Handeln

- Körperliche Auseinandersetzungen
- Streitigkeiten
- Beschuldigungen
- Erpressungen
- Tierquälereien
- Kindesmissbauch
- Gewalt gegenüber dem Ehepartner
- Mord

Aggressive Menschen versuchen, andere durch brutale Gewalt und verbalen Missbrauch oder durch eine Kombination von beidem zu kontrollieren. (»Du gibst mir jetzt dein Taschengeld, oder ich schlage dich zusammen.« – »Du Blödian, kannst du nicht mal deine Schuhe selbst binden?«) Aggressionen gegenüber anderen lösen das ursprüngliche Problem nicht, sondern rufen neue Probleme hervor.

Passiv-aggressive Handlungen

Passiv-aggressive Handlungen sind eine Kombination aus den beiden anderen Verhaltensweisen und zeigen einen Mangel an Verantwortungsgefühl für sich und andere. Constance Dembrowsky, eine anerkannte Autorität für Erziehung zur Verantwortung, beschreibt in ihrem Buch »Personal and Social Responsibility« (»Persönliche und gesellschaftliche Verantwortung«) passiv-aggressives Verhalten so: Es handelt sich um Menschen, die anderen auf hinterhältige, indirekte Art schaden wollen. Sie gehen nicht offen oder direkt mit Menschen um, sondern sie versuchen, ihnen hinterrücks etwas anzutun. Sie machen sarkastische und demütigende Bemerkungen und behaupten, das sei nur Spaß. Sie geben sich den Anschein, nicht mehr böse zu sein, aber sie tun alles, um Vergeltung zu üben: Sie untergraben und vergessen Dinge, geben ein Missverständnis vor und machen

»Gott schütze die Kinder – gefangen in diesem Spiel, in Angst lebend, ihren Schmerz verbergend, geschlagen weinen sie umsonst, fühlen den Zorn – und tun dann das Gleiche« (Stege Lynch).

vieles absichtlich falsch. Sie verspäten sich immer, haben aber stets eine gute Entschuldigung dafür. Sie nehmen andere buchstäblich beim Wort und machen ganz genau das, was ihnen gesagt wurde – in dem Wissen, dass das nicht so beabsichtigt war. Sie sammeln ihre Wut förmlich an und benützen diese negative Energie, um es den Menschen, auf die sie wütend sind, heimzuzahlen. Dabei geben sie vor, es nicht absichtlich zu tun.
Passiv-aggressive Menschen zerstören sich körperlich, geistig und emotional, sie fügen anderen Schaden zu und verursachen weitere Konflikte.

Reaktionen in profillosen Familien

Kinder in profillosen Familien können nie frei sagen, was sie denken und fühlen, da sie darauf ausgerichtet sind, die Gefühle anderer wahrzunehmen, aber nicht ihre eigenen.

In profillosen Familien lernen die Kinder nicht, ihre Gefühle verantwortungsvoll auszudrücken. Die Erwachsenen neigen zu extremen Gefühlsausbrüchen und reagieren auch auf die Gefühle ihrer Kinder in dieser Weise. Sie übernehmen geradezu die Gefühle ihrer Kinder für diese, die sie dadurch vor Konsequenzen bewahren wollen, die aus dem Grund für diese Gefühle resultieren müssten. Auf der anderen Seite können die Eltern die Gefühle ihrer Kinder auch aus Nachlässigkeit völlig ignorieren. (»Komm schon, so schlimm ist es nicht. Wir kaufen ein Eis, und dann ist es wieder gut.« – »Lass mich jetzt, siehst du nicht, dass ich meine eigenen Probleme habe?«)

Gefühle der Eltern sind wichtiger als die der Kinder

In diesen Familien ohne klare Grenzen können Kinder nicht unterscheiden, ob es sich um die Gefühle der Eltern oder um ihre eigenen handelt. Ein Kind gewinnt z.B. in einem Wettbewerb und hört von seinen Eltern: »Ich bin so stolz auf dich, du hast mich so glücklich gemacht.« Die Gefühle des Kindes werden gar nicht wahrgenommen, wichtig ist nur, dass es die Eltern mit seinen Leistungen glücklich macht. Das Kind fühlt sich verpflichtet, die Eltern glücklich zu machen; es spielt keine Rolle, ob es selbst an einem Wettbewerb teilnehmen will und Spaß daran hat. Es darf seine eigenen Gefühle nicht wahrnehmen und fühlt sich schuldig, wenn es die Erwartungen nicht erfüllen kann. So lernen die Kinder, Gefühle vorzutäuschen, um den Eltern Freude zu machen. Auf Kosten ihres eigenen Wohlbefindens lernen sie, dass die Gefühle anderer wichtiger als die eigenen sind.

Wenn Kinder stellvertretend für die Eltern Höchstleistungen vollbringen müssen, leiden sie ständig unter der Angst, bei Misserfolgen die Zuneigung zu verlieren.

Schwerwiegende Folgen

Wenn die Eltern in solchen Familien ständig versuchen, ihr Kind vor entsprechenden Situationen und Gefühlen zu bewahren, wird dieses Kind immer abhängiger von anderen, seine Gefühle zu definieren. »Du musst nicht weinen, weil du vergessen hast, den Fisch zu füttern. Wir können alle einmal etwas vergessen, vielleicht war er auch schon vorher krank. Wir wollen lieber ein richtiges Haustier kaufen.« Das Kind kann seine Probleme nicht selbst lösen und sucht die Schuld bei anderen. Oder ein solches Kind wird wütend, weil man ihm nicht wirklich zuhört; es beginnt, seine Gefühle anzuzweifeln, und überlässt es entweder anderen, die Sache wieder ins Lot zu bringen, oder greift andere an, wenn diese erwarten, dass es sich selbst um seine Probleme kümmern kann.

Wenn das Seelenheil der Eltern wichtiger wird als das der Kinder, wird es für diese äußerst schwierig, eigene Gefühle überhaupt als solche zu erkennen.

Wenn die Eltern das Kind vernachlässigen, dann muss es seine Angst, seine Verletzungen, seinen Kummer und seine Wut verdrängen. All diese Gefühle sind hinderlich, weil das Kind sich ja um die Gefühle der Eltern kümmern muss, um die Verbindung mit ihnen aufrechterhalten zu können. Dadurch lernt es, anderen zu misstrauen und sie zu manipulieren, damit sie seine Bedürfnisse erfüllen. Freude, Anteilnahme und Glück werden damit unterdrückt. So ein Mensch wird sich dann irgendwann selbst genug sein und keine intime Beziehung mit einem anderen eingehen können. Er könnte aber auch zu einem bedürftigen Erwachsenen werden, der ständig von anderen hören muss, wie sehr er geliebt und gebraucht wird. Schlimmstenfalls wird er zu einem gewissenlosen Menschen mit schrecklichen Rachegelüsten, der sich gegen alles und jeden wendet, der sich ihm in den Weg stellt.

Reaktionen in Familien mit Rückhalt

Dort, wo Kinder den ehrlichen Umgang mit Gefühlen lernen, müssen sie ihre Empfindungen weder verdrängen noch sich für sie entschuldigen.

Die Eltern in Familien mit Rückhalt gehen mit Gefühlen völlig anders um. Sie nehmen ihre eigenen Gefühle wahr und drücken sie auch aus. Gefühle sind so für die Kinder erkennbar, die erfahren, dass alle Gefühle ihre Berechtigung haben und gezeigt werden dürfen.
Die Eltern geben zu, wenn sie wütend, verletzt oder ängstlich sind. Körpersprache und Gefühle stimmen dabei überein, die Kinder sind nicht irritiert, sondern erfahren, wie sie auf konstruktive Weise mit ihren Gefühlen umgehen können. Eltern in Familien mit Rückhalt machen oft positive Aussagen zur eigenen Person. (»Ich kann das!« – »Ich kann mich verändern!« – »Dieses Mal hat es nicht geklappt, aber das nächste Mal bestimmt.«) Diese Aussagen drücken aus, dass man sein Leben selbst in der Hand hat. Das verstehen auch die Kinder, da sie die Eltern nie passiv erleben.

Gefühle beim Namen nennen

Die Eltern nehmen die Gefühle ihrer Kinder wertfrei an, sie beurteilen sie nicht. (»Dir macht es Spaß, Schneeflocken zu fangen. Mir ist es zu kalt, ich gehe lieber ins Haus.«)
Dadurch erfahren die Kinder, dass ihre Gefühle wichtig sind, dass die Eltern ihnen zutrauen, damit umgehen zu können, und dass man sich auf die Unterstützung durch andere verlassen darf.
Die Eltern akzeptieren die Gefühle ihrer Kinder auch dann, wenn sie auf unverantwortliche Weise ausgedrückt werden. Sie nennen die Gefühle beim Namen und zeigen den Kindern, wie man auf verantwortungsvolle und positive Weise damit umgehen kann. Dies könnte z.B. ein kleiner Spaziergang oder eine direkte Auseinandersetzung mit der Person sein, auf die man wütend ist.
Manchmal genügt es aber auch schon, das Gefühl zu benennen und dem Kind zu versichern, dass es ein Recht darauf hat, sich so zu fühlen. Oft können die Kinder dann selbst zu einer anderen Ausdrucksmöglichkeit finden.

Wutanfälle

Ursachen von Wutanfällen

Wut ist nichts anderes als ein Ausdruck der Ohnmacht. Für Gefühle die richtigen Worte zu finden ist besonders für Kleinkinder noch recht schwierig.

Wutanfälle werden nicht geplant – sie passieren einfach. Die Eltern können ihnen gelassen bzw. auch mit Schrecken entgegensehen oder sie ignorieren, wenn es so weit ist. Dadurch wird ein solcher Ausbruch sicher nicht verhindert oder ungeschehen gemacht. Wenn wir aber die Ursachen verstehen, können wir uns besser darauf einstellen. Wutanfälle finden meistens statt, wenn Kinder müde, hungrig oder frustriert sind. Die Eltern können ihren Kindern helfen, indem sie Ruhe bewahren und entweder die Ursache beseitigen oder die Energie in eine produktive Bahn lenken.

Kinder werden oft sehr aktiv, frustriert oder wütend, wenn sie kurz vor einer neuen Entwicklungsstufe stehen. Wutanfälle sind an der Tagesordnung, wenn Kinder z. B. gerade laufen oder lesen lernen, aber nicht auf diese besonderen Phasen beschränkt. Mit zwei Jahren, fünf Jahren und in der Pubertät scheinen sie besonders häufig zu sein. In diesen Zeitphasen sind Kinder intensiv mit der Entdeckung ihrer eigenen, von anderen unabhängigen Identität beschäftigt. Dazu kommt, dass Kinder mit zwei und fünf Jahren ihre Gefühle noch nicht ausreichend verbal ausdrücken können. Vielleicht ist ein Fünfjähriger schon sehr redegewandt, und dennoch entspricht sein Wortschatz noch nicht seinem Gefühlszustand. Er kennt möglicherweise für sein Alter schon sehr viele Wörter, aber es ist wesentlich einfacher, Dinge in Worten auszudrücken als Gefühle. Die Fähigkeit, Gefühle in Worte zu fassen, muss immer wieder aufs Neue erlernt werden. Wenn das Kind schon im ersten Trotzalter erfährt, dass es ein Recht auf seine Gefühle hat und dass man ihm dabei hilft, sie in Worte zu fassen und richtig mit ihnen umzugehen, dann wird es diese Verhaltensweise in den nächsten Trotzphasen schon besser beherrschen und seine eigenen Methoden dazu finden.

Wutanfälle in überorganisierten Familien

Die Reaktionen der Eltern in überorganisierten Familien entsprechen ihrem üblichen Verhalten, sie versuchen die Kinder durch Schreien und Drohen zu beruhigen. (»Hör sofort damit auf!« – »Du stehst sofort vom Boden auf, oder du darfst heute nicht draußen spielen!«)

Gefühle sind ohne Bedeutung

Die Empfindungen der Kinder wollen wahrgenommen und ernst genommen werden. Auch Wut und Zorn. Weder Drohung noch Nichtbeachtung seitens der Eltern lösen die Ursache des kindlichen »Kampfgeschreis«.

Die Wutanfälle werden durch solche Drohungen nur schlimmer und enden meistens in einem körperlichen Zusammenbruch des Kindes. Schließlich schläft es vor Erschöpfung ein, oder es hört aus Angst vor Strafe sofort zu schreien auf. Es hat gelernt, dass seine eigenen Gefühle keine Bedeutung haben.

Der Teenager in dieser Familie wird z.B. von seinen jüngeren Geschwistern wegen seiner Pickel geärgert und bekommt einen Wutanfall. Die Eltern reagieren darauf mit der üblichen Strenge: »Hört sofort damit auf! Und du hättest nicht so viele Pickel, wenn du weniger Schokolade essen würdest! Du benimmst dich wie ein kleines Kind.« Die Kränkung des Teenagers wird nicht ernst genommen, und er denkt: »Ich bin hässlich. Niemand kümmert sich um mich. Ich benehme mich wie ein Zweijähriger und weiß nicht, was ich dagegen tun kann.« Er könnte auch aggressiv werden und seine jüngeren Geschwister reizen oder sich passiv-aggressiv verhalten und sie ärgern, aber so tun, als wäre alles nur Spaß. Der Teenager fühlt sich in seiner Haut nicht wohl, weiß aber nicht, wie er sein Problem lösen kann.

Wutanfälle in profillosen Familien

Eltern in den profillosen Familien versuchen zunächst, die Wutanfälle einfach zu ignorieren und so zu tun, als wäre gar nichts passiert. (»Sie macht das immer so, wenn sie ihren Willen nicht bekommt. Das hört schon wieder auf.«) Wenn das aber nicht funktioniert, versuchen sie es mit Bestechungen. (»Wenn du aufhörst zu schreien, dann bekommst du einen Lutscher.«) Oder sie geben nach. (»Also gut, du bekommst das Spielzeug. Hör bloß auf zu schreien, ich kann das nicht ertragen.«)

Rückfall in alte Methoden

Wenn das alles nicht funktioniert, greifen sie, da sie selbst in überorganisierten Familien groß geworden sind, auf die alten Methoden zurück. Sie gebrauchen Gewalt, schreien und schüchtern das Kind ein. (»Hör jetzt sofort damit auf, oder du kannst etwas erleben!«) Auch das Kind in dieser Familie erfährt somit, dass seine Gefühle für die Eltern keine Bedeutung haben oder gar nicht wahrgenommen werden. Einerseits bekommt es schon etwas, wenn es nur lange genug schreit, aber andererseits ist es machtlos, das zu bekommen, was es wirklich braucht.

Käme es in dieser Familie zum Wutanfall eines Teenagers, weil er wegen seiner Pickel von den jüngeren Geschwistern geärgert wird, würde er aufgefordert werden, nicht so empfindlich zu sein – was wiederum heißt, dass seine Gefühle nicht zählen. Die Eltern ermahnen vielleicht die jüngeren Geschwister, den Älteren nicht zu ärgern, und verlangen eine Entschuldigung, wenn es doch passiert. Den Teenager trösten sie oberflächlich: »Deine Pickel sind gar nicht so schlimm. Als ich so alt war wie du, hatte ich viel mehr. Nun sei nicht mehr traurig und zeige mir, wie du lächeln kannst.« Der Teenager erfährt somit, dass er seine Kränkung ignorieren und stattdessen lächeln soll. Was er wirklich fühlt, wird von den Erwachsenen nicht ernst genommen.

Konsequenz und Zuverlässigkeit sollten selbst im Umgang mit wütenden, auf sich aufmerksam machenden Kindern beibehalten werden.

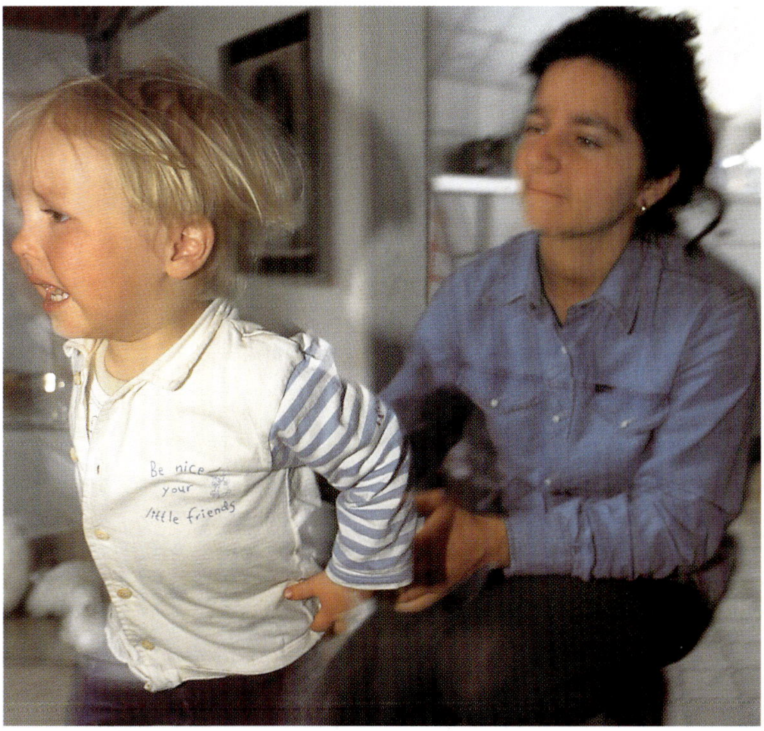

Bei einem Wutausbruch revoltiert das Ich des Kindes gegen die Grenzen, die ihm die Außenwelt setzt: Es zeigt sich in seiner ganzen Verletzbarkeit und braucht gerade jetzt unseren Schutz.

Wutanfälle in Familien mit Rückhalt

Die Wutausbrüche Ihres Kindes werden Sie nicht verhindern können. Nehmen Sie ihnen jedoch die Spitze, indem Sie Ihrem Kind auch dann die Sicherheit geben, dass es geliebt und verstanden wird.

Eltern in Familien mit Rückhalt dagegen versuchen, sich auf die Bedürfnisse des Kindes einzustellen. Sie erkennen die Ursachen der Wut- und Trotzanfälle und vermeiden Situationen, in denen das Kind überfordert wird. Sie sind aufmerksam und bemerken, wenn das Kind müde oder hungrig ist, und schaffen Abhilfe.

Aber auch mit den besten Absichten können Wutanfälle nicht verhindert werden. Peinliche Situationen in der Öffentlichkeit oder bei Familientreffen sind nicht vermeidbar. Sind Sie schon im Stau in einem überfüllten Bus gesessen und hatten ein Kleinkind auf dem Arm, das müde und hungrig war? Das Wichtigste in einer solchen Situation ist, selbst Ruhe zu bewahren. Halten Sie für einen Moment inne, und sagen Sie sich, dass Sie mit der Situation umgehen können. Wenn es Ihnen möglich ist, wechseln Sie die Örtlichkeit. Wenn das nicht geht, dann stellen Sie sich einfach vor, sie wären an einem anderen Ort und alle diese Leute um Sie herum wären gar nicht da.

Wenn sich das Kind wutentbrannt auf den Boden wirft, streicheln Sie ihm über Kopf und Rücken. Benennen Sie sein Gefühl, und sagen Sie ihm, dass Sie ihm helfen, damit umzugehen. Wenn sich Ihr Kind beruhigt hat, können Sie es schnell nach Hause bringen oder seine Aufmerksamkeit auf etwas anderes lenken.

Was Sie nicht vergessen sollten

Wenn man Kindern zeigen will, wie sie mit ihren Gefühlen auf positive Weise umgehen können, braucht man Zeit. Kinder müssen erfahren, dass ihre Gefühle wichtig sind, dass sie damit umgehen und dabei auf die Unterstützung und Hilfe ihrer Eltern zählen können.

Eltern in einer Familie mit Rückhalt können auch das Pickelproblem und die damit verbundenen Schamgefühle eines Teenagers verstehen. Wenn sie gezeigt haben, dass sie diese Gefühle ernst nehmen, können sie mit ihrem Kind über die eigentlichen Gründe seiner Wut sprechen: nämlich Verlegenheit und Frustration. Der erste Schritt zu einer anderen Reaktion auf Kränkungen ist dann schon gemacht.

Konstruktive Auseinandersetzungen

Manchmal ist aber auch eine Auseinandersetzung notwendig. Allzu oft aber bedeutet das endlose Streitigkeiten, durch die viel Energie verbraucht, aber nichts gewonnen wird. Kinder müssen eine andere Art der Auseinandersetzung lernen; das erfordert, dass sie ihren Zorn begreifen können. Wenn Kinder ihren Ärger verstehen können, können sie sich auch mit der betroffenen Person auseinander setzen.

Kinder lösen Probleme so, wie sie es von ihren Eltern gelernt haben. Den Zorn zu begreifen versuchen ist der erste Schritt, das Ärgernis zu begreifen.

Wut begreifen können

- Woher kommt sie? (Aus mir selbst)
- Verbirgt sich dahinter ein anderes Gefühl? (Kränkung, Frustration, Enttäuschung oder Angst)
- Warum bin ich wütend? (Weil es mich berührt und wichtig für mich ist; ich kann mich nicht über jemanden oder etwas ärgern, der oder das mir egal ist)

Leben Sie Ihren Kindern vor, wie man sich positiv auseinander setzt! Wie gehen Sie mit Konflikten um? Sie ärgern sich z. B. darüber, dass Ihre Kinder nicht ordentlich sind. Verhalten Sie sich passiv und räumen die Sachen stillschweigend auf, oder sind Sie eher aggressiv und werfen herumliegende Sachen einfach vor die Tür? Vielleicht staut sich Ihr Ärger über die Unordentlichkeit so lange an, bis Sie eines Tages aus der Haut fahren: »Glaubst du, ich bin dein Dienstmädchen? Ich werde gar nichts mehr für dich aufräumen!« Ihr Kind wird diesen Ausbruch dann sicher nicht verstehen und denken, Sie hätten einfach einen schlechten Tag.

Wenn Sie so reagieren, gehen Sie mit Ihren Gefühlen nicht verantwortlich um. Ihr Problem wird dadurch nicht gelöst und wiederholt sich. Die Gefühle schwelen in Ihrem Inneren oder entladen sich bei einer anderen Person. Ihre Kinder werden dann versuchen, das Problem so zu lösen, wie sie es von Ihnen gelernt haben, auf passive, aggressive oder passiv-aggressive Art. Gehen Sie mit gutem Beispiel voran, und zeigen Sie Ihren Kindern, wie man seine Gefühle mitteilt, ohne den Konflikt eskalieren zu lassen.

Sieben goldene Regeln

Mit dem richtigen Konzept und einer für alle annehmbaren Strategie sollten sich familiäre Auseinandersetzungen stets zu aller Zufriedenheit lösen lassen.

1. Zeigen Sie Ärger oder Wut durch Körperhaltung und Sprache. Ihr ganzer Körper kann das Gefühl auf eine deutliche und klare Weise ausdrücken, weder passiv noch aggressiv. Sagen Sie deutlich, was Sie fühlen, dabei müssen Sie weder schreien noch flüstern. Wichtig dabei ist, dass Ihre Körperhaltung Ihren Worten entspricht. Wenn Sie z.B. Geschirr auf den Boden werfen und dabei lächeln, ist das ein passiv-aggressives Verhalten. Wenn Sie flüsternd mitteilen, dass Sie ärgerlich sind, könnte das dann eher bedeuten, dass sich hinter Ihrem Ärger ein anderes Gefühl verbirgt, Traurigkeit oder Enttäuschung.

2. Teilen Sie dem, über den Sie sich ärgern, Ihre Wut gleich mit. Stauen Sie Ihren Ärger nicht etwa eine Woche lang auf, um ihn dann geballt loszuwerden.

3. Sagen Sie deutlich Ihre Meinung, aber vermeiden Sie grundsätzlich verbale Angriffe.

Beziehen Sie sich nur auf den Punkt, der Sie im Moment ärgert. Ihrem Kind Fehler vorzuwerfen, die schon einige Zeit zurückliegen oder mit dem momentanen Problem nichts zu tun haben, wäre völlig unfair und könnte höchstens Wut beim Beschuldigten auslösen. Vermeiden Sie auch, Ihr Kind mit anderen zu vergleichen, die vielleicht alles besser machen.

4. Sagen Sie dem anderen klar, was Sie von ihm möchten. Oft genügt es, das Problem anzusprechen, ohne ein Ultimatum zu stellen. Wenn Sie ein Ultimatum stellen, müssen Sie sich Ihrer Sache sicher sein und auch danach handeln. Sprechen Sie keine leeren Drohungen aus, die Sie nicht wahr machen können.

5. Versuchen Sie auch die Situation des anderen zu verstehen. Geben Sie Ihrem Kind die Möglichkeit, etwas dazu zu sagen, und hören Sie ihm auch zu. Vielleicht haben Sie beide verschiedene Erwartungen. In einer konstruktiven Auseinandersetzung wird das Problem oft bereits zu diesem Zeitpunkt gelöst. Die betroffene Person ist bereit, ihr Verhalten zu ändern, weil sie sieht, dass es sinnvoll und fair ist.

6. Treffen Sie eine Vereinbarung, die beide akzeptieren können. Wenn es verschiedene Meinungen über die vorgeschlagene Lösung gibt, dann muss man einen Mittelweg finden, der für beide tragbar ist. Später in der Praxis können Sie noch einmal darüber sprechen, ob der Kompromiss auch funktioniert.

7. Sollten die Voraussetzungen für eine sachliche Auseinandersetzung einmal überhaupt nicht gegeben sein, weil die Kontrahenten zu aufgebracht sind, muss man so vernünftig sein und die Aussprache auf einen späteren Zeitpunkt verschieben, wenn die Gemüter abgekühlt sind.

»Die Sufis lehren uns, erst dann zu reden, nachdem unsere Worte drei Tore passiert haben. Beim ersten Tor fragen wir uns: ›Sind meine Worte wahr?‹ Wenn ja, dürfen sie passieren – wenn nicht, schließt sich das Tor. Beim zweiten Tor fragen wir: ›Sind sie notwendig?‹, beim dritten fragen wir: ›Sind sie freundlich?‹« (Eknath Easwarian).

Konstruktive Auseinandersetzung üben

Wenn Ihnen diese Methoden sehr fremd sind, können Sie sie zuerst vor dem Spiegel oder mit einer Vertrauensperson üben. Werden Sie sich zuerst Ihren eigenen Gefühle wie Traurigkeit, Frustration, Wut oder Kränkung bewusst, und setzen Sie diese dann durch die entsprechende Mimik und Gestik um.

Wenn Ihnen dies einmal vertraut ist, können Sie auch Ihren Kindern dabei helfen. Kinder müssen nicht so viele alte Gewohnheiten durch neue ersetzen, daher lernen sie schneller, und Sie können wiederum von ihnen lernen.

Achtung und Fairness

Kinder können mit unserer Hilfe erkennen, dass sie das Recht haben, mit Achtung und Fairness behandelt zu werden. Und im Gegenzug müssen sie auch andere so behandeln. Sie sind selbst dafür verantwortlich, dass sie von ihren Gefühlen nicht überwältigt werden und andere in einer Auseinandersetzung nicht körperlich bzw. emotional verletzen oder unfair behandeln. Eine faire Auseinandersetzung ermöglicht Eltern und Kindern, ihre Gefühle als positive Energiequelle einzusetzen und produktive Beziehungen innerhalb und außerhalb der Familie aufzubauen.

Kühlen Kopf bewahren, ohne die Gefühle auf Eis zu legen

Wir können lernen, in kritischen Situationen Ruhe zu bewahren, ohne unsere Gefühle verbergen zu müssen. Wenn wir erkennen, dass wir ein Recht auf unsere Gefühle haben, dann haben wir die Freiheit der Wahl, wie wir damit umgehen. Auch unsere Kinder haben ein Recht auf ihre Gefühle, und sie können lernen, sie auf angemessene Weise auszudrücken. Wenn wir unsere und ihre Gefühle achten, wird es uns immer leichter fallen, Konflikte durch positive Auseinandersetzungen zu lösen.

SICHERER UMGANG MIT PROBLEMEN

Kein Konflikt, kein Problem ist so groß, als dass nicht eine Lösung zu finden wäre. Die Kunst für Sie als Elternteil besteht darin, Ihrem Kind das erforderliche Vertrauen entgegenzubringen, dass es Situationen richtig einschätzt, seine Fehler sich eingesteht und dafür die Verantwortung übernimmt, ohne ihm die notwendige Hilfe zu verweigern. Wichtig ist, dass Kinder erfahren, durch innere Disziplin selbständig Probleme bewältigen zu können.

Beurteilen und Lösen von Problemen

Das richtige Problembewusstsein

Unsere Einstellung zum Leben und unsere Art, mit Fehlern und Problemen umzugehen, wirken sich auf unsere Kinder aus. Die Einstellung ist ebenso wichtig wie das Verhalten. Wenn wir optimistisch sind, suchen wir Lösungen für unsere Probleme. Wenn wir pessimistisch sind, suchen wir nach jemandem, den wir deshalb beschuldigen können.

Wenn Eltern in einer überorganisierten Familie einen Fehler machen, suchen sie nach einem Sündenbock. (»Wenn du dein Fahrrad nicht in der Auffahrt gelassen hättest, wäre ich nicht drübergefahren.«)

Eltern in einer profillosen Familie versuchen, äußere Umstände dafür verantwortlich zu machen. (»Es ist schon in Ordnung. Das Fahrrad war schon alt, und wir hätten sowieso ein neues gekauft.«)

Eltern in einer Familie mit Rückhalt gestehen ihre Fehler ein, übernehmen die volle Verantwortung dafür und vermeiden Ausflüchte. Sie überlegen, wie das Problem behoben werden kann, stellen fest, ob eine andere Person davon betroffen ist und wie so etwas in Zukunft vermieden werden kann. (»Ich habe dein Fahrrad umgefahren, als ich heute rückwärts aus der Garage gefahren bin. Ich will sehen, ob ich es selbst reparieren kann, wenn nicht, dann bringe ich es zur Reparatur. Es tut mir Leid, dass du die nächsten Tage kein Fahrrad haben wirst. Das nächste Mal werde ich vorher nachsehen, ob die Ausfahrt frei ist.«)

»Gott gebe mir die Gelassenheit, Dinge hinzunehmen, die ich nicht ändern kann, den Mut, Dinge zu ändern, die ich ändern kann, und die Weisheit, das eine von dem anderen zu unterscheiden« (Reinhold Niebuhr).

Fehler eingestehen

Indem Sie einen Fehler eingestehen und auch die Verantwortung dafür übernehmen, geben Sie ein Beispiel, aus dem ein Kind lernen kann: Diese psychologische Hilfestellung wird dazu beitragen, dass Ihr Kind es leichter zugeben wird, wenn es einmal etwas falsch gemacht hat.

Situationen richtig einschätzen

Viel Energie, Zeit und Geld werden verwendet, um vermeintliche Probleme aus der Welt zu schaffen. Akzeptieren Sie besser die Tatsachen, und ändern Sie von Fall zu Fall Ihre Einstellung dazu, um so einer Lösung näher zu kommen.

Manchmal sind wir mit Problemen konfrontiert, die wir nicht verursacht haben. Die einen ignorieren in solchen Situationen die Realität und beschuldigen jemanden. Die anderen können die Realität akzeptieren und versuchen, das Problem zu lösen.
Vor einigen Jahren saß ich wegen eines Schneesturms acht Stunden am Flughafen fest, mein Flug verspätete sich. Einige der Fluggäste beschwerten sich die ganze Zeit. Andere vertrieben sich die Zeit mit Lesen.

Der Standpunkt entscheidet

Oft hat man keine Kontrolle über die Situation, in der man ist, aber man kann sie immer für sich nützen. Dazu muss man unterscheiden können, was verändert werden kann und was nicht.

Ich hatte beruflich einmal mit einer 16-jährigen zu tun, die im fünften Monat schwanger war. Ich fragte sie nach ihrem Problem, sie sah mich an, deutete auf ihren Bauch und meinte: »Ich bin schwanger!« Ich sagte darauf, dass das nicht das Problem sei, denn die Schwangerschaft sei nicht ein Problem, sondern eine Tatsache, vor allem wenn das Baby schon fünf Monate alt ist. Welches Problem aber durch die Schwangerschaft ausgelöst worden sei, fragte ich weiter. Sie fing an aufzuzählen, dass ihre Eltern sie rausgeworfen hätten, ihr Freund sie nicht heiraten möchte, sie aber das Kind unbedingt behalten wolle. Meine Antwort darauf war: »Du hast mehrere Probleme, aber alle kannst du lösen, wenn du sie nacheinander angehst. Das ist der richtige Weg, um aus deiner misslichen Lage zu kommen.«

Die Realität sehen

Wenn wir Fakten akzeptieren können und die durch sie bedingten Probleme zu lösen versuchen, dann ersparen wir uns damit viel Kummer und zeigen unseren Kindern eine optimistische Lebenseinstellung.

Aus Fehlern lernen

Wenn Sie die Leistung Ihres Kindes überbewerten und durch sie auch seinen persönlichen Wert bemessen, bestärken Sie es darin, Fehler als etwas völlig Negatives zu sehen, das verleugnet oder verdrängt werden muss. (»Ich bin stolz auf dich, mein Sohn, du kommst ganz nach mir.«) Unter diesen Umständen kann Ihr Kind Ihnen z. B. nicht sagen, wenn es einmal eine schlechte Note bekommen hat, denn es hat gelernt, dass Fehler schlecht sind. Zeigen Sie nicht nur Interesse an den Leistungen, fragen Sie Ihr Kind z. B. auch nach den Schwierigkeiten in einer Prüfung. In einem offenen Gespräch könnte es lernen, sich besser einzuschätzen – dass es sich vielleicht für die Prüfung nicht gründlich genug vorbereitet hat und eventuell mit einem Freund zusammen lernen muss. Das Kind muss sich dann für seine Fehler auch nicht entschuldigen. (»Ich hatte nicht genug Zeit, um fertig zu werden.« – »Die Fragen waren so unklar gestellt.«) Fehler sollten immer auch eine Gelegenheit sein zu lernen.

Räumen Sie Ihrem Kind nicht alle Schwierigkeiten aus dem Weg. Hilfe da, wo sie sein muss, aber stülpen Sie sie nicht einfach über.

Immer oder niemals Hilfe?

Wenn oftmals ein Kind einem Problem gegenübersteht, das es zunächst nicht lösen kann, sind unser Verstand und unsere Gefühle im Zwiespalt. Wir wissen, dass wir unser Kind nicht aus der Zwickmühle, die es selbst geschaffen hat, befreien sollten. Dabei wäre es doch viel einfacher und effektiver, wenn wir nur dieses eine Mal noch als Retter einspringen würden. Der Zwiespalt zwischen Gefühl und Verstand zeigt Ihnen, dass Sie genau überlegen müssen, was Sie Ihrem Kind eigentlich vermitteln, wenn Sie ihm die Lösung des Problems abnehmen.

Wenn Sie sich aber immer aus allen Schwierigkeiten des Kindes heraushalten, erfährt es, dass niemand da ist, wenn es Hilfe braucht. Ein Mittelweg ist die Lösung. Wenn Sie immer der Retter in der Not sind oder sich aus allem heraushalten, dann sollten Sie überlegen, welche Erziehungsmethoden bei Ihnen in Gebrauch sind. Wie haben sich Ihre Eltern verhalten, wenn Sie als Kind in Schwierigkeiten waren? Sind sie zu Hilfe geeilt? Haben sie Sie mit Ihren Problemen allein gelassen? Oder war es eine Mischung aus beidem, so dass Sie nie wussten, was zu erwarten war? Wiederholen Sie ein Erziehungsmuster aus Ihrer Kindheit?

Die Tatsachen akzeptieren

Missgeschicke begleiten uns ein Leben lang. Wichtig ist, von den Eltern gelernt zu haben, dass es auf jede Frage eine Antwort gibt.

Eine Dreijährige lässt ein Glas fallen, nachdem sie wiederholt ermahnt wurde, ja vorsichtig zu sein.

Darauf reagieren Eltern in einer überorganisierten Familie entsprechend heftig: »Du Tölpel, die nächsten fünf Jahre bekommst du nur noch Plastikgeschirr! Raus aus der Küche!« Das Kind erfährt dadurch, dass es selbst das Problem ist.

Die Eltern in einer profillosen Familie werden eher beschwichtigen: »Geh mal auf die Seite, Liebling. Sei bloß vorsichtig, sonst schneidest du dich. Ich habe einen Fehler gemacht, ich habe dir so ein rutschiges Glas gegeben.« Das Kind erfährt, dass die anderen sich um alles kümmern, weil es selbst nicht dazu in der Lage ist. Und wenn es selbst einen Fehler gemacht hat, ist ein anderer daran schuld.

In einer Familie mit Rückhalt gehen die Eltern das Problem zusammen mit dem Kind an: »Du hast ein Problem, du kannst es auch lösen. Hol mal schnell eine Abfalltüte.« Der Dreijährige kann die Glasscherben noch nicht aufsammeln, aber er kann die Abfalltüte halten und anschließend helfen, den Boden aufzuwischen. Das Kind erfährt dadurch, dass es, falls es ein Problem hat, damit auch umgehen kann. Es lernt, dass ihm die anderen die Lösung des Problems nicht abnehmen oder es für seine Fehler bestrafen, sondern dass sie ihm helfen.

Probleme sind dazu da, dass man sie löst. Die hierfür notwendige Disziplin lässt sich auch durch Mithilfe im Haushalt einüben.

Das zerbrochene Glas ist kein Problem, sondern eine Tatsache, die nicht verändert, sondern nur akzeptiert werden kann. Wir können das Glas nicht durch Jammern oder Schimpfen zusammenfügen. Ein Problem ist vielmehr, die Scherben aufzusammeln, den Boden sauber zu machen und ein anderes Trinkgefäß zu finden. Aber das kann man lösen. Ihr Kind hat dann auch keinen Grund zu lügen, Ausflüchte zu suchen oder die Scherben vor Ihnen zu verstecken. Ihre Reaktion auf sein Missgeschick zeigt ihm, dass Tatsachen akzeptiert und Probleme gelöst werden müssen.

Wir können Kinder bestärken, wenn wir ihnen vermitteln: »Du hast ein Problem, und du kannst es auch lösen.« Ebenso können wir ihr Selbstwertgefühl und ihre Würde zerstören, wenn sie von uns ständig erfahren: »Du hast ein Problem, aber ich glaube nicht, dass du das lösen kannst.« Noch schlimmer wäre: »Du selbst bist das Problem.« Diese negativen Botschaften werden leicht unbewusst vermittelt, vor allem wenn wir selbst mit solchen Botschaften groß geworden sind.

Mit Disziplin Probleme lösen

Jedes Ding hat bekanntlich zwei Seiten. Lassen Sie aus einem »Kuchenunfall« kein Drama werden, und geben Sie Ihrem Sprössling die Chance, einen »Fehler« selbst wieder in Ordnung zu bringen.

Meine Tochter ließ einmal den Kuchen für meine Schwiegermutter (die wir gerade besuchen wollten) fallen, als sie ihn ihrer Freundin zeigen wollte. Der Kuchen, den ich zwei Stunden lang verziert hatte, lag nun auf dem Boden.

Ich holte tief Luft, mir war klar, dass es keinen Sinn hatte zu schreien, das würde den Kuchen nicht mehr retten. Ich schaute meine Tochter an und sagte: »Du hast jetzt ein wirklich großes Problem.« Sie antwortete: »Mama, ich habe versucht, den Kuchen noch aufzufangen.« Worauf ich erwiderte: »Du hast es versucht, und deine Freundin hat es versucht, aber es war umsonst. Wir brauchen jetzt einen Kuchen für die Oma. Du wirst das Problem lösen.« Sie sah sich den Kuchen an und meinte: »Ich glaube, ich kann ihn noch retten.«

Ich half ihr dabei. Meine Tochter hielt die Platte auf den Kuchen, und zusammen drehten wir ihn um, kratzten den Rest der Verzierung ab und glasierten ihn noch einmal neu. Ich verließ die Küche und war zuversichtlich, dass meine Tochter das Problem vollends allein lösen würde. Das tat sie auch. Die Verantwortung, das Problem zu lösen, war bei ihr verblieben, und so hatte sie in wichtigen Punkten Disziplin erfahren.

So erfährt Ihr Kind Disziplin

- Zeigen Sie ihm, was es falsch gemacht hat. Wenn es das sowieso schon weiß, dann müssen Sie es nicht mehr ansprechen.
- Belassen Sie die Verantwortung für das Problem und dessen Lösung bei ihm. Teilen Sie ihm mit, dass Sie ihm die Lösung auch zutrauen.
- Machen Sie ihm klar, dass es Lösungsmöglichkeiten gibt. Zeigen Sie ihm die Lösungsmöglichkeiten, wenn es selbst keine findet.
- Verletzen Sie sein Selbstwertgefühl nicht, indem Sie ihm sein Missgeschick vorwerfen und es beschimpfen. So würden Sie Ihrem Kind höchstens vermitteln, dass es selbst ein Problem ist.

Allein eine heikle Situation gemeistert zu haben stärkt das Selbstwertgefühl und vereinfacht, die Verantwortung für eigene Fehler zu übernehmen, da man weiß: »Ich kann eine Lösung finden.«

Kinder sollen verstehen, dass sie für ein Problem keine Ausflüchte oder Entschuldigungen suchen müssen, sondern eine Lösungsmöglichkeit. Wenn ein Kind beschuldigt wird, erwartet man von ihm eine Entschuldigung, aber keine Lösung. Kinder, die schon früh lernen, eine Lösung für ein Problem zu finden, werden auch früh lernen, zu ihrer Schuld zu stehen und sie nicht abzuwälzen.

Lösungsmöglichkeiten

Intuition wird in unserem täglichen Leben oft falsch verstanden und vernachlässigt. Sie wird oft mit Gefühlen verwechselt und abgewertet. Sie ist aber etwas völlig anderes als Gefühle, und jeder Mensch, ob Mann, Frau oder Kind, besitzt diese innere Stimme. Für ein harmonisches Leben ist es von großer Bedeutung, dieser inneren Stimme zu vertrauen und nach ihr zu handeln. Besonders wichtig ist sie, wenn man vor schwierigen Problemen steht. Wenn man auf sie hört und sich von ihr leiten lässt, zeigt sie uns oft einen Ausweg, den Gedanken oder Gefühle nicht finden können.
Wenn Ihre Intuition, Ihr Verstand und Ihr Gefühl zusammenarbeiten, finden Sie die optimale Lösung für jedes Problem.

Es ist normalerweise am besten, Kindern die Möglichkeit zu geben, die Folgen ihrer Fehler und falschen Entscheidungen selbst erfahren zu lassen und ihnen damit die Verantwortung dafür zu übertragen. Sie lernen dadurch, wie sie ihr Leben selbst positiv bestimmen können. Das Unbehagen und die Schmerzen, die falsche Entscheidungen hervorrufen, verschwinden, wenn die Kinder das Problem selbst konstruktiv lösen können. Erfahrene Eltern wissen aber, dass es nötig sein kann, dieses Prinzip aufzuheben. Mit dem Verstand sind Sie dagegen, dem Kind in einer bestimmten Problemsituation zu helfen, intuitiv aber spüren Sie, dass Sie jetzt eingreifen müssen. Wenn die eigene Intuition gut entwickelt ist, weiß man, wann man Logik, Verstand, Prinzipien und Regeln außer Acht lassen kann und nur dem vertrauen muss, was die innere Stimme sagt.

Es ist gut, Kinder ihre eigenen Probleme erkennen und lösen zu lassen. Manchmal ist es besser, ihnen dabei zu helfen.

Ihr 17-jähriger hat gerade Krach mit seiner Freundin, sich beim Fußballspielen verletzt, eine neue Zahnspange und über Nacht Pickel bekommen. Es ist nicht gerade sein Glückstag. Er vergisst ein Schulbuch zum dritten Mal in dieser Woche zu Hause und bittet Sie, es ihm zu bringen. Ihre innere Stimme sagt ja, folgen Sie ihr.

Problemlösung mit Kopf und System

Ein zerbrochenes Glas oder ein vergessenes Buch sind Kleinigkeiten. Manchmal jedoch sind sie mit sehr viel schwierigeren und umfassenderen Problemen konfrontiert, für die es keine einfachen Lösungen gibt. Die folgenden Kriterien sind sehr gut geeignet, ein komplexeres Problem zu durchdenken und in den Griff zu bekommen.

»Wenn ein Problem gut vorgetragen wird, ist es schon halb gelöst« (Charles F. Kettering).

Problemlösung in sechs Schritten

1. Bezeichnen und definieren Sie das Problem.
2. Legen Sie eine Liste mit den Lösungsmöglichkeiten an.
3. Wägen Sie die verschiedenen Möglichkeiten ab.
4. Wählen Sie eine der Möglichkeiten.
5. Entwerfen Sie einen Plan, und führen Sie ihn durch.
6. Beurteilen Sie das Problem und die Lösung: Wodurch ist es entstanden? Kann ein ähnliches Problem in Zukunft vermieden werden? Wie wurde das aktuelle Problem gelöst?

Ein Fallbeispiel

1. Bezeichnen und definieren Sie das Problem

Ihre Tochter hat den Trainingsanzug ihrer besten Freundin versehentlich in einen Sack für Altkleider gesteckt. Die Freundin will den Trainingsanzug jetzt zurückhaben, aber der Sack wurde längst weggegeben.

2. Legen Sie eine Liste mit den Lösungsmöglichkeiten an

Ihre Tochter schlägt zwei Möglichkeiten vor: die Freundin nicht mehr zu treffen oder so zu tun, als ob sie den Anzug nie gehabt hätte. Die Lösungen, die Ihre Kinder vorschlagen, werden Ihnen nicht immer gefallen. Kinder sind aber auch nur Menschen. Ihre Tochter hat zwei Möglichkeiten vorgeschlagen, die auch Erwachsenen einfallen könnten. Die Liste der Möglichkeiten wird ohne Bewertung weitergeführt. Andere Lösungen wären, ihrer Freundin einen neuen Trainingsanzug zu kaufen oder ihr den eigenen zu schenken. Am Ende soll Ihre Tochter das wählen, was ihr am sinnvollsten erscheint.

3. Wägen Sie die verschiedenen Möglichkeiten ab

Suchen Sie mit Ihrem Kind gemeinsam nach Lösungsvarianten, und beleuchten Sie zusammen Vor- und Nachteile der vorgeschlagenen Möglichkeiten.

Wenn Ihre Tochter die Möglichkeiten abwägen muss, können Sie sie dabei anleiten, unterstützen und ermutigen: »Die erste Möglichkeit funktioniert nicht. Wir gehen zusammen zur Schule, und ich möchte ihr nicht aus dem Weg gehen, das würde sie kränken. Die zweite Möglichkeit geht auch nicht. Sie vergisst nie etwas, und ich möchte sie nicht anlügen. Die dritte geht auch nicht. Ich habe nicht genug Geld, um einen neuen Trainingsanzug zu kaufen. Die vierte Möglichkeit geht. Ich werde ihr meinen geben.«
Keine dieser Möglichkeiten ist optimal, aber es kommt darauf an, welche Möglichkeit funktionieren könnte. Ihre Tochter konnte die ersten zwei selbst ausschließen, nachdem sie sich folgende Fragen gestellt hatte: »Ist es unfreundlich? Ist es verletzend? Ist es unfair? Ist es unehrlich?«
Die erste Möglichkeit wäre unfreundlich, die zweite dagegen unehrlich. Die letzten beiden eignen sich am besten. Wenn Ihre Tochter nicht selbst erkannt hätte, dass die ersten zwei Lösungen nicht die richtigen sind, wäre es an der Zeit gewesen, sie darauf hinzuweisen.

4. Wählen Sie eine der Möglichkeiten

Ihre Tochter hat sich entschieden, dass es am einfachsten ist, ihrer Freundin den eigenen Trainingsanzug als Ersatz zu geben. Es würde zu lange dauern, bis sie das notwendige Geld für einen neuen zusammenhätte, und außerdem kann sie den alten Trainingsanzug ihres Bruders haben.

Bei der Wahl einer Möglichkeit ist es wichtig, dass dadurch nicht neue Probleme entstehen. Wenn Jenni entschieden hätte, ihren Trainingsanzug der Freundin zu geben und dafür den ihres Bruders zu nehmen, der Bruder aber seinen Anzug selbst noch brauchen würde, würde das ein neues Problem aufwerfen.

5. Entwerfen Sie einen Plan, und führen Sie ihn durch

Das ist wohl der schwierigste Schritt. Da Ihre Tochter die volle Verantwortung für das Problem übernimmt, geht sie zu ihrer Freundin. Sie macht keine Ausflüchte, erklärt, was sie getan hat, und bietet ihren eigenen Trainingsanzug als Ersatz an. Jetzt entsteht aber ein neues Problem: Die Freundin will keinen gebrauchten Trainingsanzug, sie will einen neuen.

Kinder sollten lernen, dass sie sich andere Möglichkeiten überlegen müssen, wenn die angewandte nicht funktioniert. Ihre Tochter bietet der Freundin an, ihr den eigenen so lange zu leihen, bis sie genug Geld für einen neuen hat. Ihre Tochter mäht dann z. B. so lange den Rasen der Nachbarn, bis sie das Geld zusammenhat.

6. Beurteilen Sie das Problem und die Lösung

Dieser Schritt wird oft vernachlässigt, ist aber entscheidend für den Lernprozess.

- Wodurch ist das Problem entstanden? Es ist sehr unwahrscheinlich, dass Ihre Tochter noch einmal versehentlich einen Trainingsanzug in einen Altkleidersack steckt. Wenn sie aber öfter geliehene Dinge verlegt oder verliert, muss sie ihr Verhalten überprüfen und eventuell ändern.
- Kann ein ähnliches Problem in Zukunft vermieden werden? Ihre Tochter wird jetzt sehr vorsichtig mit Geliehenem umgehen. Vielleicht sucht sie sich einen Platz, an dem sie alle geborgten Dinge aufbewahren kann.

Nicht vergessen: Ist das Problem bereinigt, sollten Eltern nach der Ursache forschen, um ihr Kind in die richtigen Bahnen lenken zu können.

Zeigen Sie Ihrem Kind, wie man lernt, eigene Entscheidungen zu treffen!

• Wie wurde das Problem gelöst? Ihre Tochter versuchte zunächst eine Möglichkeit, die nicht funktionierte. Die zweite war besser und klappte. Sie kann stolz auf sich sein, denn sie hat die Verantwortung für ihren Fehler übernommen und gezeigt, dass sie das Problem lösen kann. Ihr Selbstwertgefühl wurde dadurch gestärkt.

Ein nötiger Lernprozess

Es ist für die Eltern viel einfacher, selbst die Entscheidung zu treffen und dem Kind zu sagen, was es tun soll. In einer überorganisierten Familie hätte die Tochter das Problem so lösen müssen, wie die Eltern es vorschrieben.

In einer profillosen Familie wäre der Fehler der Freundin gegenüber wahrscheinlich vertuscht und einfach ein neuer Trainingsanzug gekauft worden, der dem weggeworfenen entspricht.

Sehr viel lohnender aber ist es, einem Kind zu zeigen, wie es seine eigenen Entscheidungen treffen kann. Es erfährt durch diesen Lernprozess, dass es ein verantwortungsvolles Individuum ist, das selbst bestimmen und seine eigenen Interessen vertreten kann. Es kann für sich selbst sprechen, seine eigenen Rechte vertreten und dabei die Rechte und Bedürfnisse anderer respektieren.

Problemlösung im Familienkreis

»Kein Problem kann dem Angriff ständigen Überdenkens widerstehen« (Voltaire).

Wenn ein Problem komplexer und die ganze Familie davon betroffen ist, sollte man eine Familienkonferenz einberufen, um die Schwierigkeiten zu diskutieren und anschließend beseitigen zu können.

In diesem Rahmen lernen Kinder besonders gut, Situationen zu analysieren, Lösungen vorzuschlagen und das Ergebnis mit Hilfe der Eltern und älteren Geschwister zu bewerten – letztlich zwischenmenschliche Beziehungen positiv zu gestalten. Kinder können so am Prozess der Problemlösung beteiligt werden. Die Jüngeren lernen dabei durch Beobachtung von den Älteren.

Bei einer Familienkonferenz werden die Probleme klar und deutlich vorgetragen und dann besprochen. (»Ich rege mich auf, wenn überall im Bad nasse Handtücher herumliegen.« – »Ich habe aber morgens keine Zeit, im Bad sauber zu machen, wenn schon jemand draußen an die Türe klopft und hereinwill.«) Das Problem sind also die nassen Kleider im Bad und die nicht ausreichende Zeit, sie wegzuräumen.

Die Grundvoraussetzungen für eine Familienkonferenz

1. Das Problem muss wichtig sein und alle betreffen. Wenn ein Kind seine Turnschuhe irgendwo verloren hat, ist das seine Sache. Wenn es aber seine Kleider im ganzen Badezimmer verstreut, sind auch alle anderen davon betroffen.
2. Die Eltern leiten an, ohne zu bewerten.
Eine Familienkonferenz bedeutet nicht, dass jeder seine Meinung sagt und Lösungen vorschlägt und dann der Vater entscheidet, was gemacht wird. Jeder Teilnehmer muss wissen, dass sein Beitrag wichtig ist und zählt.
3. Die Familienkonferenz muss im richtigen Rahmen stattfinden. Dabei sollten sich alle am besten an einem Tisch gegenübersitzen und in Ruhe miteinander sprechen können.

Alle Familienmitglieder sprechen anschließend über mögliche Lösungen für das Problem. Diese Lösungen müssen auch durchführbar sein. Ein zweites Badezimmer z. B. wäre zwar wünschenswert, aber wahrscheinlich nicht realisierbar. Man entscheidet sich für eine Lösungsmöglichkeit (oder mehrere), dann einigt man sich auf einen Plan, die Änderungen zu verwirklichen. Im Bad werden vielleicht zusätzliche Haken angebracht, um die nassen Handtücher besser aufhängen zu können etc.
Nach einiger Zeit werden in einer weiteren Familienkonferenz die Resultate auf die Tauglichkeit hin beurteilt.

»Weisheit ist zu wissen, was als Nächstes zu tun ist, Geschicklichkeit ist zu wissen, wie es zu tun ist, und Kraft ist, es zu tun« (David Starr Jordan).

Im Team zur Lösung

Alle konnten ihre Meinung sagen, wurden angehört und fanden gemeinsam zu einer Lösung. Dadurch lernten alle Familienmitglieder unterschiedliche Lösungsansätze kennen.
Gemeinsame Entscheidungen beinhalten gegenseitiges Geben und Nehmen, sie erfordern Offenheit und Zusammenarbeit von allen Beteiligten. Jeder Einzelne erfährt, dass man ihm zuhört und dass er wichtig ist. Durch Familienkonferenzen werden Kinder dazu befähigt, auch später in ihrem sozialen Umfeld konstruktiv mit Problemen umzugehen.

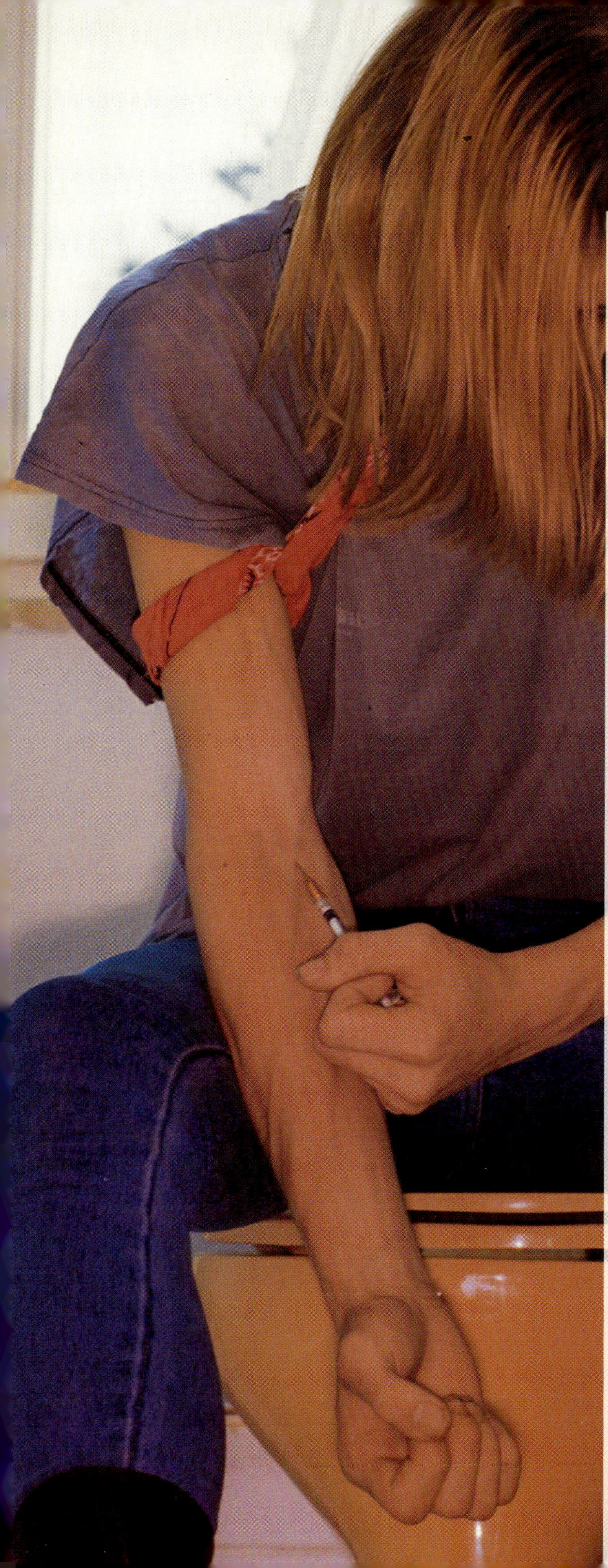

LEBEN MIT AUSNAHME-PROBLEMEN

Was ist zu tun, wenn Kinder in ernsthafte Schwierigkeiten geraten? Straffällig geworden, im Strudel von Alkohol- und Drogenmissbrauch gefangen oder aus lauter Verzweiflung mit dem Gedanken an Selbstmord spielend, befinden sich diese Kinder in absolut schweren Krisensituationen. Scheuen Sie sich daher nicht, sich in solchen Fällen auf die Hilfe von professionellen Beratern zu stützen, und vor allem: Geben Sie Ihren Kindern Liebe, Unterstützung und Hilfe.

Das Verhalten bei wirklich schwierigen Problemen

Konflikte mit dem Gesetz

Unsere Teenager haben einen freien Willen und sind der stärksten Kraft auf dieser Erde ausgesetzt – dem Druck der Gleichaltrigen. Als Eltern müssen wir uns auch mit schwerwiegenden und wirklich ernsten Problemen unserer Kinder auseinander setzen, aber auch die sind zu lösen. Den Eltern eines 16-jährigen, der Geld gestohlen hat, mag es schwer fallen, das zu glauben. Auch für die Eltern einer 15-jährigen, die einen Selbstmordversuch überlebt hat, ist das nur ein schwacher Trost. Das Gleiche gilt für die Eltern von Kindern, die mit dem Gesetz in Konflikt geraten sind.

»Wir können vollkommen lieben, ohne vollkommen zu verstehen« (aus dem Film: »Aus der Mitte entspringt ein Fluss«).

Kinder in einer solchen schweren Krise brauchen keinen Retter und auch niemanden, der sie bestraft, sondern jemanden, der zu ihnen steht und ihnen sagt: »Ich glaube an dich, ich vertraue dir, und ich weiß, dass du damit fertig wirst. Ich höre dir zu, ich kümmere mich um dich, und du bist sehr wichtig für mich. Es spielt keine Rolle, was die Nachbarn und die anderen Leute sagen. Wir lieben dich und sind für dich da. Wir wollen dich nicht retten und dich nicht beschuldigen oder bestrafen, sondern dich unterstützen und dir Disziplin zeigen.«

Ihr Kind in Untersuchungshaft

Ein Kind ruft seine Eltern an und informiert sie darüber, dass es wegen des Verdachts, eine kriminelle Handlung begangen zu haben, auf der Polizeistation festgehalten wird.

Eltern in einer überorganisierten Familie neigen zur Bestrafung. Sie wurden selbst in Familienverhältnissen groß, in denen Bestrafung und Vergeltung an der Tagesordnung waren. Sie werden die Polizeimaßnahmen wahrscheinlich unterstützen. (»Du bist jetzt in Untersuchungshaft, da kannst du bis morgen bleiben.«) Unausgesprochen erfährt das Kind: Wir lieben dich nur, wenn du dich anständig benimmst.

Die Liebe zu unseren Kindern darf aber keinen Bedingungen unterliegen. Denn was ist, wenn ein Kind selbstverschuldet nicht in Untersuchungshaft, sondern in eine lebensbedrohliche Situation geriete? Das wäre nicht der richtige Zeitpunkt für Strafe, sondern für Hilfe.
Hilfe heißt aber nicht Rettung, welche die Eltern in einer profillosen Familie versuchen würden. Sie müssten sich auf dem Weg zum Polizeirevier erst einmal mit gegenseitigen überflüssigen Vorhaltungen Luft machen. (»Ich habe dir ja gesagt, wie es mit diesem Kind enden würde. Du hast ihn einfach verzogen.«) Dann würde ihr Kind mit überflüssigen Vorwürfen überschüttet werden. (»Ich wusste es ja. Wie konntest du uns nur so etwas antun? Warum hörst du nie auf mich?«) Danach zahlen diese Eltern die Kaution für ihr Kind und »retten« es somit aus der Untersuchungshaft. Manche Eltern versuchen auch, ihre Beziehungen einzusetzen, um dadurch ein gerichtliches Nachspiel zu verhindern.

Falsche Hilfe

Rettungsaktionen und Bestrafungen sind für ein Kind keine wirklichen Hilfen. Ihr Kind lernt dadurch nicht, die Verantwortung für seine Fehler zu übernehmen.

Und wenn die Probleme auch noch so schwerwiegend sind, die Liebe zu Ihren Kindern darf keinen Bedingungen unterliegen.

Eltern in einer profillosen Familie des Typs B würden vermutlich die ganze Verantwortung den Behörden überlassen. (»Jetzt haben sie ihn eingesperrt, dann können sie sich auch weiter um ihn kümmern.«)
Die Eltern in einer Familie mit Rückhalt werden so schnell wie möglich zur Polizeistation kommen, ihr Kind umarmen und ihm sagen: »Wir haben dich gern. Du bist in Schwierigkeiten, und wir wissen, dass du damit fertig wirst. Wir helfen dir dabei.«
Sie werden einen Anwalt für ihr Kind finden, wenn es einen braucht. Es muss aber selbst mit dem Anwalt sprechen und ihn auch selbst bezahlen. Wenn es etwas beschädigt hat, muss es für den Schaden aufkommen. Es bleibt ihm überlassen, wie es das Geld dafür aufbringt.
Auf diese Weise wird ein Kind weder »gerettet« noch bestraft, es erfährt Disziplin. Ihm wird so gezeigt, was es falsch gemacht hat, es ist für sein Problem verantwortlich, und seine Würde wird nicht verletzt.

Hilfe von Fachleuten

Das alles ist einfacher, wenn es sich nur um ein kleines Vergehen oder eine Ordnungsstrafe handelt. Wenn das Kind aber öfter straffällig wird oder eine schwere Straftat wie z. B. einen bewaffneten Überfall begangen hat, ist die Lage schon schwieriger. Sie und Ihr Kind brauchen dann neben einem Rechtsbeistand auch eine psychologische Beratung. Ein Erziehungsberater für straffällige Jugendliche und ihre Familien kann Ihnen helfen, zum Kern des Problems zu finden. Bei einem solchen Fachmann finden Sie auch die nötige moralische Unterstützung und erfahren, welche Lösungsmöglichkeiten es für das schwierige Problem gibt.
Außerdem sind auch Bewährungshelfer und speziell ausgebildete Mitarbeiter der Polizei in der Jugendarbeit tätig und bieten Programme an, die zur Wiedereingliederung der Jugendlichen beitragen. Nutzen Sie diese Möglichkeiten.

»Heute kannst du versuchen, die Liebe aus deinem Herzen so auszudehnen, dass sie nicht nur die erreicht, denen du sie leicht schenken kannst, sondern auch jene, die ihrer so dringend bedürfen« (Daphne Rose Kingma).

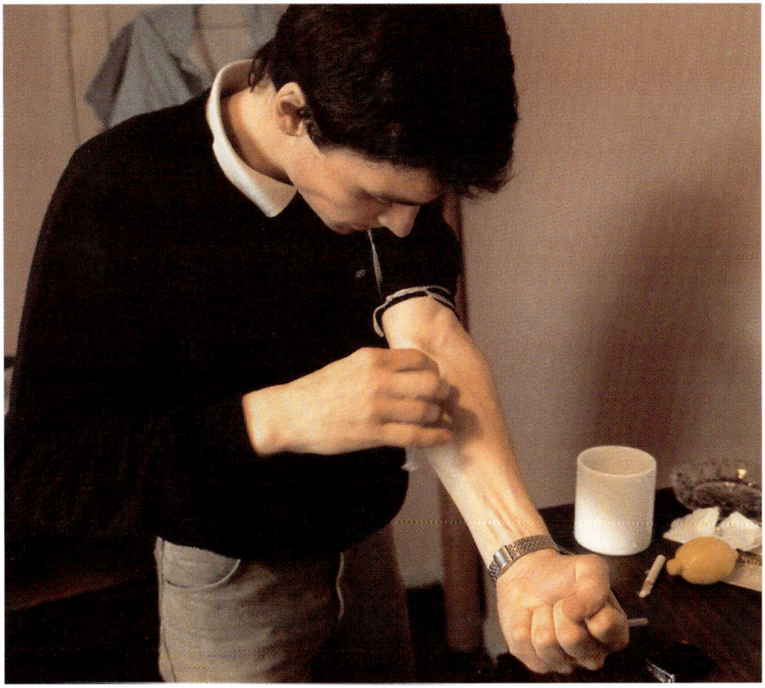

Der selbstzerstörerische Drogenmissbrauch eines Kindes stellt die Familie auf eine harte Probe. Das Eingeständnis von eigenen Schwächen kann jedoch eine neue Qualität von Nähe herstellen.

Drogen

Indizien für Drogenkonsum

Aufmerksame Beobachtung kann Ihnen bereits frühzeitig die ersten Anzeichen von Drogenproblemen signalisieren. Wenden Sie sich im Zweifelsfall an eine Drogenberatungsstelle.

Wenn Ihr Teenager öfter vom Alkohol benommen oder von etwas anderem völlig euphorisiert ist, dann ist Ihnen klar, dass Sie etwas unternehmen müssen. Oft aber sind die Anzeichen für Drogenkonsum nicht so offensichtlich, treten nur allmählich auf oder sind leicht mit den Anzeichen von Depressionen oder anderen psychischen oder physischen Störungen zu verwechseln.

- Sie fahren bei strömendem Regen zur Tankstelle, und Ihr Teenager springt aus dem Auto, um zu tanken. Dabei beugt er sich weit über den offenen Tank. Sicher sieht er nur nach, ob der Tank schon voll ist. Sicher?
- Im Badezimmer finden Sie drei leere Augentropfenfläschchen. Ihr Sohn hat wohl wieder Probleme mit seinem Heuschnupfen. Denken Sie nach!
- Aus dem Zimmer Ihres Sohnes kommt ein starker, süßlicher Geruch, und Sie fragen sich, warum er nicht lüften will, wenn seine schmutzigen Kleider schon so stark riechen. Falsch geraten!
- Ihre Tochter ruft an und sagt Ihnen, dass sie bei einer Freundin übernachten will. Sie sei zu müde, um noch nach Hause zu fahren. Sie spricht etwas verworren, ihre Zunge wirkt schwer. Gut, dass sie kein Risiko eingeht. Seien Sie da nicht so sicher!
- Ihre Hustentropfen sind verbraucht. Haben die Gäste wirklich so viel Wein getrunken? Hatten Sie nicht gestern noch einen Zwanzigmarkschein im Geldbeutel? Vielleicht hat ihn Ihr Mann herausgenommen und vergessen, es Ihnen zu sagen. Unwahrscheinlich!
- Ihr Teenager will nicht essen, was Sie ihm hinstellen. Er steht auf Kriegsfuß mit allem, und seine neuen Freunde sind etwas seltsam. Ständig sprechen sie über »guten Stoff« u. Ä. Das ist wohl gerade dieses verrückte Teenageralter, in dem alle so sprechen. Wohl kaum!

Alle diese Beispiele zeigen, wie man die Anzeichen für Drogenkonsum übersehen oder falsch interpretieren kann. Es sind jedoch nur Anzeichen, keine Beweise. Aber wenn Sie aufmerksam sind, können Sie Ihrem Kind besser helfen, wenn es tatsächlich ein Drogenproblem haben sollte.

Drogenberatungsstellen empfehlen, auf folgende Merkmale zu achten

Verräterische Anzeichen

- Chronische Augen- oder Halsentzündung, trockener Husten
- Chronisches Lügen, ständig wechselnde Freunde, Stehlen
- Schlechte Beziehungen zu den anderen Familienmitgliedern
- Starke Stimmungsschwankungen, feindseliges Verhalten
- Chronische Müdigkeit, Nachlässigkeit in der Haar- und Körperpflege
- Auffällige Veränderungen der Schlaf- und Essgewohnheiten
- Nachlassendes Interesse an Hobbys, sportlichen Aktivitäten oder anderen Freizeitbeschäftigungen
- Probleme in der Schule – nachlassende Leistungen, Fehlzeiten

Andere Warnsignale

- Drogenschlagwörter auf der Kleidung
- Drogenjargon
- Sehr viel oder gar kein Geld ohne erkennbaren Grund
- Hysterisches Weinen oder Lachen
- Paranoides Verhalten
- Verwendung von Räucherstäbchen

Eindeutige Beweise für Drogenmissbrauch

- Drogen und entsprechende Utensilien
- Hanfpflanzen, Samen oder Blätter
- Spezifischer Geruch
- Einstichspuren in der Haut, Beulen, Geschwüre und Entzündungen
- Schnüffeln von Benzin oder Lösungsmitteln

Scheuen Sie sich nicht, bei entsprechenden Warnsignalen die Hilfe von Beratungsstellen in Anspruch zu nehmen. Handeln Sie, bevor es vielleicht zu spät ist!

Information und Wissen sind der beste Schutz. Sprechen Sie mit Ihrem Kind ganz offen und dennoch behutsam über Ihren Verdacht und Ihre Sorge.

Das Verhalten in überorganisierten Familien

Die Eltern in einer überorganisierten Familie halten immer nach Anzeichen für einen eventuellen Drogenmissbrauch Ausschau, aber auf völlig übertriebene Art: Jeglicher Gebrauch von Augentropfen ist verdächtig, und durch Kaugummikauen will man sicher nur eine Alkoholfahne verbergen. Wenn der Teenager nach Hause kommt, wird er einem Verhör unterzogen. Die Eltern vertrauen nicht darauf, dass er gut auf sich aufpassen kann. Andererseits vermitteln sie aber auch keine brauchbaren Informationen über die Gefahren, wenn man Drogen nimmt. Die Regeln sind äußerst strikt. (»Du darfst niemals Alkohol trinken.« – »Meine Kinder nehmen keine Drogen.« – »Wenn ich dich einmal beim Rauchen erwische, kannst du gleich deine Sachen packen.«)

Misstrauen schürt die Gefahr

Das angeschlagene Selbstwertgefühl bei Jugendlichen aus sehr streng kontrolliertem Elternhaus ist häufig Grund, sich in Drogen zu flüchten.

Diesem Teenager fehlen ein starkes Selbstwertgefühl und die Fähigkeit, Probleme selbst zu lösen. Er kann leicht von anderen zu etwas angestiftet werden, weil er sich seinen Eltern gegenüber behaupten will. Daher ist die Gefahr, dass er Drogen tatsächlich nimmt, groß.

Interessanterweise reagieren Eltern in überorganisierten Familien entrüstet oder ablehnend, wenn der Drogenkonsum ihrer Kinder offensichtlich wird. (»Immer werden meine Kinder beschuldigt.« – »Meine Tochter nimmt keine Drogen.«)

Manchmal werfen sie dem Kind aber auch vor, an allen nur erdenklichen Problemen in der Familie schuld zu sein. (»Ich und dein Vater streiten nur deinetwegen.«) Sie würden ihr Kind, ohne lange zu zögern, auch sofort in einem Entzugsprogramm unterbringen, um sich ja nicht selbst mit der Sache auseinander setzen zu müssen. Ihrer Meinung nach ist das ja schließlich nicht ihr Problem – das Kind sei einfach schlecht.

Das Verhalten in profillosen Familien

Wenn sie mit den Anzeichen konfrontiert werden, reagieren die Eltern in einer profillosen Familie des Typs A oft mit Abwehr oder Ignoranz. (»Mein Kind und Drogen? Niemals, das würde es mir sagen.« – »Sie hat eine Lernbehinderung.« – »Er ist einfach durcheinander wegen der Scheidung.«) Vielleicht beschuldigen sie sich auch gegenseitig und lenken damit vom Kind ab. (»Du bist selbst ja auch nicht das größte Vorbild.«)

Eltern in einer profillosen Familie des Typs B streiten ab, dass Drogen überhaupt ein Problem sind. (»Wenn er mal etwas zu viel trinkt, schadet das nichts. Es schadet mir ja auch nichts.« Vielleicht verteidigen sie sogar den Drogenmissbrauch ihres Kindes. (»Alle nehmen irgendetwas. Wenn es nicht gerade harte Drogen sind, macht es nichts.«) Möglicherweise beschaffen sie sogar die Drogen. (»Du kannst einen Joint mit mir teilen.« – »Ich werde den Stoff für die nächste Party besorgen.«)

Fehlende Strukturen verharmlosen die Bedrohung

In beiden Familientypen herrschen keine klaren Erziehungsstrukturen vor. Außerdem werden dem Kind keine Grenzen gesetzt; daher hat es später keine Basis, auf der es beurteilen kann, ob Drogen gut oder schlecht sind. So könnte es z. B. Drogen nehmen, um eine innere Leere auszufüllen oder um bei anderen Eindruck zu machen und akzeptiert zu werden.

Das Verhalten in Familien mit Rückhalt

Wenn die Eltern in einer Familie mit Rückhalt auf Anzeichen eines Drogenkonsums stoßen, verdrängen oder verleugnen sie nicht die Tatsachen. Sie wissen, dass sie sich dem Problem stellen und sich damit auseinander setzen müssen. Die Zusammenfassung auf Seite 112 nennt zehn Schritte, die Eltern in dieser Situation helfen können.

Den Kontakt zu Rauschmitteln können Sie wahrscheinlich nicht unterbinden. Verhindern können Sie jedoch, dass aus dem ersten Probieren Sucht wird.

Information und das Vorbild der Eltern schützen

Die Familie mit Rückhalt kann nicht verhindern, dass ihr Kind mit Drogen experimentiert, aber sie kann es vor der Verführung durch Drogen schützen. In dieser Familie wird der Schutz schon vorbereitet, bevor das Kind geboren ist. Ein Ungeborenes spürt, wie seine Mutter mit ihrem und somit auch mit seinem Körper umgeht. Wenn der Erwachsene in der Art und Weise, wie er seinen Körper behandelt, immer ein Vorbild ist, wird das Kind auch seinem eigenen Körper Achtung und Sensibilität entgegenbringen. Wenn es dann noch ein gesundes Selbstwertgefühl, Verantwortungsbewusstsein und Willenskraft besitzt, wird es gut gewappnet sein.

»Ein Gramm Vorbeugung ist besser als ein Kilo Heilung« (Benjamin Franklin).

Zehn Verhaltenstips für Eltern

1. Geraten Sie nicht in Panik, und handeln Sie nicht aus Angst heraus.
2. Versuchen Sie, so viele Informationen wie möglich über die Drogen zu erhalten: Besorgen Sie sich Literatur, sprechen Sie mit Beratungsstellen usw. Sie können auch Ihre Kinder um Informationen bitten.
3. Überlegen Sie, wer den besten Draht zu Ihrem Kind hat (vermutlich nicht Sie selbst), und bitten Sie diese Person um Hilfe. Bleiben Sie in Kontakt mit dieser Person.
4. Versuchen Sie, von Ihrem Kind zu erfahren, warum es sich entschlossen hat, Drogen zu nehmen, oder wie es dazu gekommen ist. Ein kurzes Gespräch kann genügen. Vermeiden Sie Anschuldigungen, Drohungen oder eine Moralpredigt.
5. Drogenkonsum könnte auch lediglich ein Symptom für ein anderes, vielleicht noch bedeutenderes Problem sein. Ignorieren Sie es nicht, und halten Sie es nicht für unwichtig.
6. Bitten Sie andere um Hilfe, möglichst mit der Zustimmung Ihres Kindes. Wählen Sie die Helfer behutsam aus, wenden Sie sich an Drogenberatungsstellen.
7. Seien Sie ehrlich. Sehen Sie der unumstößlichen Tatsache ins Auge: Durch Ihr Kind könnte Ihr eigenes inkonsequentes Verhalten ans Licht kommen. Verlieren Sie deshalb nicht die Beherrschung.
8. Überprüfen Sie Ihre ganze Beziehung zu Ihrem Kind, und sprechen Sie mit ihm offen über alles. Die Drogen sind Anlass genug. Ein verbesserter Kontakt kann in vielerlei Hinsicht eine neue Chance bedeuten.
9. Wenden Sie sich unbedingt an professionelle Berater und entsprechende Institutionen, wenn Sie trotz aller Bemühungen das Problem als immer noch sehr ernst erachten.
10. Bitte denken Sie daran: Wenn Ihr Kind Drogen nimmt, tun es vermutlich seine Freunde auch. Sie haben zusammen mit anderen Eltern die Möglichkeit, den Kindern etwas Besseres als Drogen zu bieten.

Selbstmordversuch als Hilferuf

Im Krankenhaus fragte ich einmal ein junges Mädchen, das wegen eines Selbstmordversuchs eingeliefert worden war, warum sie sich die Pulsadern an nur einem Handgelenk aufgeschnitten und dann den Notarzt alarmiert hatte. Sie setzte sich aufrecht hin und sagte: »Ich konnte die anderen nicht aufschneiden, das ist mein Impfarm.« Ihr Selbstmordversuch war ein offensichtlicher Hilferuf. Sie wollte nicht wirklich sterben, das Leben war ihr einfach zu viel geworden. Sie wusste keinen anderen Ausweg. Sie hatte einen sehr strengen Vater, und ihre Mutter versuchte, drei Kinder, den Haushalt, einen gewalttätigen Ehemann und einen Job zu bewältigen, wodurch sie körperlich und emotional erschöpft war. Das Mädchen kümmerte sich um die kleinen Geschwister, half im Haushalt und versuchte auch noch, die Mutter zu trösten. Als dazu noch Probleme in der Schule kamen, schnitt sie sich die Pulsadern auf.

Das Problem in überorganisierten und profillosen Familien

Ein Schrei nach Hilfe, ein Schrei nach Liebe und Zuwendung – nichts anderes ist meist der Versuch, sich aus einer ausweglosen Situation per Selbstzerstörung zu befreien.

In einer überorganisierten Familie lernen die Kinder jahrelang, ihre Wut, Frustration und Kränkung zu verdrängen. (»Reiß dich zusammen.« – »Du wirst tun, was ich sage. Keine Diskussion.«) Problemlösungen werden von den Eltern vorgeschrieben, nicht diskutiert. (»Du wirst das Spielzeug ersetzen und dem Kind sagen, dass es dir Leid tut.«) Liebe wird als Belohnung für braves Verhalten nach dem Ermessen der Eltern gewährt oder verweigert. (»Wenn du brav bist, habe ich dich lieb.«) Perfektion ist gut, Fehler sind schlecht. (»Diese Fünf ist ja ein Weltuntergang.«)

Die Eltern in der profillosen Familie sind inkonsequent. Einmal gibt es Schläge aus einem nichtigen Anlass, dann wird über etwas gelacht, was am Tag vorher noch bestraft wurde.

Probleme werden nicht gelöst, sondern nicht beachtet oder beschönigt. (»Du brauchst dir wegen dem Nachbarn keine Sorgen zu machen. Er beruhigt sich schon wieder, du hast es ja nicht absichtlich gemacht.«) Liebe unterliegt Bedingungen, die sich ständig ändern können. Einmal wird das Kind umarmt, weil die Mutter gerade Lust dazu hat. Am nächsten Tag bekommt das Kind keinen Kuss, weil es den Vater geärgert hat.

Ein leidvoller Weg

Nehmen Frustrationen und Depressionen kein Ende und ist das Warten auf Hilfe von den Eltern vergebens, wird unter Umständen der eigene Tod als Bestrafung für die Eltern gewählt.

In beiden Familienformen werden die Kinder zu Jugendlichen, die gelernt haben, hilflos zu sein und ihre Wut zu unterdrücken. Das führt zu Depressionen und destruktivem Verhalten, wenn sie mit alltäglichen Frustrationen konfrontiert werden. Sie wissen nicht, wen sie um Hilfe bitten können, und oft verletzen sie sich körperlich, um sich bemerkbar zu machen. Wenn die Wut größer als der Schmerz wird, unternehmen solche Jugendlichen einen Selbstmordversuch, um ihre Eltern zu bestrafen: Seht ihr, was ihr mir angetan habt? Jetzt werdet ihr meinetwegen leiden.
Wenn Kränkung, Wut und Depressionen chronisch werden, können Jugendliche nur noch im Tod einen Ausweg sehen, um ihr Leid zu beenden. Dann ist der Selbstmordversuch kein Hilfeschrei mehr, sondern wirklich ein misslungener Versuch zu sterben. Selbstmord steht an dritter Stelle der Todesursachen von Jugendlichen, nach Unfällen und Gewalttaten.

Das Problem in Familien mit Rückhalt

In einer Familie mit Rückhalt sind Selbstmordversuche eine Ausnahmeerscheinung. Das Kind wächst in einer Umgebung auf, in der seine Gefühle angenommen werden. Die Meinung des Kindes wird ernst genommen, seine Grundbedürfnisse werden erfüllt, und aus seinen Fehlern kann es lernen. Diese Grundlagen ermöglichen einem Kind,

Seelische Verletzungen können sich bis zur Lebensmüdigkeit steigern. Behutsame Zuwendung und häufig auch professionelle Unterstützung sind vonnöten, um die geschwächte Innenwelt zu stabilisieren.

Anzeichen für Selbstmordabsichten

- Selbstmordversuche
- Verschlechterung der Beziehung zur Familie
- Chronische Müdigkeit, Verschlossenheit, Ungepflegtheit
- Auffällige Veränderungen der Ess- und Schlafgewohnheiten
- Probleme in der Schule (Absacken der Noten, Abwesenheit)
- Perfektionismus bis zur Besessenheit
- Kein Interesse an Zeitvertreib, Hobbys und Sport
- Verschenken persönlicher Dinge
- Äußerungen und Literatur über den Tod
- Chronische Depressionen

seine Persönlichkeit voll zu entwickeln und sich allen Problemen zu stellen. Sollte ein Kind trotz allem doch einmal vor unlösbaren Problemen stehen und sich seine Verzweiflung andeuten, werden die Eltern das immer ernst nehmen.
Die zehn Anhaltspunkte oben entsprechen den Schritten, die Eltern unternehmen können, um den Kindern bei Drogenproblemen beizustehen. Die Grundregel dabei lautet stets, den Kindern Liebe, Unterstützung und Hilfe zu geben.

»Wenn Sie in eine Situation gekommen sind, die Ihnen zu diesem Zeitpunkt unlösbar erschien und die Sie dennoch qualvoll und schmerzhaft überstanden haben, dann werden Sie danach feststellen, dass Sie dadurch eine bis dahin nie gekannte Freiheit gewonnen haben« (Eleanor Roosevelt).

Fehler machen gehört zum Erwachsenwerden

Es ist schwer, mit anzusehen, dass Kinder leiden. Sie selbst aber tragen die Verantwortung für ihre Fehler und für ihre falschen Entscheidungen. Das bedeutet nicht, dass Sie auf Distanz gehen und zusehen sollen, wie sie ihr Leben zerstören. Wenn Ihre Kinder in einer lebensbedrohlichen Situation sind, dann greifen Sie selbstverständlich unterstützend und liebevoll ein; das schließt strikte Maßnahmen nicht aus. Ihr Eingreifen wird nur für eine gewisse Zeit erforderlich sein und kann Ihren Kindern den Weg ebnen, schließlich selbst wieder die volle Verantwortung für ihre Probleme zu übernehmen. Die Grundaussagen, die in den zehn Tips für das richtige Verhalten von Eltern im Fall eines Drogenproblems bei ihrem Kind gemacht sind, treffen auch in der Situation einer Suizidgefahr zu. Das Wichtigste ist, dass Sie Ihrem Kind Liebe und Unterstützung geben.

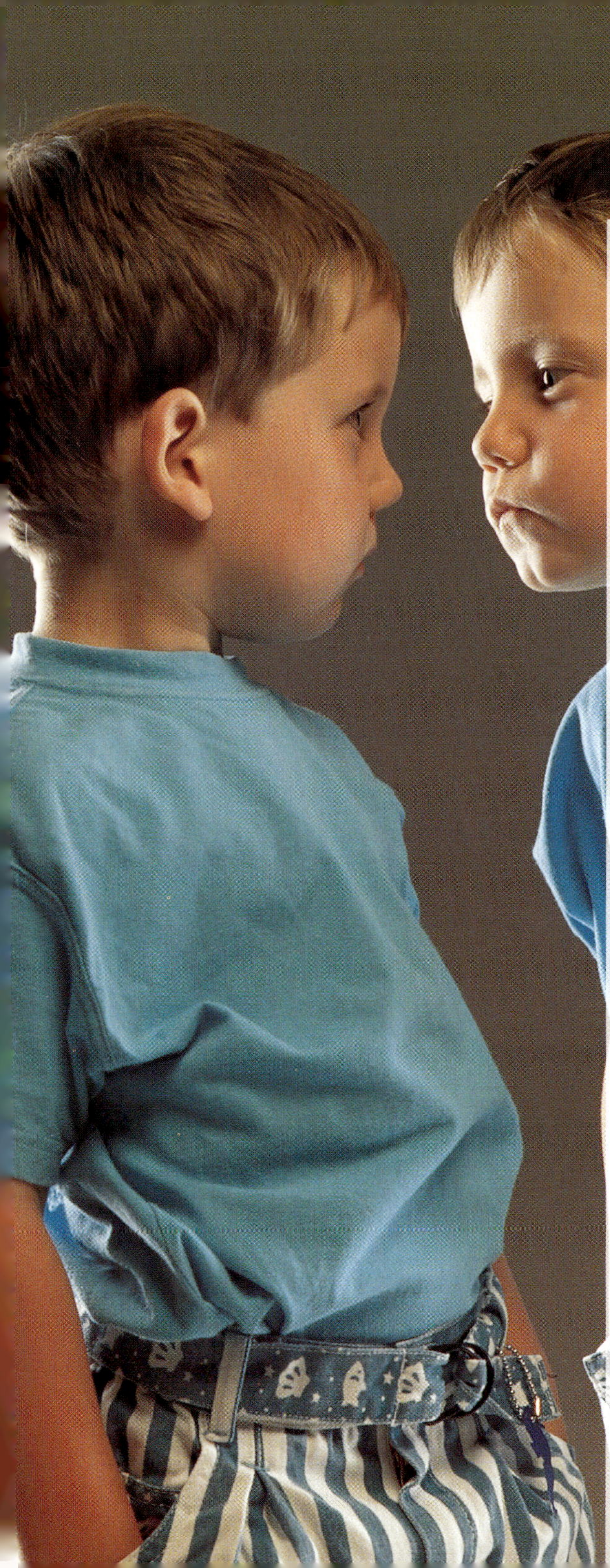

KONFLIKTE ZWISCHEN KINDERN

Dass zwei sich streiten, ist ganz normal und geschieht immer wieder und nicht nur im Kinderzimmer. Wichtig ist, dass Kinder lernen, sich Meinungsverschiedenheiten zu stellen, die Ursache des Streites auch einmal aus dem Blickwinkel des »Gegners« zu betrachten und selbst dann, wenn es mühsam erscheint, gemeinsam nach einer Lösung zu suchen. Sehen Sie Konflikte als eine Herausforderung an, die allen Beteiligten eine exzellente Gelegenheit zur Weiterentwicklung gibt.

Erziehung zur Konfliktfähigkeit

Die Familie – Vorbild für Konfliktlösungen

»Wenn wir wissen, wie wir mit Gewalt umgehen können, nicht nur äußerlich in der Gesellschaft ..., sondern auch bei uns selbst, dann werden wir vielleicht in der Lage sein, sie zu überwinden« (J. Krishnamurti).

Alle Kinder streiten sich. Wenn es das nächste Mal bei Ihren Kindern wieder so weit ist, dann holen Sie tief Luft – Sie wissen, dass das völlig normal ist. Konflikte und die Schmerzen, die durch sie ausgelöst werden, sind genauso Teil unseres Lebens wie Essen und Schlafen. Konflikte können aber gelöst werden und weniger schmerzvoll sein, wenn man direkt und konstruktiv mit ihnen umgeht. Es mag unglaublich klingen, aber sie können auch eine Gelegenheit sein, sich weiterzuentwickeln.

Konflikte bedeuten immer Schwierigkeiten; daher scheint es sinnvoll, sie zu vermeiden. Aber gerade das ist auf lange Sicht ungesund. Kinder, die nicht streiten und immer nachgeben müssen, werden zu passiven Erwachsenen, die ihre Wut und ihren Ärger unterdrücken. Passive Erwachsene aber werden leicht von anderen ausgenützt. Wenn Sie einen Partner haben, der Konflikten aus dem Weg geht, wissen Sie, was das bedeutet. Erwachsene, die ihren Ärger und ihre Wut unterdrücken, richten sie schließlich entweder gegen andere oder gegen sich selbst.

Konflikte in der Familie

Der richtige Umgang mit Konflikten resultiert nicht nur aus einem friedlichen Zuhause, sondern vielmehr aus einer friedvollen Einstellung uns selbst und unseren Kindern gegenüber. Erst dadurch kann wirklich Friede in unseren Familien einkehren. Kinder müssen lernen, wie sie mit Konflikten umgehen können, das Wie ist dabei entscheidend. Ohne die kluge Mithilfe der Eltern lernen sie, Konflikten entweder mit Aggression und Gewalt oder mit Passivität zu begegnen. Kinder müssen lernen, wie sie einen Konflikt gewaltfrei, konstruktiv und verantwortungsvoll lösen können.

Konflikte müssen wir nicht erst suchen, sie entstehen ganz von selbst. Entscheidend ist jedoch unser Standpunkt. Sowohl in überorganisierten wie auch in profillosen Familien werden Konflikte als Machtkampf betrachtet, es gibt Sieger und Verlierer. Wenn dann in einem solchen Machtkampf heftige Gefühle aufsteigen, kommt es schnell auch zu Aggressionsausbrüchen. Wenn man eine unangenehme Situation als Machtkampf betrachtet, den man nur gewinnen oder verlieren kann, dann ist man schnell geneigt, solche Situationen ganz zu vermeiden oder ihnen auszuweichen. Damit verschwinden die zugrunde liegenden Probleme aber nicht, denn ein Konflikt, der nicht ausgetragen wird, schwelt in unserem Inneren weiter.

Konflikte in überorganisierten Familien

Betrachten Sie einen Konflikt doch einmal als eine Art Tanz. Mal übernehmen wir die Führung und haben das Wort, dann wieder hören wir zu. So treten wir nicht in einen Kampf ein, sondern »tanzen« zusammen einer Lösung entgegen.

Für die Eltern in einer überorganisierten Familie gibt es bei Konflikten nur Sieger und Verlierer, deshalb drohen sie Strafen an. (»Du kommst sofort her, oder es gibt Schläge!« – »Ich habe hier das Sagen, und du hast zu gehorchen, oder du kannst etwas erleben!«)
Die Eltern sind in dieser Situation körperlich und geistig zum Kampf bereit. Das Zuhause wird zur Arena, einer wird auf Kosten des anderen den Sieg davontragen. Die Waffen sind Schreien, Streiten und Gewaltanwendung.

Konflikte in profillosen Familien

Die Eltern in einer profillosen Familie versuchen, Konflikten völlig aus dem Weg zu gehen; sie halten stattdessen Moralpredigten oder spielen den Friedensstifter. (»Lass ihn doch in Ruhe, wenn er sich so benimmt.« – »Kinder, streitet euch nicht, ihr müsst euch gern haben.« – »Wenn ihr auf dem Rücksitz nur streitet, dann setzt sich einer von euch nach vorn zu mir.«) Wenn das Ausweichmanöver nicht klappt, hoffen sie, dass der Konflikt sich von selbst auflösen wird. Sie ersetzen eine echte Auseinandersetzung durch Verdrängen, Bitten, »Retten« oder Vernachlässigen.

Konflikte in Familien mit Rückhalt

Die Eltern in einer Familie mit Rückhalt betrachten einen Konflikt nicht als Machtkampf, sondern als Krise. Sie werden sich fragen, was daran so Besonderes ist. Der Unterschied besteht darin, dass wir eine Krise normalerweise als etwas Negatives ansehen, das man vermeiden sollte. Das Wort »Krise« an sich ist aber ein neutraler Ausdruck und bedeutet »eine plötzliche Wende in einer Situation«.

Die Eltern in einer Familie mit Rückhalt weichen einem Konflikt nicht aus, sondern heißen ihn willkommen und sehen ihn als Herausforderung und Entwicklungsmöglichkeit. (»Wir müssen darüber reden.« – »Wir können das klären.« – »Du kannst ruhig wütend sein, aber du darfst deinen Bruder nicht schlagen.«) Im Zusammenhang mit Konflikten mit unseren Kindern scheint uns der Ausdruck »willkommen heißen« nicht gerade geeignet zu sein. Verglichen mit Kampf oder Flucht ist das aber die bessere Alternative.

Das Vorbild der Eltern

Kinder folgen unserem Beispiel und ahmen nach, was ihnen vorgelebt wird. Das gilt auch für die Art und Weise, wie wir Konflikte handhaben. Oft leben wir ihnen etwas vor, ohne dass uns das bewusst ist. Wir neigen dazu, mit Konflikten so umzugehen, wie wir selbst es durch unsere Eltern, Lehrer und die Medien erfahren haben. Wenn diese Erfahrung beinhaltet, dass Konflikte Machtkämpfe sind, werden wir versuchen, unsere »Gegner« entweder körperlich oder verbal zu besiegen.

Das Beispiel wichtiger Bezugspersonen in unserem Leben, die sich auf Konflikte bestimmt, aber ohne Aggression oder Passivität eingelassen haben, ermöglicht es uns, unseren Kindern das gleiche Verhalten zu vermitteln.

Wenn wir dagegen erlebt haben, dass unsere Eltern Konflikten aus dem Weg gegangen sind, werden wir unseren Kinder dasselbe zeigen. Durch das Beispiel von wichtigen Bezugspersonen in unserem Leben, die sich auf Konflikte bestimmt, aber ohne Aggression oder Passivität eingelassen haben, sind wir in der Lage, unseren Kindern das gleiche Verhalten zu vermitteln.

- Wenn wir wütend mit Geschirr um uns werfen, unser Kind bzw. unseren Partner schlagen oder uns nur durch Schreien Gehör verschaffen können, werden unsere Kinder auch diesem Beispiel folgen.
- Wenn wir jeden Konflikt verharmlosen und so tun, als wäre alles in Ordnung, wird auch das kopiert. (»Na komm schon, das ist nicht so schlimm. Was hast du denn?« – »Nichts, Mama, vergiss es.«) Wenn Ihr Kind erlebt, dass Sie sich in einer Auseinandersetzung mit Ihrem Partner oder einem Freund fair verhalten, wird es diese Methode auch übernehmen. (»Es kränkt mich, wenn du das machst.«)
- Wenn Sie auf Ihr Kind wütend sind und ihm sagen, dass Sie sich jetzt in ein anderes Zimmer zurückziehen, um sich wieder zu beruhigen, dann können Sie davon ausgehen, dass sich das Kind ebenso verhalten wird, wenn es auf Sie wütend ist.

Worauf Sie achten sollten

Alle Eltern können manchmal die Geduld verlieren. Wenn Sie einen schlechten Tag haben, ist schnell wegen einer Kleinigkeit die Beherrschung weg, und Sie sagen und tun Dinge, die Sie schnell wieder bereuen. Wenn Sie wieder etwas Abstand besitzen und sich beruhigt haben, ist der Zeitpunkt gekommen, das Gesagte zurückzunehmen und sich für das Getane zu entschuldigen. Dadurch lernen Ihre Kinder, dass auch sie von Neuem beginnen können, wenn mit ihnen das Temperament durchgegangen ist.

Finden von Kompromissen

Unterschiedliche Reaktionen der Eltern

Das sogenannte Machtwort ist nicht die richtige Lösung, eine Auseinandersetzung zu beenden. Schulen Sie die Kompromissfähigkeit Ihrer Kinder, indem Sie ihnen entsprechende Führung und Anleitung an die Hand geben.

In vielen Familien streiten sich die Kinder vor allem um die Wahl des Fernsehprogramms. (»Ich bin heute dran, ich will die Serie sehen.« – »Nein, das bist du nicht.« – »Doch, das bin ich.« – »Mama!«)

Die Mutter in einer überorganisierten Familie stürmt darauf wütend ins Zimmer, macht den Fernseher aus und schreit: »Schluss jetzt, keiner wird mehr fernsehen.« Das bedeutet für die Kinder: Sie können ihr Problem nicht selbst lösen, ein Erwachsener muss das für sie übernehmen.

In einer profillosen Familie wird die Mutter als »Retterin« auftreten und etwas vorschlagen: »Also Kinder, könnt ihr euch nicht vertragen? Streiten bringt gar nichts. Warum schaut ihr euch denn nicht etwas ganz anderes an?« Die Kinder erfahren auch hier nicht, wie sie ihren Konflikt lösen können. Es wird nicht einmal zugegeben, dass überhaupt ein Konflikt existiert. Oberflächliche Harmonie und scheinbarer Friede müssen um jeden Preis aufrechterhalten werden.

In beiden Familienformen hilft die Mutter den Kindern nicht, eine Lösung zu finden. Beide Mütter versuchen nur auf ihre Weise, den Streit zu beenden. Die Kinder erfahren dadurch: Wir brauchen die Erwachsenen, um unsere Konflikte zu lösen.

In einer Familie mit Rückhalt aber bringen die Eltern die Geduld auf, um den Kindern den Weg zur gewaltlosen Konfliktlösung zu zeigen.

Das Schaffen wichtiger Voraussetzungen

Je ruhiger und besonnener Sie selbst sind, umso schneller können auch die Kinder einen Streit beilegen. Dabei gibt es eine Ausnahme: Wenn ein Kind ein anderes körperlich verletzt, müssen Sie so schnell wie möglich eingreifen. Wenn der Streit noch im Gange ist, beobachten Sie die Kinder einen Moment lang schweigend. Stille ist eine wirkungsvolle Methode, machen Sie Gebrauch davon. Gehen Sie zum Fernseher, und schalten Sie ihn ruhig ab.

Ruhe und Geduld

Denken Sie daran: Sie wollen Ihren Kindern Ruhe und Geduld vorleben. Während Sie ihn abschalten, werden Ihre Kinder vermutlich anfangen zu jammern. Darauf sagen Sie z. B.: »Ihr beide streitet euch. Ihr könnt den Fernseher wieder einschalten, wenn ihr eine Idee habt, wie ihr euch einigt. Was braucht ihr?« Wahrscheinlich antworten die Kinder darauf: »Wir brauchen eine Idee.« Rechnen Sie nicht damit, dass die Kinder besonders freundlich zu Ihnen sein werden, schließlich ärgern sie sich über Ihre Forderung. Aber sie haben zu begreifen, dass sie sich etwas einfallen lassen müssen, um wieder fernsehen zu können. Ihre Aufgabe ist es, Voraussetzungen zu schaffen, die den Kindern helfen, ihr Problem selbst zu lösen.

Haben Kinder die richtigen Mittel kennen gelernt, dann sind sie durchaus in der Lage, konstruktive Vorschläge zur Konfliktlösung selbst zu entwickeln.

Lösungen der Kinder

Wenn Kinder die richtigen Methoden kennen, können sie einen passenden Plan entwerfen, um ihren Konflikt zu lösen. Bei kleinen Kindern kann man noch Lösungsvorschläge machen. Bei älteren Kindern tritt wahrscheinlich eine der drei folgenden Möglichkeiten ein.

- Sie finden einen Weg, sich beide Sendungen teilweise gemeinsam anzusehen. Damit sollten Sie aber nicht unbedingt rechnen, das ist eher die Ausnahme. Wie oft fordern wir unsere Kinder auf, etwas miteinander zu teilen! Kennen Sie Erwachsene, die gern teilen? Dinge, an denen uns nichts liegt, teilen wir nur allzu gern. Wie aber ist es mit Dingen, die uns wichtig sind? Kindern geht es ebenso, sie folgen dem Beispiel der Erwachsenen. Wir sollten die Lehrer unserer Kinder sein und ihnen durch unser Verhalten zeigen, was wir für anständig, rücksichtsvoll und verantwortungsbewusst halten. Einige Kinder lernen langsamer, wir dürfen aber nicht aufgeben.

• Beide Kinder gehen hinaus und machen (jedes für sich) etwas anderes. Das passiert oft, wenn Kinder ermutigt werden, ihre Probleme und Konflikte selbst zu lösen.

Sich durchzusetzen ist für die jüngeren Geschwister oft nicht ganz einfach. Mischen Sie sich trotzdem nicht gleich ein, wenn die Kinder eine »Einigung« erarbeitet haben, die eine der Parteien benachteiligt. Auch hier lehrt die Erfahrung, sich beim nächsten Mal besser »zu verkaufen«.

• Eines von beiden schlägt etwas vor, und das andere stimmt zu. Wenn der Vorschlag nicht mit Gewalt oder Einschüchterung durchgesetzt wird, dann greifen Sie nicht ein. Keine akzeptable Lösung ist es natürlich, falls z. B. ein Kind zum anderen sagt: »Ich hau dir eine drauf, wenn du mich meine Sendung nicht sehen lässt«. Schlägt der Ältere aber z. B. dem Jüngeren vor: »Wenn du mich heute meine Sendung sehen lässt, dann kannst du morgen zwei Sachen anschauen«, dann mischen Sie sich nicht ein, auch dann nicht, wenn Sie und der Ältere wissen, dass morgen nichts Besonderes im Programm ist. Wenn sich das jüngere Kind am nächsten Tag darüber beschwert, dass der Vorschlag nicht fair war, haben Sie eine gute Gelegenheit, ihm beizubringen, wie es seinen Standpunkt in Zukunft wirksamer vertreten kann. Wenn Sie einem Kind zeigen, wie es sich behaupten kann, dann wird es von niemandem ausgenützt werden.

Das Üben von Durchsetzungsvermögen

Eltern neigen dazu, jüngeren, schwächeren oder weniger kreativen Kindern zu Hilfe zu eilen. (»Hör auf, deine kleine Schwester zu ärgern. Sie darf heute die Sendung sehen, sie ist schließlich jünger als du.«) Es könnte sein, dass eines Ihrer Kinder immer einem anderen

Die bewusste Auseinandersetzung mit widersprüchlichen Bedürfnissen erfordert Zeit und Geduld. Das Lernziel heißt: Kompromissbereitschaft und Toleranz.

nachgeben muss, weil das andere älter, schneller oder aufgeweckter ist. Das muss noch nicht heißen, dass es deshalb eingeschüchtert oder bedroht wird, es könnte auch überredet oder übertölpelt werden. In diesem Fall ist es wichtig, dass Sie Ihrem Kind zeigen, wie es seine eigenen Wünsche und Bedürfnisse vorbringen und sich behaupten kann. (»Ich will heute meine Sendung sehen. Du hast deine gestern und vorgestern gesehen. Ich werde nicht immer nachgeben.«) Sie können mit dem Kind üben, bis es solche Sätze mit Überzeugung und Bestimmtheit sagen kann. Jüngere und ältere Kinder müssen lernen, zu geben und zu nehmen, aber das muss auf ausgeglichene Art und Weise geschehen.

Die Wahl der richtigen Methode

Wenn ein Konflikt einfach und leicht überschaubar ist, wird es wesentlich sinnvoller sein, danach zu fragen, was getan werden kann, als wissen zu wollen, was passiert ist. Sonst würde sich wahrscheinlich derjenige durchsetzen, der am redegewandtesten ist. Sie müssten dann eine Entscheidung fällen, und das Problem wäre damit nicht wirklich gelöst.

»Shalom«, das hebräische Grußwort, bedeutet auch, sich als ein harmonisches Ganzes »zusammenzufügen«.

Wenn es bei einem Konflikt darum geht, dass zwei Kinder unvereinbare, aber einfache und schnell zu beurteilende Wünsche haben, dann trägt es nicht viel zu einer Lösung bei, wenn beide Kinder berichten, worum es geht. Jedes wird versuchen, Sie davon zu überzeugen, dass das andere im Unrecht ist, und dann soll von Ihnen ein salomonisches Urteil gesprochen werden. Tatsächlich muss aber nur ein schneller Kompromiss gefunden werden.

Die Streithähne selbst eine Lösung finden lassen

Wenn es bei einem Streit aber um mehr und Komplizierteres als zwei verschiedene Wünsche geht, dann kann es für Sie und beide Kinder hilfreich sein, ihren Standpunkt klarmachen zu dürfen. Sie können beiden Kindern zuhören, ihnen dabei helfen, sich gegenseitig zuzuhören, und sie zu einer Lösung führen. Geben Sie die Lösung aber nicht vor, sondern helfen Sie ihnen, auf verschiedene Lösungsvorschläge zu kommen. Bestätigen Sie den Kindern, dass Sie ihnen zutrauen, selbst zu einer friedlichen Lösung zu finden. So lernen die beiden Kinder, ihre eigene Harmonie zu schaffen.

Die Geschichtenmethode

Zwei Kinder laufen ins Haus und schreien: »Mama, er hat mich von der Schaukel geschubst.« – »Nein, das habe ich nicht. Sie ist heruntergefallen.« – »Aber er hat die Schaukel zurückgezogen.« – »Aber du hast ...« – »Aber er hat ...«

Mit Bleistift und Papier

Die Mutter gibt einem Kind einen Notizblock und dem anderen einen Stift und bittet sie, das Ganze aufzuschreiben. Die beiden versuchen, sich auf eine Version zu einigen:
»Also, du schreibst, dass ich auf der Schaukel war.« – »Das werde ich nicht schreiben ...« – »Das lasse ich dich nicht aufschreiben ...«
Während die Kinder mit der Geschichte beschäftigt sind, lernen sie, beide Seiten zu sehen. Sie erkennen, dass sie sich auf eine Version einigen müssen, die für beide akzeptabel ist.
Als ich diese Methode bei zwei meiner kreativsten Schüler anwendete, rissen sie den Notizblock entzwei und zerbrachen wütend den Bleistift. Danach griff sich jeder von ihnen eine Blockhälfte und notierte darauf seine eigene Version. Ich las beide und bat sie, die Geschichten auszutauschen und sich auf eine gemeinsame zu einigen. Während der Zeit, in der sie beide zuerst eigene Geschichten schrieben, diese dann austauschten, die Version des anderen lasen und schließlich eine gemeinsame fanden, verschwand ihr Ärger. Am Ende lachten sie zusammen und fanden mit viel Phantasie noch viele andere Versionen der Geschichte.

Alles hat zumindest zwei Sichtweisen

Eine Situation ist immer so verschieden wie die Standpunkte derer, die sie zu beurteilen versuchen.

Die Fähigkeit, sich in die Lage des anderen zu versetzen, ist für die Lösung von Konflikten sehr wichtig. Wenn wir unseren Kindern Geschichten erzählen oder vorlesen, z.B. Märchen, können wir ihnen diese Fähigkeit vermitteln. Das erfordert Phantasie, denn die meisten Geschichten zeigen nur eine Seite. Lesen Sie Ihren Kindern einmal ein Märchen vor, und sprechen Sie danach mit ihnen darüber, ob es vielleicht ein anderes Ende haben könnte, ob der Held sich wirklich immer im Recht befindet oder ob der »böse« Zauberer nicht vielleicht auch seine Gründe hat und gar nicht so negativ ist. Wie immer entscheidet der Standpunkt, wie wir eine Situation beurteilen.

Worauf Sie achten sollten

Beurteilen Sie niemals vorschnell, welches der streitenden Kinder das brave bzw. der Störenfried ist. So würde es nur einen Gewinner und einen Verlierer geben, und die Möglichkeit für Ihre Kinder, aus dem Konflikt zu lernen, wäre vertan. Auch Sie müssen sich mit beiden Standpunkten vertraut machen.

Konfliktlösung durch gesunden Menschenverstand

Wenn unsere Kinder in der Familie lernen, den Standpunkt des anderen zu sehen, Lösungsvorschläge zu machen und sich zu behaupten, dann sind sie auch für Konflikte in der Schule oder anderswo besser vorbereitet. Es gibt aber Extremsituationen, in denen die behandelten Lösungsmethoden nicht mehr funktionieren. Wenn Ihr Sohn z. B. von einem Rowdy, der größer und stärker ist als er, verprügelt wurde, obwohl er im Recht war, müssen Sie eingreifen. Falls Ihr Kind sein Recht noch einfordern oder es seinem Kontrahenten heimzahlen will, sollten Sie ihm klarmachen, dass es auch Konflikte gibt, denen man vernünftigerweise aus dem Weg geht.

Ab und zu ist es besser, erst den Kopf zu gebrauchen und dann unter Umständen die Füße, um einem Problem aus dem Weg zu gehen.

Kinder müssen begreifen, dass es in solchen Situationen nicht feige, sondern klug ist, den Konflikt zu meiden. Diese Lektion wird sich später auszahlen, wenn Kinder ganz anderen Mut brauchen, um dem Druck der anderen zu widerstehen (z. B. wenn ihnen Drogen angeboten werden).

Entschärfen von Konflikten

Die richtige Reaktion bei Petzverhalten

Jana hat Spaß beim Schaukeln. Sie weiß, dass sie heute eigentlich nicht schaukeln darf. Gestern hatte sie die Schaukel den ganzen Tag besetzt (kein anderes Kind hatte eine Chance), so dass sie heute erst einmal den anderen den Vortritt lassen soll. Aber sie sitzt wieder als Erste auf der Schaukel, woraufhin ein anderes Mädchen zur Spielplatzaufsicht rennt und Jana verpetzt. Wenn die Aufsicht (aus welchen Gründen auch immer) die Beschwerde des Mädchens unter-

stützt, wird sie Jana zurechtweisen. Wenn sie Petzen als Problemlösungsversuch aber ablehnt und den Konflikt entschärfen möchte, wird sie dem Mädchen Folgendes erzählen:
»Petzen bedeutet, dass damit ein anderes Kind in Schwierigkeiten kommt. In diesem Fall will ich es gar nicht wissen.
Erzählen bedeutet, dass damit einem anderen Kind geholfen wird. In diesem Fall sage es mir. Wenn es um beides geht, dann will ich es auch erfahren.
Wenn es darum geht, dass Jana nicht auf der Schaukel sein soll, weil sie sich am Vortag schlecht benommen hat, will ich es nicht wissen, das bringt sie nur in Schwierigkeiten. Wenn Jana aber auf der Schaukel sitzt und ihre Finger in der Kette eingequetscht hat, muss ich es wissen, um ihr zu Hilfe kommen zu können. Wenn es sowohl um das Schaukelverbot für Jana wie um die eingequetschten Finger geht, dann muss ich es auch erfahren.«

Kinder brauchen Möglichkeiten, sich in Problemsituationen selbst zu behaupten, und keine »Rettungsaktionen«. In diesem Zusammenhang sollten Sie schon früh den Unterschied zwischen Verpetzen und Erzählen vermitteln.

Verpetzen: Nein – Wichtiges erzählen: Ja

Kleine Kinder brauchen noch Hilfe, um unterscheiden zu können. Manchmal müssen Sie Ihr Kind nur fragen, ob es Schwierigkeiten gibt oder nicht. Dann wird es wahrscheinlich einen Moment lang überlegen, mit den Achsel zucken und wieder gehen. Wenn die Angelegenheit aber Bedeutung besitzt, werden Sie es bemerken, egal, wie Ihr Kind antwortet. Dann müssen Sie der Sache nachgehen.
Wenn Kinder den Unterschied erfahren, solange sie noch klein sind, wird sich das später auszahlen. Als Jugendliche werden sie wissen, dass es nicht Petzen bedeutet, wenn sie z. B. erzählen, dass ein Freund alle seine Sachen verschenkt und sich von seinen Klassenkameraden verabschiedet. So kann dem Freund, der möglicherweise Selbstmordabsichten hegt, geholfen werden.

Worauf Sie achten sollten

Lassen Sie sich nicht in die Rolle des Richters drängen! Man kann nur das beurteilen, was man selbst gehört oder gesehen hat. Voreingenommenes Eingreifen kann den Konflikt höchstens verschärfen.

Die Sitzmethode

Die Sitzmethode wird angewendet, um streitende Kinder erst einmal auseinander zu bekommen, damit sie sich beruhigen.
Stellen Sie sich folgende Situation vor: Zwei Kinder spielen im Nebenzimmer völlig ruhig miteinander. Plötzlich geht ein Riesengeschrei los, die beiden beschimpfen und beschuldigen sich, dann rufen sie Sie um Hilfe. Sie haben überhaupt nichts gesehen, können die Situation also nicht beurteilen und sollten zunächst Ruhe stiften – etwa so: »Ihr zwei scheint sehr wütend zu sein. Setzt euch mal hier auf das Sofa. Ihr könnt von dort wieder aufstehen, wenn ihr beide euch gegenseitig erlaubt aufzustehen. Was müsst ihr jetzt tun?« – »Müssen wir sagen, dass es uns Leid tut?« – »Nein, ihr könnt aufstehen, sobald ihr es euch gegenseitig erlaubt habt.«
Verlangen Sie keine Entschuldigung. »Es tut mir Leid!«, muss wirklich aus dem Herzen kommen. Wenn Sie in dieser Situation eine Entschuldigung verlangen, ist diese sicher nicht aufrichtig. Vielleicht verpasst nach einer solchen Aufforderung ein Kind dem anderen sogar noch eine, um darauf schnell zu sagen: »Es tut mir Leid, das habe ich ja schon gesagt.« Kinder lernen höchstens daraus, dass man ruhig weitermachen kann, solange man sich entschuldigt.

Um die erhitzten Gemüter abzukühlen, ist die Sitzmethode ein sehr geeignetes Mittel, die notwendige Ruhe zu schaffen. Erst dann sollte es an die eigentliche Konfliktbewältigung gehen.

***Dialog anstelle von Konfrontation:* Die Darstellung der eigenen Beweggründe macht einen Konflikt zu einer positiven Lernerfahrung.**

Es geht also nicht um irgendeine Entschuldigung, sondern um die konstruktive Lösung des Konflikts.
Ein Gespräch wird sich entspinnen – etwa: »Ich erlaube dir nicht aufzustehen.« – »Ich auch nicht.« – »Papa, wann können wir aufstehen?« – »Sobald ihr es euch gegenseitig erlaubt.«
Kein Kind kann aufstehen. Jedes hat Macht über das andere, aber jedes untersteht auch dem anderen. Kinder lernen dadurch, dass sie nicht abhängig oder unabhängig von anderen sind, sondern dass sie aufeinander angewiesen sind. Es geht nicht um Kontrolle, sondern um Einfluss. Bald sagt wahrscheinlich eines der Kinder:
»Du kannst aufstehen.« – »Aber ich lasse Dich nicht aufstehen.« – »Papa, ich habe gesagt, sie kann aufstehen, aber sie lässt mich nicht.« – »Ihr könnt beide aufstehen, wenn ihr es euch gegenseitig erlaubt habt.«

Die Ziele der Disziplinierung:
1. Zeigen Sie den Kindern, was sie falsch gemacht haben.
2. Lassen Sie die Verantwortung dafür bei ihnen.
3. Helfen Sie ihnen, Lösungsmöglichkeiten zu finden.
4. Die Würde der Kinder darf nicht verletzt werden.

Schließlich erkennen die Kinder, dass sie die Situation nur zusammen in den Griff bekommen können:
»Ich lasse dich aufstehen.« – »Du kannst jetzt auch aufstehen.«
Das Ziel der Disziplinierungsmaßnahme ist hiermit erreicht. Beide Kinder sollten sich setzen, nicht um bestraft zu werden, sondern um sich zu beruhigen, damit sie ihr Problem anschließend effektiv und vor allem selbst lösen können. Die Sitzmethode ist meist zuverlässig, denn solange die Kinder aufeinander wütend sind, wird keines dem anderen erlauben aufzustehen. Erst wenn sie sich beruhigt haben, können sie sich gegenseitig die Erlaubnis geben.

Wenn's kein Ende nimmt – nachfragen

Was aber, wenn sich nur eines der Kinder beruhigt und das zweite entschlossen ist, das andere den ganzen Tag auf dem Sofa sitzen zu lassen? Dann sollten Sie sich äußerst sensibel einschalten: Erlauben Sie dem willigen Kind aufzustehen, dem wütenden aber noch nicht. Wenn dieses sich aber überhaupt nicht beruhigen möchte, setzen Sie sich zu ihm und sprechen mit ihm über seine Gründe und Gefühle. Vielleicht steckt ja auch etwas Schwerwiegenderes dahinter.
Anwendbar ist die Sitzmethode bei normal entwickelten Kindern etwa ab zweieinhalb Jahren. Einige können schon früher gut sprechen, einige erst später. Kleinere Kinder werden oft schnell zum Sofa laufen, sich hinsetzen und sich gegenseitig sofort erlauben aufzuste-

hen, um dann gleich zu ihrem Spiel zurückzukehren. Ältere Kinder können so wütend sein, dass sie nicht einmal neben dem anderen sitzen wollen. Jedes Kind sollte dann einige Minuten allein sein, um sich etwas zu beruhigen, bevor sie sich zusammen auf das Sofa setzen. Vielleicht müssen Sie sich auch dazwischen setzen, um die »Kampfhähne« auseinander zu halten.

Kinder sollten rechtzeitig lernen, dass Konflikte nur gemeinsam mit dem Streitpartner aus der Welt geschafft werden können.

Worauf Sie achten sollten

Dies ist lediglich eine Methode, um Kindern zu helfen, sich zu beruhigen und miteinander in den Dialog eintreten zu können. Wenn sich eines der Kinder weigert, sich zu setzen, dann beharren Sie nicht darauf. Sie streben nicht Kontrolle und Gehorsam an, sondern Ruhe und Zusammenarbeit.

Eindämmen von Gewalt

Die Akzeptanz von Gewalt

Gewalt ist die offensichtlichste und destruktivste Form von Aggression. In unserer Gesellschaft ist es tief verwurzelt, Konflikte vor allem als eine Angelegenheit zwischen Sieger und Verlierer oder Angreifer und Opfer zu betrachten. Gewalt wird als adäquates Mittel angesehen, alle Arten von Konflikten zu beenden. Gewaltanwendung erscheint oft verzeihlich und ist omnipräsent: Wir erleben das tagtäglich in den Medien, ja sogar schon in den Comics für Kinder. Ständig wird Kindern und Erwachsenen vermittelt: Wenn du mit jemandem ein Problem hast, dann vernichte deinen Gegner. Myriam Miedzian schreibt in ihrem Buch »Boys will be Boys: Breaking the Link between Masculinity and Violence« (»Jungs möchten Kerle sein: Wie man die Verbindung von Männlichkeit und Gewalt überwindet«):

»Konflikte sind nicht zu vermeiden, wohl aber Gewalt« (Elizabeth Loescher).

»Das Beispiel und die Bestärkung durch die Familie spielen eine wichtige Rolle und entscheiden, wodurch Aggressionen ausgelöst werden. Die Forschung zeigt, dass aggressives Verhalten am häufigsten dort auftritt, wo es vorgelebt wird und einen hohen Stellenwert hat. Schon in jungen Jahren verinnerlichen Kinder den gesellschaftlichen Druck und die Verhaltensmuster, die ihnen gezeigt werden. Sie verhalten sich so, wie es von ihnen erwartet wird. Ein bestimmtes Verhaltensmuster kann gespeichert werden und erst später zum Vorschein kommen, wenn dic äußeren Bedingungen das begünstigen. Verhaltensweisen, die aus der Familie, von Gleichaltrigen und aus den Medien übernommen werden, zeigen sich erst Jahre später.«

Das Lernen von Gewaltlosigkeit

Zeigen Sie mit Ihrem Beispiel und mit Hilfe Ihrer Anleitung und Führung, dass Aggression keine Strategie zur Konfliktlösung ist.

Wir können Kindern durch Anleitung und Beispiel zeigen, dass Aggression nicht der richtige Weg ist, um Konflikte zu lösen, und dass Gewalt eine unreife, unverantwortliche und unproduktive Methode ist. Kinder müssen erfahren, dass es ein Zeichen von Mut und Reife ist, sich für gewaltlose Mittel zu entscheiden.

Kinder müssen von Anfang an lernen, dass es nicht angemessen ist, andere zu schlagen. Dadurch wird kein Konflikt gelöst, sondern es werden nur weitere Aggressionen hervorgerufen. Wenn in Ihrer Familie ein Kind ein anderes schlägt, können Sie eine Variante der Sitzmethode anwenden: Lassen Sie das Kind, das zugeschlagen hat, allein sitzen (am besten in einem Schaukelstuhl), damit seine Aggressionen abklingen. Diese Methode passt auch auf ein Kind, das zu Besuch ist und handgreiflich wird. Alternativ kann man dieses aber auch nach Hause schicken.

Konfliktauseinandersetzung erst nach Beruhigung der Emotionen

Älteren Kindern, die ihren Ärger besser verstehen können, kann man die Wahl zwischen Sitzen und Spazierengehen lassen. Manche Menschen können sich durch Bewegung schneller beruhigen. Ob durch Sitzen oder Bewegung, man kann sich erst dann mit dem eigentlichen Konflikt auseinander setzen, wenn man sich beruhigt hat.

Die Sitzmethode sollte in diesem Fall aber nicht länger als fünf Minuten dauern, da sie sonst eine Bestrafung wäre und den Lernzweck, nämlich die Bewältigung des eigenen Ärgers, nicht erfüllen würde. Das Kind soll sitzen bleiben, bis es das Gefühl hat, dass es zurückgehen und mit der Situation verantwortungsvoll umgehen kann. Wenn das Kind sagt, dass es bereit ist zurückzugehen, fragen Sie es, was es jetzt tun will. Wenn es nur die Absicht hat, nicht mehr zu schlagen, stellt das noch keinen konstruktiven Plan dar, die relevante Frage ist in diesem Moment vielmehr, was es stattdessen tun will. Wenn beim

Streit etwas kaputtgegangen ist, dann könnte der Plan z. B. beinhalten, wie es wieder repariert wird. Einige Eltern verlangen eine Entschuldigung. Diese könnte hilfreich sein, wenn sie freiwillig kommt und ehrlich gemeint ist, aber nicht, wenn sie verlangt wird. Auch hier können die Eltern ein Beispiel geben. Manchmal sagt eine Umarmung mehr als hundert Worte der Entschuldigung.

Besseres Lernen durch Konsequenz

In dem Fall, dass das Kind nun zurückgeht und das andere wieder schlägt, muss es sich erneut hinsetzen. Daraus lernt es, dass Gewalt keinesfalls akzeptiert wird. (Beherrschen Sie sich bitte selbst, und schlagen Sie nicht das Kind, weil es anderen gegenüber gewalttätig wird! Das würde Ihre Erziehungsversuche gehörig behindern.) Der wichtigste Grundsatz hierbei ist, konsequent bei der Sitzmethode zu bleiben und sie nicht einmal anzuwenden und ein anderes Mal nicht.

»Meine Traummelodie handelt von Liebe, Vertrauen, Mitgefühl, Gerechtigkeit und Frieden – in unserer Familie und auf unserem Heimatplaneten, der Erde« (Elizabeth Loescher).

Wenn zwei sich prügeln

Wenn zwei Kinder sich schlagen, fordern Sie sie auf, sich zusammenzusetzen; wenn nötig, setzen Sie sich in die Mitte. Falls die Wut der beiden noch zu groß ist, um sie zusammenzubringen, sollten Sie zunächst noch auf Distanz gehen, bis sie bereit sind, miteinander zu sprechen. In einem Gespräch unter Ihrer Aufsicht sollen sie dann in Ruhe darüber reden, wie es zum Streit kam, was jeder denkt und fühlt. Wichtig dabei ist die Formulierung der Botschaften: Die Kinder sollen »Ichbotschaften« und keine »Dubotschaften« wählen.
Dann können die beiden zusammen einen Plan entwerfen, wie sie mit dem nächsten Konflikt umgehen werden. Dieser Plan wird auf einem besseren Verständnis der Wünsche, Bedürfnisse und Gefühle des anderen beruhen.

Worauf Sie achten sollten

Kinder dürfen niemals ermutigt werden, Gewalt als Konfliktlösungsmethode zu betrachten. Kinder sollten möglichst früh lernen, alle Aspekte eines Konflikts zu beleuchten, erst zu denken, dann zu sprechen und einen Weg der Einigung zu finden.

PFLICHTEN UND FREIZEIT

Wer macht den Abwasch, wer kümmert sich um den Abfall, wer hängt die Wäsche ab – Themen, an denen sich schon so mancher Familienstreit entzündete. Dieses Kapitel zeigt Ihnen, dass das nicht sein muss. Kinder können schon früh im Haushalt helfen, selbständig Aufgaben erledigen und werden so zu einem wichtigen Familienmitglied. Achten Sie jedoch auf ein ausgewogenes Maß zwischen Arbeit, Spiel und Zeiten der Entspannung. Leiten Sie Ihre Kinder durch Ihr gutes Beispiel an.

Gestalten von Aufgaben und Freizeit

Das Übernehmen von Aufgaben

Für die Ordnung und Harmonie einer Familie ist eine gesunde Balance von Pflichten und Freizeit unerlässlich. Damit einerseits das Erfüllen von Pflichten im Familienalltag funktioniert, müssen andererseits sinnvolle Erholungsmöglichkeiten einen Ausgleich dazu schaffen.
In einer überorganisierten Familie wird Arbeit als gut sowie notwendig und Spiel als leichtsinnig sowie unnötig betrachtet, es sei denn, es handelt sich um ein organisiertes Spiel mit festen Regeln.
In einer profillosen Familie dagegen wird Arbeit als notwendiges Übel gesehen. Es wird nur getan, was unbedingt nötig ist, nur Spiel macht glücklich und zufrieden.
In einer Familie mit Rückhalt sucht man nach einem vernünftigen Verhältnis zwischen Arbeit und Spiel. Beides ist gleich wichtig.

»Einen verantwortungsbewussten Erwachsenen erkennt man nicht daran, dass er dafür sorgt, dass Kinder ihre Schlafanzüge oder schmutzigen Handtücher ordentlich aufhängen, sondern dass sie für sich selbst und andere Sorge tragen können und den Zusammenhang zwischen dem Umgang mit alltäglichen Pflichten und dem Umgang mit der Erde selbst erkennen« (Eda Leshan).

Die Hausarbeit

Kinder zur Mithilfe im Haushalt zu bewegen kann mühevoll sein. Sie sind eher zur Mithilfe bereit, wenn sie spüren, dass wir ihre Hilfe wirklich brauchen und willkommen heißen. Wenn wir ihnen nur etwas auftragen, um ihnen dadurch etwas beizubringen oder weil wir die Arbeit nicht selbst tun wollen, wird es schon schwieriger. Wir müssen die alltägliche Hausarbeit einem Kind so nahe bringen, dass es für das Kind von Bedeutung und für die Familie nützlich ist. Das trägt zur Ordnung und Harmonie bei, ist aber keine leichte Aufgabe, es sei denn, wir sehen die Hausarbeit selbst in einem anderen Licht. Wenn wir sie als lästig empfinden und uns darüber beschweren, werden unsere Kinder die gleiche Einstellung entwickeln und entsprechend reagieren, wenn wir sie um Mithilfe bitten. Wenn wir unsere Hausarbeit mit Engagement, Geduld und Humor angehen, werden die Kinder zur Nachahmung angeregt.

Die Bedeutung gewöhnlicher Arbeiten

Fritjof Capra, ein bekannter Physiker und Philosoph, beschreibt in seinem Buch »The Turning Point« (»Wendepunkt«) das Dilemma, dem sich Erwachsene in unserer Gesellschaft gegenübersehen, wenn sie versuchen, den Kindern den Wert der gewöhnlichen alltäglichen Pflichten zu vermitteln.

Arbeit in den Industrieländern

»Die größte Belohnung für die Mühe, die sich jemand gemacht hat, ist nicht das, was er dafür bekommt, sondern das, was er durch sie wird« (John Ruskin).

In unserer Gesellschaft existiert eine interessante Hierarchie in Bezug auf die Rangordnung der verschiedenen Tätigkeiten. Die Arbeit, die auf der untersten Stufe steht, ist meist »entropisch«, d.h., der sichtbare Erfolg ist am schnellsten wieder zerstört. Diese Arbeit muss immer und immer wieder verrichtet werden, ohne eine bleibende Wirkung zu hinterlassen – das Zubereiten von Mahlzeiten, die sofort verzehrt werden, das Säubern von Böden in Fabriken, die sofort wieder schmutzig werden, das Schneiden von Hecken und Gras, die immer wieder nachwachsen. Wie in allen Industrieländern haben auch in unserer Gesellschaft die »entropischen« Tätigkeiten wie Hausarbeit, Dienstleistungen und Arbeit in der Landwirtschaft den geringsten Wert. Sie werden am schlechtesten bezahlt, obwohl sie für unser tägliches Leben wesentlich sind. Diese Arbeit wird gewöhnlich von Minderheiten und Frauen verrichtet. Tätigkeiten von hohem Rang sind Arbeiten, die einen bleibenden Eindruck hinterlassen, so wie Wolkenkratzer, Überschallflugzeuge, Raketen, nukleare Sprengköpfe und all die anderen Produkte der Spitzentechnologie.

Arbeit in spirituellen Kulturen

Diese Hierarchie der Arbeit ist in spirituellen Kulturen genau umgekehrt. Die »entropische« Arbeit wird hoch geschätzt und spielt in den täglichen Ritualen der spirituellen Praxis eine große Rolle. Buddhistische Mönche betrachten Kochen, Gartenarbeit oder Saubermachen als Teil ihrer Meditation, und christliche Mönche und Nonnen haben eine lange Tradition in der Landwirtschaft, der Krankenpflege und anderen Dienstleistungen. Es scheint, dass der hohe spirituelle Wert, der den »entropischen« Tätigkeiten in diesen Traditionen beigemessen wird, aus einem äußerst tiefen ökologischen Bewusstsein herrührt. Eine Arbeit zu verrichten, die immer wieder getan werden muss, hilft uns, die natürlichen Zyklen von Wachstum und Verfall und von Geburt und Tod wiederzuerkennen, und dadurch werden wir uns der dynamischen Ordnung des Universums bewusst. »Gewöhnliche« Arbeit ist in Harmonie mit der Ordnung, die wir in der Natur wiederfinden.

Außerdem kann durch Hausarbeit Kindern auf großartige Weise gezeigt werden, dass sie wichtige Familienmitglieder sind. Sie werden gebraucht, und auf ihre Hilfe wird gezählt. Kinder müssen spüren, dass sie etwas zum Familienleben beitragen können.

Lernen durch Arbeit

Alltägliche Arbeiten können Kindern nicht nur helfen, die natürlichen Zyklen darin wiederzufinden, sondern auch die folgenden Fähigkeiten zu entwickeln.

- Sie lernen, ihre Kraft einzuteilen.
- Sie erfahren, wie man Aufgaben erfüllt.
- Sie lernen, sich selbst zu organisieren.
- Sie lernen, sich Ziele zu setzen und dadurch auch komplexere körperliche und geistige Aufgaben zu erfüllen.

Kinder können schon relativ früh Aufgaben im Haushalt übernehmen. Manches Mal ist es zwar nervenschonender und einfacher, es selbst zu erledigen, aber nur so lernen Kinder, auch in diesem Bereich Verantwortung zu übernehmen.

Der richtige Zeitpunkt mitzuhelfen

Die beste Zeit, um Kinder im Haushalt mithelfen zu lassen, ist dann, wenn es für die Eltern am wenigsten hilfreich ist. Mit etwa zwei Jahren möchten die Kinder gern helfen und alles »selbst machen.« Mit etwa zwei Jahren kann ein Kind schon sein Bett selbst machen (mit etwas Hilfe). Mit drei kann es den Geschirrspüler ausräumen. Mit vier hilft es beim Tischdecken: Es ist jetzt groß genug, um hochzukommen. Mit fünf kann es abstauben und den Staubsauger selbst herumschieben. Mit sechs Jahren erkennen Kinder den Unterschied zwischen Arbeit und Spiel, aber dann sind sie schon in die Familienroutine integriert. Wenn Kinder älter werden, erweitern sich die Verantwortungs- und Entscheidungsbereiche. Wenn sie dann von zu Hause ausziehen, sind sie in der Lage, die vielen Aufgaben, die zu einem eigenen Haushalt gehören, problemlos zu verrichten.

Arbeitsantrieb durch Bestechung

Oscar Wilde hat es so ausgedrückt: »Es ist möglich, den Preis von allem und den Wert von gar nichts zu kennen.«

Eltern versuchen manchmal, ihre Kinder mit Bestechungen zur Hausarbeit zu veranlassen. (»Wenn du heute abspülst, bekommst du eine Mark.«) Sie haben nichts dafür bekommen, dass Sie gestern Abend abgespült haben, warum also das Kind? Es kann vielleicht bei den Nachbarn gegen Bezahlung arbeiten, aber nicht zu Hause. Kinder sollen begreifen, dass wir auf ihre Mithilfe zählen, damit unser Zuhause ein gemütlicher, sicherer und vergnüglicher Ort ist.
Durch Bestechung werden Kindern falsche Botschaften vermittelt.

- Alle guten Taten werden mit Geld belohnt!

Das ist nicht wahr. Gute Taten werden oft nicht einmal anerkannt und noch viel weniger bezahlt.

- Ohne Belohnung lohnt es sich gar nicht, überhaupt etwas zu tun!

Viele Dinge im Leben werden nicht mit Geld vergütet. Die meisten von uns bekommen z. B. kein Geld dafür, dass sie ihre Kinder erziehen. Ist Erziehung deshalb nichts wert?

- Je höher die Belohnung, umso wertvoller ist die Arbeit!

Der Wert einer Arbeit steht oft in keinem Zusammenhang mit der Bezahlung. Wenn z. B. ein Boxer seinen Gegner im Ring innerhalb von 90 Sekunden k.o. schlägt, kann er dafür mehr Geld bekommen, als die meisten von uns in einem langen Berufsleben verdienen können.

Belohnungen – eine erzieherische Sackgasse

Wenn Kinder für ganz normale, alltägliche Arbeiten bestochen und bezahlt werden, vermittelt ihnen das den Eindruck, dass jede Leistung belohnt werden muss. Als Erwachsene sind sie dann übermäßig abhängig von der Anerkennung und Zustimmung anderer, weil es ihnen an eigenem Selbstvertrauen und Verantwortungsgefühl mangelt. Wenn Sie versuchen, ein Kind zu bestechen, geraten Sie in eine Sackgasse, denn wenn Sie es immer wieder auffordern, irgendetwas gegen Bezahlung zu machen, könnte es eines Tages z. B. darauf antworten: »Ich habe schon genug Geld für das Kino. Die Oma hat mir zehn Mark gegeben.« Was nun? Bestechungen funktionieren spätestens dann nicht mehr, wenn die Kinder andere Geldquellen als die Eltern haben.
Wie sie Belohnungsansprüche eines Kindes klug abblocken können, zeigt das folgende Beispiel. Ein Junge wurde in der Schule ständig

für braves Verhalten belohnt. Dieses System wollte er auch zu Hause einführen, und als ihn seine Mutter um etwas bat, sagte er: »Das kostet eine Mark.« Die schlagfertige Mutter meinte daraufhin: »Ich will auch mitspielen. Das Abendessen kostet sieben Mark.« Der Junge sprang auf und erledigte sofort, worum ihn seine Mutter gebeten hatte.

Eine typische Situation

Wie bringen Sie Ihre Kinder dazu, ohne Bezahlung Arbeiten zu übernehmen? Betrachten Sie zunächst ein Fallbeispiel. Die Kinder sehen fern, und aus der Küche ertönt: »Christoph, bring den Abfall raus.« Keine Antwort. Nach mehrmaligem Rufen, das immer lauter und wütender wird, kommt immer noch keine Antwort.

Schließlich stürmt die Mutter wütend ins Wohnzimmer, starrt das Kind an und schreit: »Christoph, du ungezogenes Kind. Schau mich mal an. Ich habe dir gesagt, dass ich deine Wäsche nicht mehr waschen werde, wenn du den Abfall nicht wegbringst ...« Der Junge schaut auf und sagt irgendetwas Freches. Dann ist die Mutter kurz vor einem Wutanfall, aber der Abfall steht immer noch in der Küche.

Erziehung zur Kooperation

Das Zusammenleben in einem Haushalt funktioniert nur dann, wenn alle Rücksicht aufeinander nehmen. Arbeiten Sie daher mit Ihren Kindern einen Hausarbeitsplan gemeinsam aus.

Wie aber können Sie Ihr Kind erziehen, Ihnen zu helfen? Zuerst einmal sollten Sie nicht aus einem anderen Zimmer rufen. Die Erziehungsaufgabe erfordert Zeit, d.h., das Kind muss direkt angesprochen werden. Gehen Sie zu ihm, und sagen Sie ihm in ruhigem Ton: »Du musst vor dem Essen den Abfall hinausbringen. Weißt du, was ich von dir möchte?« – »Ich weiß, Mama, ich muss den Abfall vor dem Essen hinausbringen.« Wichtig bei Ihrer Aussage ist die Betonung des Zeitpunkts: »vor dem Essen« anstelle von »jetzt sofort«.

Viele von uns führen den Haushalt, als ob sie allein leben würden; alles wird nur auf ihre Weise und nach ihrem Zeitplan gemacht. Wir versuchen, unseren Kindern Kooperation beizubringen, und berauben sie doch der besten Möglichkeiten dazu, nämlich einen Haushalt gemeinsam zu führen. Es ist das gemeinsame Zuhause, wir sollten es nach unser aller Vorstellungen organisieren. Sie möchten, dass der Abfall vor dem Essen hinausgebracht wird, damit nach dem Essen wieder Platz im Abfalleimer ist. Ihr Kind sieht eine Sendung und

möchte sie zu Ende sehen, bevor es den Abfall hinausbringt. Es sollte wissen, dass dies vor dem Essen gemacht werden muss und es seine Zeit dementsprechend planen kann.
Manchmal jedoch wird der Abfall trotzdem stehen bleiben. Sparen Sie sich Ihre Worte; wenn Ihr Kind zum Essen erscheint, sollte es auf seinem Teller besser einen Zettel finden, auf dem groß und deutlich »Abfall« steht. Sie müssen kein Wort dazu sagen. Kinder haben ein ausgezeichnetes Erinnerungsvermögen, wenn es nötig ist. Durch Nörgeln, Drohungen oder Sarkasmus würde das Problem zu Ihrem, aber durch die wortlose Mitteilung bleibt es das von Ihrem Kind.

Die richtigen Methoden finden

Sinnvolle und altersgemäße Konsequenzen zeigen am besten, welche Folgen die liegen gebliebenen Pflichten verursachen.

Verweigern Sie Ihrem Kind nicht das Essen, das wäre eine Bestrafung. Machen Sie ihm nur klar, dass der Abfall vor dem Essen hinausgebracht werden muss. Das ist sinnvoll, denn sonst ist kein Platz mehr im Eimer.
In einer überorganisierten Familie könnte es passieren, dass der Abfall auf dem Teller des Kindes landet, um eine Lektion zu erteilen. In einer profillosen Familie bringen die Eltern den Abfall selbst hinaus und ermahnen das Kind, es aber das nächste Mal zu machen.
Nicht jede Methode ist für jedes Kind und in jeder Familie geeignet. Was für ein Kleinkind angemessen ist, kann vielleicht bei einem Neunjährigen überhaupt nicht funktionieren, und was wiederum bei einem Neunjährigen gut klappt, kann bei seinem Zwillingsbruder nicht das richtige Mittel sein.
Teenager z. B. könnte man als Konsequenz einmal die Müllabfuhr bezahlen oder sie selbst zur Wertstoffsammelstelle fahren lassen. Es gibt viele verschiedene Möglichkeiten. Sie und Ihr Kind müssen sich Konsequenzen überlegen, die sinnvoll, praktisch und für beide Seiten annehmbar sind.
Kinder lernen aus vernünftigen Folgen, dass sie über ihr Leben selbst bestimmen können. Eltern müssen deshalb für die geeigneten Methoden und Konsequenzen sorgen. Kinder brauchen aber auch Eltern, die selbst konsequent umsetzen, was sie sagen.
Wenn Sie z.B. mit Ihren Kindern vereinbarten, dass sie ihre Betten machen, bevor sie zur Schule gehen, können Sie nicht, falls die Betten nicht gerichtet sind, als Konsequenz mitteilen: »Jetzt dürft ihr

nicht zur Schule gehen!« Das wäre völlig unvernünftig. Eine sinnvolle Konsequenz wäre, Ihre Kinder nachmittags erst spielen zu lassen, nachdem sie ihre Betten gerichtet haben. So würden Sie auch vermitteln, dass Sie meinen, was Sie sagen. Vermitteln Sie Ihren Kindern diese Konsequenz aber mit der richtigen Formulierung.
Wichtig dabei ist, den Kindern zu sagen, dass sie spielen können, nachdem sie ihre Betten gemacht haben, anstatt zu betonen, dass sie erst dann spielen dürfen, wenn diese Arbeit getan ist. Dies macht den feinen, aber entscheidenden Unterschied zwischen Disziplin und Zwang aus. Im ersten Fall werden Ihre Kinder ermutigt, im zweiten eher eingeschüchtert.

Möchte Ihr Kind eine Aufgabe zu einem späteren Zeitpunkt erledigen, dann vereinbaren Sie miteinander, wann es diese Arbeit gemacht haben soll oder welche Ersatzaufgabe es dafür übernehmen will. Auch hier werden sinnvolle Konsequenzen wieder wichtig.

Zwischen Zwang und Disziplin

Falls Sie ungemachte Betten aber nicht akzeptieren wollen, können Sie Ihren Kindern, bevor sie zur Schule gehen, auch anbieten, dass Sie die Betten machen und sie Ihnen dafür am Abend Arbeit abnehmen. Wenn Ihre Kinder einwilligen und schließlich z.B. nach dem Abendessen beim Abspülen stöhnen, brauchen Sie gar nichts zu sagen; Sie haben ihnen die Entscheidung überlassen, und sie tragen die volle Verantwortung dafür.

Das Planen und Ausführen von handwerklichen Arbeiten faszinieren Kinder beiderlei Geschlechts. Diese beliebten Tätigkeiten vermitteln die größten Erfolgserlebnisse.

Aufgabenverteilung

Unangenehme Arbeiten sollten aufgeteilt und von den Familienmitgliedern abwechselnd übernommen werden.

Es ist wichtig, die Aufgaben nicht geschlechtsspezifisch zu verteilen. Mädchen wie Jungen können lernen, den Rasen zu mähen, Abfall hinauszubringen, abzuspülen, ihre Zimmer aufzuräumen, Wäsche zu waschen, zu kochen, zu nähen, mit Werkzeug umzugehen, auf das Baby aufzupassen, das Bad zu putzen, Unkraut zu jäten und andere Gartenarbeit zu machen. Hausarbeit wurde viel zu lange als Domäne der Frauen betrachtet, und Arbeiten außerhalb des Hauses sowie alles, was mit Maschinen zu tun hat, waren den Männern überlassen. Wenn wir diese alten Muster übernehmen, laufen wir Gefahr, Mädchen großzuziehen, die denken, der Platz einer Frau wäre in der Küche. Jungen kommen dadurch zu der Ansicht, dass einige Arbeiten unter ihrer Würde seien. Es gibt Männer, die zeit ihres Lebens darauf angewiesen sind, dass ihnen jemand anders einen Knopf annäht. Kinder brauchen zu diesem Thema keine ausgiebigen Erläuterungen. Sie müssen nur sehen, dass sowohl Vater wie Mutter alle möglichen Arbeiten verrichten, und selbst die Gelegenheit bekommen, dies ebenfalls zu tun. Bei der Aufgabenverteilung gibt es keine biologischen Zwänge, es sei denn, es handelt sich um Arbeiten, die große körperliche Kraft erfordern.

Es wird immer Aufgaben geben, die ein Kind gern übernimmt, und andere, die es hasst und die vielleicht auch alle anderen nicht gern erledigen. Dennoch müssen auch diese erledigt werden.

Machen Sie einen Plan

- Überlegen Sie, welche Ihrer alltäglichen Arbeiten von den Kindern übernommen werden können und sollten.
- Unterscheiden Sie, welche Arbeiten von niemandem gern oder nur halbherzig gemacht und welche bevorzugt übernommen werden.
- Verteilen Sie die Arbeiten gerecht und passend.
- Ändern Sie die Aufgabenverteilung öfter.
- Entwickeln Sie eine gewisse Routine, die für alle akzeptabel ist.
- Lassen Sie in Ihrem Plan Raum für Veränderungen.

Tricks, Aufgaben zu umgehen

Kinder haben oft erstaunliche Fähigkeiten, wenn es darum geht, sich um Aufgaben, die ihnen zugedacht sind, zu drücken. Sie beherrschen diese Tricks, als wären sie angeboren. Wenn Sie lernen, auf diese Tricks nicht hereinzufallen, sparen Sie damit wertvolle Kraft für die anderen Erziehungsaufgaben.
Es ist jedoch wichtig zu wissen, dass nicht bei allen Gefühlsäußerungen wirklich auch Tricks im Spiel sind, obwohl sie danach aussehen. Es gibt keine feste Regel, um den Unterschied festzustellen, aber man hat einen Anhaltspunkt, wenn Körperhaltung, Gesichts- und Augenausdruck, Stimmlage und das, was das Kind sagt, übereinstimmen. In diesem Fall ist es kein Spiel und auch kein Trick. Wenn eine dieser Ausdrucksmöglichkeiten nicht zu den anderen passt, handelt es sich wahrscheinlich um einen Trick. Fürsorgliche und intuitive Eltern wissen fast immer, wann es sich um einen Trick handelt und wann es wirklich ernst ist.

Trick Nummer eins: Einsatz von Betteln, Bestechen, Weinen und Zähneknirschen

»Bitte, bitte, Mama, lass mich rausgehen. Ich verspreche, dass ich das Bett morgen mache. Ich werde am Freitag für alle die Betten machen. Ach, bitte, bitte!« Dies wäre eine mögliche Variante
Das Problem dabei ist, dass das Ego des Kindes beeinträchtigt wird, wenn wir bei diesem Trick nachgeben und dem Kind seinen Willen lassen. Wenn wir z.B. sagen: »Okay, geh jetzt spielen, aber morgen wird das Bett gemacht, bevor du in die Schule gehst«, dann heißt das so viel wie: »Ich glaube dir nicht, ich vertraue dir nicht, und du kannst mit deiner Verantwortung nicht so umgehen wie alle anderen in dieser Familie. Ich werde mich um dich kümmern.« Kinder mit besonderen Bedürfnissen werden oft so behandelt. (»Diese Regeln gelten für alle, außer für dich.«) Dem Kind wird eine neue Chance gegeben, und damit fallen wir auf diesen Trick schon herein – eine typische Reaktion in profillosen Familien. Mit einer neuen Chance kann das Kind nicht die Konsequenzen seiner eigenen Verantwortungslosigkeit erfahren. Behalten Sie sich die Möglichkeit, eine zweite Chance geben zu können, für »lebensbedrohliche« Situationen vor.

Wundern Sie sich nicht über den Erfindungsreichtum Ihres Nachwuchses, wenn es darum geht, sich durch pfiffige Manöver aus der Verantwortung der Hausarbeit zu stehlen.

Worauf Sie achten sollten

- Übertragen Sie Ihrem Kind Verantwortung für etwas.
- Sagen Sie ihm, welche logischen Konsequenzen es nach sich zieht.
- Geben Sie dem Kind eine andere Gelegenheit, um die Verantwortung noch einmal zu übernehmen, nachdem es die Konsequenzen aus dem ersten Fehlschlag erfahren hat.

So bleibt man resolut

Wenn Tränen fließen, ist mancher Elternteil bereit, sich auf Kompromisse einzulassen – doch bleiben Sie standhaft, denn »faule« Kompromisse helfen keinem, und das Kind lernt nicht, seinen Teil der Arbeit verantwortungsbewusst zu tragen.

In drei Situationen ist es besonders schwierig, nicht auf diesen Trick hereinzufallen:

- In der Öffentlichkeit (in einem Restaurant, einem Geschäft usw.)
- In Anwesenheit der Nachbarn
- In Anwesenheit der Großeltern

Wie vermeidet man nachzugeben? Bleiben Sie bestimmt., d.h. resolut, nicht aggressiv. Wirkliche Durchsetzungskraft bedeutet, dass Sie als Erwachsener Ihre eigenen Rechte, Bedürfnisse und die des Kindes genau unterscheiden können, obwohl sie miteinander in Zusammenhang stehen, und sich dementsprechend verhalten. Ihr Kind möchte hinausgehen und spielen, es soll aber sein Bett machen. Es hat trotzdem das Recht, mit Achtung behandelt zu werden. Sie haben den Wunsch und das Bedürfnis, dass Ihr Kind sein Bett macht. Sie haben aber trotzdem kein Recht, es deshalb zu zwingen, zu bedrohen, lächerlich zu machen oder in Verlegenheit zu bringen.
Wenn Ihr Kind Sie mit Tränen in den Augen bittet, dann müssen Sie ganz ruhig sagen: »Du darfst spielen gehen, wenn du dein Bett gemacht hast.« Wenn es dann weiter bettelt, können Sie diesen Satz in aller Ruhe wiederholen.

Der Lerneffekt

Ihr Kind lernt dadurch, dass Sie aufgrund von Betteln, Bestechen, Weinen und Zähneknirschen weder Ihre Meinung ändern noch nachgeben.

Trick Nummer zwei: Einsatz von Wut und Aggression

»Du bist gemein. Niemand in der Nachbarschaft muss sein Bett machen. Ich hasse dich. Das ist einfach blöd.« Auch bei diesem Trick besteht die Gefahr, dass das Ego des Kindes beeinträchtigt wird, indem wir auf die Wut, die gegen uns gerichtet wird, wiederum mit Aggression reagieren.

Bleiben Sie möglichst ruhig, lassen Sie sich nicht reizen, und gehen Sie auf das Kind nicht los. Sie sollten sich aber auch nicht völlig passiv verhalten, dann Passivität löst oft noch größere Aggressionen aus. Auch wenn Sie anfangen zu argumentieren, fallen Sie damit auf Trick Nummer zwei herein.

Denn Kinder haben meistens mehr Energie und Durchhaltevermögen, wenn Sie sich auf ein Streitgespräch mit ihnen einlassen. Vermeiden Sie auch, Ihren Ärger über das wütende Kind an einer unbeteiligten Person, die z. B. zufällig das Zimmer betritt, auszulassen. Es ist nicht einfach, mit einem Kind umzugehen, das Sie anschreit und auch beleidigt. Auch Sie haben das Recht, mit Achtung behandelt zu werden, ebenso wie ein Kind. Ihr Kind mag vielleicht den Wunsch haben, Sie lächerlich zu machen, in Verlegenheit zu bringen, zu bedrohen oder sogar gewaltsam gegen Sie vorzugehen. Sie aber haben sich selbst gegenüber die Verantwortung, das nicht hinzunehmen, und Ihrem Kind gegenüber die Verpflichtung, ihm zu zeigen, wie es mit der Situation besser umgehen kann.

So bleibt man resolut

Wenn Ihr Kind Sie anschreit und beleidigt, setzen Sie Ihre Ruhe dagegen, lassen Sie sich nicht provozieren.

Zunächst müssen Sie Ihre Energie sammeln und sich beruhigen. Erst dann sind Sie in der Lage, die Energie Ihres Kindes in andere Bahnen zu lenken, ihm zu zeigen, was es falsch gemacht hat, und den typischen Lernprozess einsetzen zu lassen, durch den es sein Problem selbst lösen kann. Der zweite Schritt ist nun, ganz entschieden, aber ruhig Ihren Standpunkt zu behaupten. Oft legt sich dann sehr schnell die Wut des Kindes.

Senken Sie Ihre Stimme, und teilen Sie ihm mit: »Du darfst rausgehen, sobald du dein Bett gemacht hast.« Das können Sie immer und immer wieder sagen, mehr ist nicht nötig.

Was aber, wenn es einfach hinausläuft? Wenn das Kind noch klein ist, müssen Sie es sofort zurückholen, weil das Kind wütend ist und unkontrolliert handelt. Es könnte auf die Straße laufen oder in eine andere Gefahr geraten. Holen Sie das Kind jedoch sanft zurück, ohne es zu schütteln oder hart anzupacken. Nehmen Sie das Kind in die Arme, und schaukeln Sie es sanft hin und her. Das mag vielleicht ungewöhnlich sein, es ist aber die beste Methode, um Ihr Kind schnell zu beruhigen. Während Sie zu ihm zärtlich sind, reden Sie ruhig mit ihm, z. B.: »Du bist aufgebracht und wütend, das ist in Ordnung.« Sie sprechen zunächst nicht vom ungemachten Bett, sondern verhindern einen möglichen zweiten Wutanfall. Wenn sich das Kind dann wirklich beruhigt hat, lächeln Sie ihm zu und sagen: »Du kannst rausgehen, sobald du dein Bett gemacht hast.« Das ist konsequent.

Einen Machtkampf lieber vermeiden

Wilde Wortgefechte, Drohungen und Beschimpfungen taugen herzlich wenig. Sie selbst sollten das nicht hinnehmen und Ihr Kind lehren, mit solchen Situationen anders umzugehen.

Wenn das Kind schon älter ist (etwa ab zehn Jahre), laufen Sie ihm besser nicht hinterher. Sie würden ansonsten nur einen unnötigen Machtkampf provozieren. Der Schnellere würde als Sieger dastehen, der Langsamere als Verlierer. In Wahrheit aber hätte jeder verloren und das Kind nur gelernt, dass es schneller oder langsamer ist als Sie. Geben Sie ihm eher die Erlaubnis wegzulaufen, z. B.: »Wenn du nicht mehr wütend bist, dann komm zurück.« So verhindern Sie den Machtkampf und bewahren dem Kind die Chance zu lernen. Wenn Ihr Kind wieder da ist, können Sie mit ihm darüber sprechen, dass es keinen Sinn hat, vor Problemen wegzulaufen, weil sie nicht gelöst sein werden, wenn man wieder zurückkehrt. Ihr Kind hat sich in diesem Moment dann sicher schon abreagiert, wird Ihnen zuhören und auf Ihre Bedingung eingehen. »Du kannst rausgehen, sobald du dein Bett gemacht hast.« Vielleicht können Sie beide dann darüber lachen. Für Sie gilt: Beschimpfungen, Brüllen und Drohen funktionieren nicht, wenn Kinder die vernünftigen Folgen ihres unvernünftigen Handelns erfahren sollen.

In der Ruhe liegt Ihre Überzeugungskraft

In einem ruhigen Moment müssen Sie aber mit Ihrem Kind darüber sprechen, dass auch in der Wut keine Schimpfwörter gebraucht werden sollen und dass man sich auf andere Weise Luft machen kann. Wenn Sie selbst in der Wut unkontrolliert Schimpfwörter gebrauchen, sind Sie nicht glaubwürdig für Ihr Kind.

Der Lerneffekt

- Ihr Kind lernt dadurch, dass Sie sich durch Aggression nicht einschüchtern lassen und nachgeben.
- Ihr Kind lernt dadurch, dass Wut akzeptabel ist, wenn man verantwortungsbewusst damit umgeht.

Trick Nummer drei: Einsatz von Trotz

»Ich werde es nicht tun. Du kannst mich nicht zwingen. Ich will sowieso nicht rausgehen, es fängt an zu regnen. Du kannst mich schlagen, es tut mir nicht weh.« Normalerweise trotzen Kinder etwa fünf Minuten lang, besonders begabte können es auf zehn Minuten ausdehnen. Wenn Sie sich durch diesen Trick herumkriegen lassen, reagieren Sie entweder so, als würden Sie auf Trick Nummer eins reinfallen, oder so, als würden Sie Trick Nummer zwei in die Falle gehen. Auch in dieser Situation müssen Sie sich ruhig, aber mit Nachdruck selbst behaupten.

Trotzen und Schmollen sind meist recht wirkungsvoll, denn niemand kann ein Kind dazu bringen, etwas zu tun, was es nicht will. Auch hier helfen wieder nur Ihre Gelassenheit und Ihre Bestimmtheit.

So bleibt man resolut

Vermitteln Sie Ihrem Kind klar und deutlich, worum es Ihnen geht: »Du darfst rausgehen, sobald du dein Bett gemacht hast.« Wahrscheinlich versucht Ihr Kind daraufhin, Sie mit Spott umzustimmen: »Ja, ja, ich weiß, wie lebensnotwendig es ist, sein Bett zu machen. Erst dann darf ich rausgehen.« Gehen Sie nicht darauf ein, das Kind will sein Gesicht wahren. Das heißt nicht, dass Sie diese Bemerkung ignorieren sollen; verleihen Sie lieber dem für Sie Wesentlichen an diesem Kommentar Nachdruck, indem Sie völlig ruhig sagen: »Ja genau, du darfst rausgehen, sobald du dein Bett gemacht hast.« Das Kind erkennt dann, dass sein Manöver erfolglos ist.

Sollte Ihr Kind daraufhin in sein Zimmer laufen und sich trotzig auf das ungemachte Bett werfen, lassen Sie es einfach. Holen Sie es erst wieder zum Essen, das Sie ihm nicht verweigern sollten, weil das Essen mit dem Problem ja nichts zu tun hat. Sie würden höchstens neuen Trotz auslösen (»Ist mir recht, ich habe genügend Schokolade in meinem Zimmer!«), Sie hätten das eigentliche Problem nicht gelöst und zusätzlich ein neues.

Betonen Sie beim Essen, falls das Gespräch nochmals darauf kommen sollte, Ihren Standpunkt, ansonsten ignorieren Sie das Thema am besten. Wenn das Kind merkt, dass das Thema für die anderen Familienmitglieder nicht interessant ist, wird auch dies dazu beitragen, dass es schließlich seinen Widerstand aufgibt.

Der Lerneffekt

- Ihr Kind lernt dadurch, dass es auch durch Trotz nicht gegen Ihre Konsequenz angehen kann. Ihre Standhaftigkeit gibt ihm Orientierung.

Ordnung und Fehler

Auch wenn Sie die Tricks kennen und erkennen, werden Sie wohl immer wieder einmal darauf hereinfallen, vor allem wenn Sie nicht gut in Form sind. Haben Sie Geduld mit sich und Ihren Kindern bei dem Aufbau von ehrlichen und gerechten Beziehungen zueinander.

Was ist, wenn das Kind nun seine Pflichten zwar erfüllt, aber nicht so, wie es sein soll? Sie kommen z. B. ins Zimmer, das Bett ist gemacht, aber wie! Die Bettdecke liegt zwar über dem Bett, aber das Laken hängt überall heraus, und das Kissen ist irgendwo vergraben.
Die Eltern in einer überorganisierten Familie würden die Bettdecke herunterreißen und schreien: »Das nennst du ein gemachtes Bett?«
Die Eltern in einer profillosen Familie würden seufzend den Kopf schütteln und sich fragen, ob das Kind es wohl jemals lernen wird.
Eltern in einer Familie mit Rückhalt würden dem Kind ruhig und sachlich klarmachen, was und wie sie es möchten. Sie ließen sich durch keine Tricks ablenken, damit das Kind begreifen könnte, dass es einfacher ist, eine Aufgabe gleich richtig zu erledigen.

Alles muss gelernt sein

Bei allen Aufgaben, die Kinder übernehmen sollen, müssen wir natürlich zunächst einmal genau zeigen, wie etwas gemacht wird. So müssen wir ein Kind z. B. zuschauen lassen, wie wir unser Bett machen; wir müssen ihm aber auch helfen, wenn es seines richtet. Es muss wissen, wie für uns ein richtig gemachtes Bett aussehen soll. Die Norm, die Sie dafür aufstellen, soll nicht kleinlich sein, sondern dem Kind mehrere Möglichkeiten offen lassen, die Aufgabe auszuführen.

Überprüfen Sie Ihren eigenen Ordnungssinn, bevor Sie für das Kinderzimmer zu hohe Normen ansetzen. Wenn in Ihrem Zimmer alles durcheinander ist, sollten Sie erst selbst Ordnung schaffen, bevor Sie diese von Ihren Kindern erwarten. Wenn Ihre Kinder noch klein sind, können Sie ihnen dabei helfen, in ihrem Zimmer Ordnung zu halten. Die Kinder können aber beim Bettenmachen helfen, ihre Spielsachen selbst aufräumen, ihre Kleider zusammenlegen und wegräumen und dazu beitragen, dass man sich in diesem Zimmer wohl fühlen kann. Im Alter zwischen fünf und zehn Jahren können die Kinder dann immer mehr Aufgaben selbst übernehmen. Wenn sie sich im Teenageralter befinden, sind sie selbst für den Zustand ihres Zimmers verantwortlich, das Leben in der eigenen Wohnung wird damit geprobt.

Funktionierendes Zusammenleben

Wenn es z.B. in einem Kinderzimmer nach verdorbenen Lebensmitteln riecht und im anderen bunte Schimmelpilze zwischen dem nassen Trainingsanzug und dem Teppichboden wachsen oder überall im Zimmer feuchte Badetücher verstreut sind, dann ist es an der Zeit, Ihren Kindern zu vermitteln, dass dies nicht mehr ihre Privatprobleme sind, sondern dass davon die ganze Familie betroffen ist. Es müssen dann durch offene Gespräche Abmachungen für Verhaltensweisen gefunden werden, die allen Familienmitgliedern gerecht und von allen auch akzeptiert werden. Oft sind viele Kompromisse nötig, um das Zusammenleben in der Familie zu regeln.

Wenn Sie Ihren Kindern etwas beibringen möchten, so auch die Ordnung, müssen Sie es zuerst richtig machen; dann erst können Sie ihnen zeigen, wie es geht.

Tips für Verhaltensregeln

- Die Kinder können ihr Zimmer einschließlich der Wände so gestalten, wie es ihnen gefällt.
- Wenn sie in das Zimmer eines ihrer Geschwister gehen wollen, müssen sie anklopfen und fragen, ob sie dürfen. Das Gleiche gilt auch für die Eltern.
- Die Kinder werden nicht bedrängt, ihr Zimmer sauber zu halten, aber grundsätzliche Maßnahmen, die wöchentlich einmal zu erledigen sind, kann man vereinbaren: z.B. Bettwäsche wechseln, Staub saugen, Möbel abstauben oder wischen u.a.

Worauf Sie achten sollten

- Hausarbeit kann auf viele verschiedene Arten erledigt werden, es muss nicht immer auf Ihre Weise gemacht werden.
- Seien Sie zum Nachgeben bereit, es ist schließlich das Zuhause der ganzen Familie.
- Sie können zusammen entscheiden, wann und wie etwas erledigt wird.
- Dazu muss man miteinander sprechen, die jeweiligen Erwartungen klarmachen und Kompromisse finden.

Fehler und Missgeschicke

Fehler sind dazu da, dass aus ihnen gelernt wird. Kinder müssen so viel lernen, dass es an ein Wunder grenzen würde, wenn alles gleich reibungslos funktionieren würde.

Wenn Kinder in gewissen Aufgabenbereichen noch nicht sehr erfahren sind oder wenn sie etwas Neues lernen, können natürlich Fehler passieren. Dazu folgendes Beispiel.

Johanna ist zehn und sortiert seit kurzem die Wäsche der Familie in Weiß- und Buntwäsche, ohne dass bisher eine größere Panne passiert ist. Als sie einmal die Waschmaschine öffnet und darin nicht weiße, sondern rosafarbene Wäsche vorfindet, ist sie entsetzt. Sie untersucht die Wäscheteile und sieht ein pinkfarbenes T-Shirt, das Lieblingshemd ihres Bruders, unter all den ehemals weißen Sachen. Johanna hat jetzt zwei Probleme: einen Berg von rosafarbener Unterwäsche und ein ruiniertes T-Shirt.

In einer überorganisierten Familie wäre die Reaktion der Eltern etwa folgendermaßen: »Wie kannst du so etwas Dummes machen? Alles ist ruiniert, ich werde dir nie wieder die Wäsche anvertrauen. Wenn hier etwas richtig gemacht werden soll, dann muss ich es wohl selbst tun. Verschwinde!« Da das Kind das Problem nicht selbst lösen kann, wird es versuchen, jemand anderen zu beschuldigen oder den Fehler, falls möglich, zu vertuschen. Fehler bieten in dieser Familiensituation für das Kind keine Gelegenheit, etwas zu lernen, sondern sind nur ein weiterer Anlass, gedemütigt oder gar bestraft zu werden.

In einer profillosen Familie dagegen würde es wahrscheinlich heißen: »Liebling, mach dir nichts daraus. Ich kümmere mich darum. Du bist sowieso noch zu klein, um die Wäsche zu sortieren. Es spielt gar keine Rolle, welche Farbe die Unterwäsche hat, und das T-Shirt

deines Bruders werde ich ersetzen, bevor er bemerkt, was passiert ist.« Das Kind erfährt auch in diesem Fall, dass es seine eigenen Probleme nicht bewältigen kann, dass es für seine Fehler aber auch keine Verantwortung tragen muss. Fehler bedingen keine Probleme, die gelöst werden, sondern eher vertuscht werden müssen.
In einer Familie mit Rückhalt bieten Fehler Möglichkeiten, etwas zu lernen. Die Eltern unterstützen und ermutigen das Kind, z. B.: »Ich weiß, dass du das wieder in Ordnung bringen kannst.« Das Kind erfährt, dass Fehler einfach passieren und dass es in der Lage ist, das Problem selbst zu lösen.

Mit Ihrer Unterstützung können Kinder neuen Herausforderungen und Problemen mit Selbstvertrauen und Zuversicht begegnen – ohne Furcht vor Fehlern.

Der Standpunkt der Eltern

Die Vorstellung der Eltern davon, was ein Fehler ist und was nicht, hat großen Einfluss darauf, wie man mit Fehlern umgeht. Als meine Kinder noch klein waren, wollten sie einmal Plätzchen backen. Sie saßen auf einer Plastikdecke am Boden, wo sie beim Formen der einzelnen Stücke auch jede Menge Teig auf die Decke kleckstén. Ein Nachbar kam herein und meinte: »Ach du liebe Güte, die fabrizieren aber ein Chaos.« Ich sagte: »Nein, sie machen Plätzchen.« Wenn Sie dem Lernprozess Ihrer Kinder positiv und zuversichtlich gegenüberstehen, wird sich diese Haltung auf die Kinder übertragen.

Durch Kinderaugen betrachtet, stellt sich so manches »vermeidbare Chaos« als wunderbar kreativer Arbeitsprozess dar. Wir sollten unseren Blick dafür wieder schärfen.

Sinnvolle Erholung

Die Kunst der Meditation

»Erholung – die Kunst der Meditation. Produktive Arbeit, Liebe und Nachdenken sind nur möglich, wenn ein Mensch auch in Ruhe und für sich allein sein kann, wenn es nötig ist. Die Fähigkeit, in sich hineinzuhören, ist eine wichtige Bedingung, um sich anderen mitteilen zu können« (Erich Fromm).

Zeit, um für mich allein zu sein? Bestimmt nicht, ich brauche andere Menschen um mich. Ruhig dasitzen und gar nichts tun? Das ist doch verrückt. Ich habe sowieso nicht genug Zeit, um mit allem, was ich tun muss, fertig zu werden. Ich muss immer etwas tun, sonst habe ich das Gefühl, dass der Tag wertlos war. Nichtstun ist Zeitverschwendung. Viele Menschen in unserer Gesellschaftsform wissen nicht, wie sie in Ruhe und mit Bedacht ihre Freizeit nutzen können, um wieder die nötige Energie aufzutanken. Häufig wird der Stress des Arbeitslebens in das Privatleben übertragen, man hört dann z. B.: »Sobald ich nach Hause komme, schalte ich den Fernseher ein.«
Wir Erwachsenen fühlen uns oft unbehaglich, wenn wir mit Stille umgehen sollen oder in Gedanken versinken. Unser sonstiger Tätigkeitsdrang lässt uns nicht abschalten und macht uns skeptisch gegenüber der Ruhe. Diese Skepsis übertragen wir auch häufig bewusst oder unbewusst auf unsere Kinder. Wenn ein Kind seinen Tagträumen nachhängt, fordern wir, es solle doch rausgehen und sich einen Spielkameraden suchen. Wenn ein Kind ruhig ist, soll es bitte irgendetwas sagen. Wenn es gern allein spazieren geht, wird es aufgefordert, doch einen Freund mitzunehmen, damit es jemanden hat, mit dem es reden kann. Wenn ein Teenager gern allein in seinem Zimmer sitzt, vermuten wir gleich Probleme.

Auf die innere Stimme hören

Stille hat in unserer Gesellschaft keinen hohen Stellenwert. Der Schauspieler und Regisseur Robert Redford sagte in einem Interview, er sei der Ansicht, dass im heutigen Informationszeitalter zu viel gesprochen werde: »Es ist wichtig, ruhige Momente zu haben, in denen wir etwas über uns selbst herausfinden können und uns mehr von unserer inneren Stimme leiten lassen.« Unsere Intuition, die innere Stimme, bezeichnet Clarissa Pinkola Estés als »blitzschnelle innere Einsicht, inneres Hören, inneres Sehen und inneres Wissen«. Diese innere Stimme ist nicht zu vernehmen, wenn wir nicht bereit sind, mit uns selbst in Ruhe zu verweilen. Das gilt auch für unsere Kinder. Kinder brauchen Ruhe und Stille, um ihre innere Disziplin entwickeln zu können. Fritjof Capra sagt dazu: »Für diese subtile Form der Selbstregulierung ist keine Kontrolle notwendig, sondern im Gegenteil ein meditativer Entspannungszustand, in dem auf jede Kontrolle verzichtet wird.« Dr. Larry Dossey spricht in seinem Buch »Healing Words« (»Heilende Worte«) von dieser stillen, nach innen gerichteten Handlung als »der höchsten Form von Aktivität, der Menschen nachgehen können. ... Andacht ... bedeutet Annehmen ohne Passivität und Dankbarkeit ohne Selbstaufgabe. Man ist bereit, sich mit dem Geheimnisvollen zu beschäftigen und Mehrdeutigkeit sowie Unbekanntes zu tolerieren.« Und was könnte geheimnisvoller, mehrdeutiger und unbekannter sein als Ihr Kleinkind oder Ihr Teenager!

Die Familie – oft ein Störenfried?

In einer überorganisierten Familie wird Ruhe erzwungen oder auferlegt, nicht aber vorgelebt. Man folgt strengen Ritualen, Gebete werden rein mechanisch vorgetragen, ohne mit dem Herzen dabei zu sein. In einer profillosen Familie bleibt durch ständige Aktivität und das herrschende Chaos kaum Raum oder Zeit, um ruhig nachzudenken. Eltern und Kinder fühlen sich in dem Durcheinander einsam und sind nicht in der Lage, Zugang zu ihrer eigenen inneren Kraft zu finden, und leben so an sich und den anderen Familienmitgliedern vorbei.

In einer Familie mit Rückhalt gibt es jeden Tag Gelegenheit, die innere Stimme zu Wort kommen zu lassen. Kinder werden dort ermutigt, ruhig zu werden, sich selbst gern zu haben und auf ihre Intuition zu hören. Es ist z. B. sicher nicht einfach für ein Mädchen, das sich gerade von seinem Freund getrennt hat, einfach ruhig dazusitzen und den Zugang zu sich selbst zu suchen. Ebenso schwer kann es für die Eltern sein, diese Ruhe mit dem Mädchen zu teilen und ihr liebevoll zuzuhören, wenn sie versucht, mit ihrem Schmerz umzugehen.

Den ganzen Tag bombardieren wir uns mit Lärm, Musik und Aktivitäten und sind ständig in Bewegung. Unser Körper und unser Geist aber sehnen sich nach Ruhe und Stille. Geben Sie ihnen eine Chance.

Eine neutrale Quelle

In der inneren Stille erfahren wir, dass wir fähig sind, etwas zu ertragen, dass wir stark und wertvoll sind. Nehmen Sie sich Zeit für diese lebensnotwendige Ruhe, und helfen Sie Ihren Kindern, sie zu finden.

»Es geht nicht um Wandern, Klettern oder Trimmen; es geht nicht um Schaukeln, Angeln oder Schwimmen; es geht nicht um Skilaufen, Radfahren oder Rennen; es geht darum, sich von der Arbeit zu trennen« (Kristen Sheldon).

Erholung und Lernen durch Spiel

Diese innere Ruhe bedingt auch die richtige Einstellung zum Spiel, was gut am Spiel kleiner Kinder zu erkennen ist. Sie freuen sich spontan am Augenblick, ohne sich über Zeit, Regeln, Gewinner und Verlierer Gedanken zu machen. Spiel ist nicht nur die Abwesenheit von Aufgaben oder die Belohnung für eine gut gemachte Arbeit. Es ist nichts, was man sich erst verdienen muss, sondern eine Gelegenheit, sich zu erholen, neue Kraft zu finden und sich mit anderen im Geist von Zusammenarbeit und Toleranz zu verbinden. Terry Orlick sagt in seinem Buch »Cooperative Sports and Games Book« (»Kooperation bei Sport und Spiel«) über den Zauber des Spiels: »Es ist das natürliche Medium des Kindes für persönliches Wachstum und positives Lernen. Kinder, die die Freiheit haben, ihre Kreativität zu entwickeln, gewinnen daraus nicht nur große persönliche Zufriedenheit, sondern auch Erfahrung in der Lösung ihrer Probleme … Das Konzept, das hinter kooperativen Spielen steht, ist einfach: Die Menschen spielen miteinander und nicht gegeneinander, sie spielen, wie man mit Herausforderungen fertig wird, und nicht mit Menschen.

Zusammen spielen und lachen steigert die Freude an der Gemeinschaft. So wird die Bereitschaft erhöht, sich in eine Gruppe zu integrieren.

Das Spiel an sich gibt die Freiheit, das Spielerlebnis zu genießen. Kinder streben dadurch gemeinsame Ziele anstelle von individuellen Zielen an. So lernen sie auf vergnügliche Weise, Rücksicht zu üben, die Gefühle anderer Menschen wahrzunehmen und im Interesse aller zu handeln.«

Eltern können das Spiel der Kinder in starre, bewertende, straff organisierte und zielorientierte Unternehmungen umwandeln. Fünfjährige werden oft schon aufgefordert, an organisierten Sportwettkämpfen teilzunehmen, die als Kinderspiele deklariert sind. Damit wird vielen Kinder der Spaß an sportlichen Aktivitäten verdorben.

»Kinder reifen zu anständigen und verantwortungsbewussten Menschen heran, wenn sie von Erwachsenen durch gutes Beispiel angeleitet werden. Dies gilt besonders für mutige Eltern, die sich für ihre Prinzipien und Werte einsetzen« (Neil Kurshan).

Erziehung zur Kooperation

Das Argument, dass Kinder lernen müssten zu konkurrieren, um in der Realität überleben zu können, wäre nur zutreffend, wenn wir die Welt als einen Ort sehen würden, an dem nur der Stärkere gewinnen kann. Wenn wir aber das Ziel haben, die Welt für unsere Kinder zu verändern, dann sollten wir die Haltung unserer Gesellschaft gegenüber Spiel und organisiertem Sport kritischer sehen. Wir können uns entscheiden, ob wir unsere Kinder zu kompetenten, kooperativen und entschlussfreudigen Individuen erziehen möchten, die unter Berücksichtigung einer moralischen Grundhaltung mit anderen konkurrieren, wenn es nötig ist. Konkurrenzfreie Spiele können dazu beitragen, dass Kinder diese Fähigkeiten entwickeln und dabei noch Spaß haben. In unserer westlichen Gesellschaft sind kooperative Spiele noch ziemlich neu. Klar ist, dass es schwierig sein wird, in Schule und Familie die auf Konkurrenz basierenden Aktivitäten zu Gunsten individuellerer und konkurrenzfreier Unternehmungen aufzugeben. Dies wäre aber nötig, um an der Basis einen Beitrag für den weiteren Aufbau einer friedvollen Gesellschaft zu leisten.

Kooperative Spiele sind ein Weg zum echten Spielen. Ermutigen Sie Ihre Kinder, Hobbys zu finden, in denen sie wirklich aufgehen. Das können Wanderungen in der Stadt oder auf dem Land sein, gemeinsam laufen, zusammen einen guten Film sehen und vor allem zusammen lachen. Lassen Sie Arbeit und Pflichten für eine Weile hinter sich, unternehmen Sie etwas mit Ihren Kindern. Alle werden dadurch erfrischt, finden neue Kräfte und fühlen sich stärker miteinander verbunden.

SICHERER UMGANG MIT GELD

Das erste eigene Geld – welch ein spannender Moment. Kinder lernen über ihr Taschengeld, wie man vernünftig mit seinem Geld haushaltet, wie sie sich kleine und auch größere Wünsche durch Sparen erfüllen können und wie sie anderen, die weniger haben, helfen können. Mit der ständigen Erweiterung des Entscheidungs- und Verantwortungsbereiches werden Kinder nach und nach immer sicherer im Umgang mit Geld.

In Geldangelegenheiten Verantwortung entwickeln

Taschengeld

Viele Kinder werden für ihre Mithilfe im Haushalt nicht bezahlt. Das ist durchaus richtig und konsequent. Aber es gibt drei wichtige Gründe, weswegen sie Taschengeld erhalten sollten.

- Sie müssen lernen, mit Geld umzugehen.
- Sie müssen über ihr eigenes Geld entscheiden können.
- Sie müssen finanzielle Prioritäten setzen.

Wenn Kinder lernen, gut mit Geld umzugehen, dann werden sie das auch später so handhaben. Einige Eltern halten es für wenig realitätsbezogen, Kindern Geld zu geben, ohne dass diese dafür arbeiten.
In Wirklichkeit steht die Menge der geleisteten Arbeit jedoch nicht in direkter Beziehung zu der Bezahlung, die man dafür erhält. Viele andere Faktoren sind dafür auch entscheidend, u. a. das Geschlecht, der Beruf, der Wohnort und die wirtschaftliche Entwicklung. Alle von uns haben schon Geld bekommen, das sie nicht mit Arbeit verdient haben: Geburtstagsgeld, Urlaubsgeld, einen Gewinn bei der Lotterie oder eine Erbschaft. Dazu gehört auch Taschengeld. Für unsere Kinder ist es wichtig zu lernen, dass es keine so große Rolle spielt, wie viel Geld sie haben, verdienen, gewinnen oder erben. Sie müssen wissen, wie sie es vernünftig ausgeben, wie sie es sparen und wie sie anderen, die in Not sind, damit helfen können.

»Am wichtigsten sind die innere Haltung und Lauterkeit im Geben und Nehmen« (Robert Aitken Roshi).

Grundsätzliches zum Taschengeld

Man kann Kindern dann Taschengeld geben, wenn sie alt genug sind, um es nicht mehr in den Mund zu stecken. Das kann bei einigen mit zwei Jahren, bei anderen erst mit vier Jahren sein. Kinder können dann anfangen, zu zählen, die verschiedenen Münzen zu unterscheiden, und damit einen Überblick über ihr Taschengeld bekommen.
Wenn es um die Höhe des Taschengelds geht, muss man sich einige Fragen beantworten.

Wichtige Fragen zum Taschengeld

- Wie viel kann ich mir leisten?
- Wie viel will ich geben?
- Mit wie viel kann mein Kind umgehen?
- Wofür braucht mein Kind das Geld?

Das Taschengeld muss genug sein, um das Kind nicht zu frustrieren, aber nur so viel, dass es notwendig ist, verantwortungsvolle Entscheidungen darüber zu treffen und Prioritäten zu setzen.
Ein Jugendlicher z. B., der alle seine außerschulischen Dinge und auch seine Kleidung davon bezahlen muss, braucht natürlich mehr Geld als sein jüngerer Bruder, der nur für einen Kinobesuch oder dergleichen aufkommen muss.
In den drei verschiedenen Familienformen wird den Kindern in Verbindung mit sehr unterschiedlichen Lernzielen Taschengeld gegeben.

Taschengeld in einer überorganisierten Familie

Kinder in überorganisierten Familien haben kaum eine Chance, den Umgang mit Geld zu erlernen, da sie per Regeln und Vorschriften alles vorgegeben bekommen.

In dieser Familie erhält das Kind von den Eltern nicht nur das Taschengeld, sondern auch gleich genaue Vorschriften, wie es das Geld ausgeben, sparen oder spenden soll. Die versteckte Botschaft lautet: »Wir geben dir Taschengeld, aber wir bestimmen darüber. Du kannst das nicht.« Das Kind erhält z. B. eine Mark, aber davon muss es 50 Pfennige wieder zurückgeben. (»Ich werde 25 Pfennige für dich sparen. Ich kann mich nicht darauf verlassen, dass du sie selber sparen wirst. Die anderen 25 Pfennige bekommst du, wenn wir in die Kirche gehen. Ich werde sie dir nicht vorher geben, sonst könntest Du sie verlieren oder woanders ausgeben. Die anderen 50 Pfennige kannst du für Spielsachen ausgeben, aber nicht für Süßigkeiten.«)
Manchmal bestehen die Eltern auch darauf, über das gesamte Taschengeld zu bestimmen. Das Kind muss sich das Geld von Anfang an verdienen, und der Taschengeldentzug ist eine typische Bestrafungsmaßnahme. (»Wenn du deine Kleider nicht in den Wäschekorb legst, ziehe ich dir die Hälfte vom Taschengeld ab.«) Überflüssige Belehrungen sollen das Kind zu Wohlverhalten zwingen.

Kindern wird durch dieses Verhalten der Eltern Folgendes vermittelt:
- Geld ist ein Statussymbol.
- Geld ist eine Form von Sicherheit.
- Geld bedeutet Belohnung oder Strafe.

Taschengeld in einer profillosen Familie

In dieser Familie bekommt ein Kind ab und zu etwas Geld, es weiß aber nie, wann oder wie viel das sein wird. Da es in dieser Familie insgesamt keine Prinzipien gibt, ist auch der Umgang mit Geld davon betroffen. Das Verhältnis, das die Eltern zum Geld haben, ist nicht beispielhaft, sondern völlig chaotisch; das zeigt sich in zwanghaftem Konsum, Kreditkartenmissbrauch, verspäteten Zahlungen und mangelnden Rücklagen. Die Eltern werfen ihrem Kind aber den falschen Umgang mit Geld vor, den sie selbst praktizieren. (»Wenn du nicht so viel für die kleinen Sachen ausgegeben hättest, wäre noch etwas übrig für das andere.«)

Durch Rat und Hilfe und nicht durch Anordnungen bzw. Belehrungen werden Kinder die Erfahrungen sammeln, die sie für ihr Erwachsenenleben brauchen.

Kindern wird dadurch Folgendes vermittelt:
- Geld ist wichtig, aber man kann damit nicht genau kalkulieren.
- Bezüglich des Umgangs mit Geld sind an das Kind bestimmte Erwartungen gerichtet, aber es muss selbst herausfinden, welche das sind. Von den Eltern ist keine Hilfe zu erwarten.
- Der Umgang mit Geld soll daran ausgerichtet sein, was die Eltern sagen, nicht aber daran, was sie praktizieren.

Taschengeld in einer Familie mit Rückhalt

In dieser Familie erhält das Kind eine gewisse Summe und wird daran erinnert, etwas davon zu sparen, einen Teil davon zu spenden, den Rest darf es für die Dinge ausgeben, die es haben möchte. (Einzige Bedingung: Es darf nicht gefährlich, moralisch fragwürdig oder ungesund sein.) Das Kind entscheidet, wie es das Geld aufteilt und wie viel es davon spart, ausgibt und verschenkt. Die Eltern geben Rat und Hilfestellung, aber keine Anordnungen oder Belehrungen.
Kindern wird dadurch Folgendes vermittelt:
- Bezüglich der Entscheidungsfähigkeit des Kindes in Geldangelegenheiten haben die Eltern völliges Vertrauen.
- Bezüglich eventueller Probleme des Kindes bei Geldangelegenheiten bieten die Eltern jegliche Mithilfe an.

Von Ausgeben bis Sparen

Wünsche und echte Bedürfnisse

»Der Ort, an dem man genug hat, ist ein Ort ohne Gefahr, voller Vertrauen, Ehrlichkeit und Selbstwahrnehmung. Geld kann man schätzen und sich daran erfreuen, wenn man nur das kauft, was man sich wünscht und braucht« (Joe Dominguez und Vicki Robin).

Kinder, die alles besitzen, haben keinen Grund, für etwas zu sparen. Das trifft heutzutage für viele Kinder zu. Sie hängen nicht mehr an einem besonderen Teddybären, denn sie haben eine ganze Bärenkollektion. Wir haben als Eltern die Verpflichtung, unseren Kindern das zu geben, was sie brauchen. Ihre »kleinen« Wünsche können durch Geschenke oder durch eigenes, erspartes Geld erfüllt werden.

Wenn Ihrem Kind eines Tages z. B. plötzlich einfallen würde, dass es von nun an nur noch die teuersten Socken in Leuchtfarben tragen möchte, dann sollte dies kein Grund für Sie sein, diese zu bezahlen. Vereinbaren Sie, wenn es nur um Wünsche geht, deren Erfüllung nicht wichtig ist, einen vernünftigen Kompromiss. Sie könnten das Geld, das Sie für normale Socken ausgeben würden, Ihrem Kind zur Verfügung stellen. Dann hätte es selbst die Verantwortung und auch die Wahl, die Socken zu kaufen, die es möchte. Aber auch wenn Wünsche und echte Bedürfnisse zusammenkommen, kann man Kompromisse finden. Ein Kind wünscht sich z. B. ein neues Fahrrad, weil das alte zu klein geworden ist und weil es schon lange ein neues möchte. Die Eltern wollen die Hälfte dazu beisteuern. Das Kind kann sich ein Rad aussuchen und entscheidet sich für ein sehr teures. Die Eltern erkennen, dass sie die Wahlfreiheit hätten einschränken sollen, aber versprochen ist versprochen. Sie schlagen dem Kind vor, dass es seine Ersparnisse nochmals überprüft, und sie wollen dasselbe mit ihrem Budget tun. Das Kind erkennt daraufhin, dass es wahrscheinlich seinen Führerschein haben wird, bevor es sich seinen Anteil für das Rad leisten kann. Es entscheidet sich deshalb für ein Rad, das billiger ist.

Differenzieren lernen

Wichtig ist, dass Kinder zwischen echten Bedürfnissen und Wünschen zu unterscheiden lernen. Wenn Bedürfnisse und Wünsche zusammenkommen, sollten bei deren Befriedigung die Eltern ihre Kinder unterstützen, wenn es nötig ist.

Geld spenden

Wie lernen Kinder, etwas von ihrem Geld an Bedürftige abzugeben? In einer Familie mit Rückhalt ist es üblich, einen Teil des Geldes an Bedürftige oder Wohlfahrtsverbände zu spenden. Wenn das Kind noch klein ist, bestimmen Sie, wohin die Spende geht, aber das Kind entscheidet, wie viel es spenden will. Wenn es älter wird, kann es beides entscheiden. Auch hier, wie in allen anderen Bereichen, lernen die Kinder vom Beispiel der Eltern.

Wenn in der Post die verschiedenen Briefe mit Bitten um Spenden eintreffen, können Sie einige davon den Kindern geben und ihnen erklären, um was es sich handelt. Dann können die Kinder entscheiden, wem sie etwas spenden möchten.

Wo geht das Geld hin?

In diesem Fall ist das Vorbild jedoch nicht unbedingt offensichtlich. Viele Eltern spenden regelmäßig für eine religiöse Organisation oder einen Wohlfahrtsverband, ohne dass die Kinder das wissen. Wenn Sie Ihre Rechnungen zur Bezahlung fertig machen, können Sie Ihre Kinder dazurufen und ihnen erklären, worum es geht. (»Ich bezahle hier für das Telefon, für die Heizung und den Strom. Das hier überweise ich an eine Organisation, von der ich sehr viel halte.«) Sagen Sie den Kindern, warum Sie viel davon halten und warum finanzielle Hilfe nötig ist. Wenn das Kind noch zu klein ist, um zu verstehen, was Überweisungen und Schecks sind, können Sie dafür sorgen, dass es beobachten kann, wie Sie gelegentlich bei Sammlungen eine kleine Spende geben.Wichtig ist, dass Kinder möglichst früh begreifen, dass es viele Menschen gibt, die sich Ihre Grundbedürfnisse nicht befriedigen können, wenn man ihnen nicht hilft. Kinder müssen lernen, dass man mit anderen teilen soll, wenn man selbst genug hat.

Sparen und haushalten

Auch wenn es um die Einteilung des Geldes geht, ist ein gutes Beispiel der Eltern unerlässlich. Erklären Sie Ihren Kindern beim Bezahlen der Rechnungen, wie viel Geld übrig bleibt und zurückgelegt wird, damit die Familie in Urlaub fahren oder das Haus renovieren kann. Machen Sie auch klar, dass ein finanzielles Polster für eventuelle Notfälle wichtig ist. Ein Kind sollte schon von klein auf eine Sparbüchse haben, in welcher Form auch immer. Es kann bestimmen, wie viel es von seinem Taschengeld sparen will, und wenn es möchte, auch überprüfen, wie viel es schon gespart hat. Ermutigen Sie Ihre Kinder, wenn sie außerhalb der Familie mit Gelegenheitsarbeiten bei

Nachbarn oder Freunden Geld verdienen möchten, um den Stand ihrer Ersparnisse aufzubessern. Wenn Ihre Kinder ins Teenageralter kommen, können sie sich auch am Haushaltsbudget beteiligen, damit sie erfahren, welche Kosten ein Haushalt verursacht, und lernen, sparsamer mit allem umzugehen. Das wird sich sicher später in einer vernünftigen Führung des eigenen Haushaltes niederschlagen.
Vielleicht haben Sie das besondere Problem, einen reichen Verwandten zu besitzen, der Ihren Kindern große Geldsummen schickt. Es könnte aber auch ein Partner aus einer früheren Ehe sein, der versucht, die Liebe der Kinder mit großen Geldgeschenken zu gewinnen. Das kann Ihre Bemühungen, Ihren Kindern den richtigen Umgang mit Geld beizubringen, untergraben. In diesem Fall wäre es die beste Lösung, den edlen Spender darum zu bitten, nur noch kleine Geldbeträge den Kindern zukommen zu lassen und den Rest für sie auf einem Sparbuch anzulegen, auf das sie erst später Zugriff haben. Kleinere Kinder können einfach noch nicht mit großen Summen umgehen.Wichtig ist, dass Kinder bald lernen, Geld einzuteilen und zu sparen, dann können sie später umso besser damit umgehen.

Geld ausgeben

Sorgen Sie sich nicht, wenn Ihr Kind am Anfang nur Pfennigbeträge sparen will. Sobald es mehr über den Umgang mit Geld gelernt hat und Erfahrung im Sparen bekommt, wird es den Betrag nach seinem Ermessen anpassen.

Aber bei allem Sparen soll das Geldausgeben auch nicht ganz vergessen werden. Lassen Sie Ihr Kind sein restliches Geld ruhig für Dinge ausgeben, die nicht moralisch bedenklich oder ungesund sind. Sie können Ihrem Kind die Freiheit geben, das zu kaufen, was es für wichtig hält. Ein Kleinkind muss aber lernen, nicht aus einem Impuls heraus zu kaufen. Es darf erst dann in ein Geschäft gehen, um etwas zu kaufen, wenn es weiß, was es kaufen will. Wenn nicht, muss es das Geld zu Hause lassen. Mit fünf oder sechs Jahren lernt das Kind, dass nicht alle günstigen Angebote wirklich günstig sind. Es lernt, mit seinem Geld hauszuhalten, um größere Dinge kaufen zu können, und es lernt den Unterschied zwischen Wünschen und echten Bedürfnissen sowie Luxus und Annehmlichkeiten kennen. Wichtig ist, dass Kinder den ihrem Alter entsprechenden Rahmen für Kaufentscheidungen gewährt bekommen. Weder Bevormundung noch Willkür oder völlige Freiheit helfen dem Kind, das nötige Verantwortungsbewusstsein zu entwickeln. Vielmehr ist eine sensible Anleitung nötig, Wesentliches von Unwesentlichem zu unterscheiden.

Auch in der Gemeinschaft lernen Kinder, eigenverantwortlich mit Geld umzugehen.

Geld leihen und verleihen

Würden Sie Ihren Kindern Geld leihen?

Die überorganisierte Familie: »Nein, niemals. Sie sollen die schmerzlichen Konsequenzen für ihre Fehlentscheidung spüren, das wird sie lehren, verantwortungsvoll zu sein.« Oder: »Wenn sie mit dem auskommen müssen, was sie bekommen, lernen sie, gut mit Geld umzugehen.« Die profillose Familie: »Natürlich leihe ich den Kindern Geld für alles, was sie möchten. Sie können es zurückzahlen, aber sie müssen nicht. Schließlich müssen Eltern ihren Kindern helfen.« Die Familie mit Rückhalt: »Ich leihe den Kindern in bestimmten Situationen Geld, wenn sie wissen, wie sie es zurückzahlen können. Und ich erwarte auch, dass sie es zurückzahlen.« Verantwortungsbewusste Eltern verleihen Geld nicht leichtsinnig und bei jeder Gelegenheit. Sie wissen, dass es Situationen gibt, in denen jeder von uns Geld leihen muss. Wichtig ist, dass Kinder bei finanziellen Engpässen die Unterstützung der Eltern erfahren. Kinder sollten aber auch auf eine konsequente Rückzahlung der Schulden festgelegt werden. Wenn der Verantwortungsbereich der Kinder beim Umgang mit Geld ständig erweitert wird, können wir sicherstellen, dass sie damit vernünftig umgehen, wenn sie erwachsen sind. Sie werden dann wissen, wie sie ihr Geld einteilen, wie viel sie davon sparen, ausgeben und spenden können.

»Finanzielle Integrität erreicht man, indem man den wahren Einfluss seiner Einnahmen und Ausgaben auf die eigene Familie und auf den ganzen Planeten kennen lernt. Finanzielle Integrität bedeutet, seine Finanzen in Übereinstimmung mit seinen moralischen Werten zu bringen« (Joe Dominguez und Vicki Robin).

MAHLZEITEN IN DER FAMILIE

Für die meisten Kinder wäre das Essen kein Problem, wenn nicht die Eltern erst eines daraus machen würden. Zu eng gefasste Regeln, unsinnige Rituale und Bestimmungen lassen das Familienessen oft zu einem wahren Desaster werden. Lassen Sie es nicht dazu kommen. Die gemeinsame Mahlzeit sollte ein erfreulicher Anlass sein, zu dem sich die ganze Familie trifft und dabei die gute Gelegenheit nutzt, sich auszutauschen.

Kommunizieren und Lernen beim Essen

Essen als Ritual

Ein gemeinsames Essen kann etwas tief Befriedigendes sein. Es gehört zu den ältesten und fundamentalsten Erfahrungen, die Menschen vereinen. Schon in prähistorischer Zeit galt es als Zeichen von Frieden und Sicherheit. Im antiken Griechenland, bei den alten Germanen und auch in anderen Kulturen wurde Fremden zuerst eine Mahlzeit serviert. Erst dann wurden sie nach ihrer Herkunft und ihrem Ziel gefragt. Das gemeinsame Essen war damals so heilig, dass es als eines der schlimmsten Verbrechen galt, jemandem Gewalt anzutun, von dem man eine Mahlzeit angenommen hatte. Auch heute noch symbolisiert ein gemeinsames Essen Frieden und Harmonie, auch wenn die ursprüngliche Bedeutung meist nicht bekannt ist. Ein wichtiger Teil bei Staatsbesuchen oder einer Konferenz ist immer das gemeinsame Bankett, bei dem alle Teilnehmer zusammen essen. Essen ernährt den Körper, und in Gesellschaft zu essen nährt auch den Geist des Einzelnen, der Familie, der Gemeinschaft. Die Harmonie einer gemeinsamen Mahlzeit wirkt weit über die Essenszeit hinaus, zumindest wäre das im Idealfall so. Aber oft schleichen sich Dissonanzen ein, und die gemeinsamen Mahlzeiten in vielen Familien werden dann zu einer mittleren Katastrophe. (»Nimm die Ellbogen vom Tisch.« – »Nein, das kriegst du nicht.« – »Du bleibst hier sitzen, bis der Teller leer ist.«)

»Es spielt keine Rolle, wie beschäftigt Sie sind, Sie können sich diese Zeit für Ihre Kinder nehmen. Sie können über Ihre Träume, über Ihren Tag und auch über Ihren Ärger sprechen. Je mehr Sie zu tun haben, umso wertvoller sind die gemeinsamen Mahlzeiten für Ihr Kind. Wenn wir diese Zeit nicht mit unseren Kindern verbringen, können sie keine positive Einstellung zum Familienleben entwickeln« (Dr. Lee Salk).

Die richtigen Rahmenbedingungen schaffen

In manchen Familien gibt es gar keine gemeinsamen Mahlzeiten. Die Kinder legen sich irgendetwas auf den Teller und sitzen kauend vor dem Fernseher. So entstehen keine Gelegenheiten, Tischmanieren zu lernen oder sich mit den anderen Familienmitgliedern zu unterhalten.

Der Fernseher bestimmt den Rhythmus: Wenn gerade die Werbung läuft, füllt man sich schnell wieder den Teller. Es findet eine Nahrungsaufnahmc statt, aber keine Mahlzeit.Wir müssen uns in unserem arbeitsreichen Leben die Zeit nehmen, die Mahlzeit mit unseren Kindern zu feiern. Ein Elternteil sollte zumindest eine Mahlzeit pro Tag mit den Kindern gemeinsam einnehmen. Ihr Teenager mag z.B. vielleicht nicht frühstücken, und auch zum Abendessen sehen Sie ihn so gut wie nie. Sie können sich dafür aber mit ihm zum Mittagessen treffen.

Am besten wäre es, wenn sich die ganze Familie einmal pro Tag zu einer bestimmten Zeit für ein gemeinsames Essen zusammenfinden würde, um nicht nur die Mahlzeit miteinander zu teilen, sondern auch, um sich miteinander auszutauschen. Das muss nicht immer am Familienesstisch sein. Sie können auch ein Picknick zusammen machen oder in ein Schnellimbisslokal gehen; es geht darum, zusammen zu essen und miteinander zu sprechen.

Wenn Sie Ihre kleinen Kinder beim Essen dazu bringen, sich mit Ihnen zu unterhalten, werden sie es auch im Teenageralter noch tun. Sie wissen dann, dass man sich zu den Mahlzeiten trifft, um sich auszutauschen.

Lenken des Kinderverhaltens am Tisch

Wenn wir möchten, dass unsere Kinder mit ihren Nachbarn das Brot brechen, dann müssen wir sie zuerst lehren, es zu Hause zu brechen.

Wenn Ihre Kinder noch klein sind, werden Sie sehr schnell merken, dass Sie sich bei den Mahlzeiten nicht mehr so in Ruhe miteinander unterhalten können, wie das früher der Fall war. Wenn Sie versuchen, miteinander zu sprechen, lenken die Kinder die Aufmerksamkeit sofort auf sich, weil die Nudeln in den Haaren hängen oder die Milchtüte in den Salat kippt. Sie werden auch lernen, dass Sie von Ihren Kindern mehr erfahren können, falls Sie ihnen keine Fragen stellen. Wenn Eltern z.B. wissen wollen, wie es denn in der Schule war, kommt wahrscheinlich meistens etwas Indifferentes, etwa: »Wir haben nichts Besonderes gemacht.« Wenn aber die Eltern miteinander über ihren Tag sprechen, wird schnell das Interesse der Kinder geweckt, selbst im Mittelpunkt zu stehen. (»Wisst ihr, was ich heute gemacht habe?«) Und schon bald wird eine lebhafte Unterhaltung im Gang sein, an der alle teilhaben können. Spielt Ihr Kind mit seinem Essen? Trödelt es herum? Dann nörgeln Sie nicht, sondern sagen Sie

z. B. nur: »Wir essen sehr gern mit dir zusammen, und wir werden noch etwa zehn Minuten hier sitzen. Wenn du dann nicht fertig bist, ist das dein Problem, du kannst dann in Ruhe allein weiteressen.« Lassen Sie das Kind allein zu Ende essen und das Geschirr wegräumen. Wenn Ihr Geschirr bereits gespült wurde, soll das Kind seinen Teller selbst abspülen, das ist eine sinnvolle Konsequenz. Vermeiden Sie Ermahnungen, Bitten und Bestechungen, damit übernehmen Sie das Problem.

Worauf Sie achten sollten

Sie können nicht erwarten, dass bei Tisch immer alles perfekt klappt. Setzen Sie Ihre Kinder nicht unter Druck, indem Sie ständig fordern, dass sie ruhig sind, etwas erzählen oder ihre Essgeschwindigkeit anpassen. Lassen Sie ihnen den nötigen Raum, um sich auch wohl zu fühlen, und helfen Sie manchmal geschickt nach, sie zu dem zu motivieren, was Sie wollen.

Mahlzeiten in einer überorganisierten Familie

In einer überorganisierten Familie gibt es strikte Regeln für die Mahlzeiten, etwa folgende:

- Wo (»Iss in der Küche, nicht im Wohnzimmer.«)
- Wann (»Jetzt gibt es keinen Imbiss, sonst hast du beim Abendessen keinen Hunger mehr.« – »Jetzt kannst du das Baby nicht stillen, du musst es schreien lassen.«)
- Was (»Du musst alles essen, was auf den Teller kommt.« – »Bohnen sind gesund, du musst sie essen, auch wenn du sie nicht magst.« – »Wir essen so etwas nicht.«)
- Wie viel (»Du kannst noch nicht satt sein, dein Teller ist noch nicht leer.«) Diese strikten Regeln werden mit Drohungen und Bestechungen durchgesetzt. (»Du bleibst hier sitzen, bis du aufgegessen hast.« – »Wenn Du nur noch zwei Karotten isst, dann kannst du diesen köstlichen Schokoladenkuchen haben.«) Die Mahlzeiten sind kein erfreulicher Anlass, sondern dienen nur der Nahrungsaufnahme und der strikten Einhaltung der Regeln. Oberstes Gebot ist immer, alles aufzuessen, was auf den Teller kommt. Wenn ein Kind im Teenageralter

Beim gemeinsamen Essen wird nicht nur die Mahlzeit geteilt, sondern dieses Treffen wird in fast allen Familien gern dazu genutzt, sich miteinander auszutauschen.

ist, entstehen oft Machtkämpfe, bei denen die Eltern die Verlierer sind, wenn das Kind sich weigert, das zu essen, was auf dem Teller ist. Essen oder Nichtessen kann als wirkungsvolle Waffe gegen die Eltern verwendet werden. Es ist auch nicht erstaunlich, dass Teenager mit ernsten Essstörungen wie Bulimie oder Magersucht meist aus überorganisierten Familien stammen, in denen Selbstwert und Selbstverständnis eines Kindes ständig mit vorgeschriebenen Normen kollidieren. (»Du bist so ein braves Mädchen, weil du alles aufgegessen hast.« – »Du willst doch nicht so dick werden wie er?«)

Mahlzeiten in einer profillosen Familie

So planlos wie auch in anderen Bereichen geht es in der profillosen Familie auch bei den Mahlzeiten drunter und drüber. Fertiggerichte und Süßigkeiten ersetzen vernünftige Mahlzeiten.

In einer profillosen Familie dagegen gibt es für die Mahlzeiten überhaupt keine Regeln. Gemeinsame Mahlzeiten werden kaum geplant, man isst nebenbei und kümmert sich nicht um Nährwert, Qualität oder Menge der Nahrung. Wenn es schnell geht, einfach zuzubereiten und leicht zu essen ist, dann kommt es auf die Einkaufsliste. In der profillosen Familie wird Essen oft als Gefühlsausgleich eingesetzt. Ein Kind weint, und sofort bekommt es eine Süßigkeit in den Mund gestopft, damit es aufhört. Die Mutter tröstet sich vielleicht mit Essen, wenn sie traurig ist, und der Vater braucht ein Bier, weil ihm gekündigt wurde. Das Kind kommt aus der Schule und isst eine ganze Tüte Chips, weil niemand da ist, der sich mit ihm beschäftigt und ihm etwas kocht.

Nicht nur Familienleben und Gesundheit leiden durch sporadische Ernährung – auch die innere Disziplin wird bei dieser Art der spontanen Bedürfnisbefriedigung geschwächt.

Die Eltern geben kein gutes Beispiel, was Tischmanieren betrifft, denn sie haben sie von ihren Eltern auch nicht gelernt, oder sie sind in einer überorganisierten Familie aufgewachsen und haben sich daher fest vorgenommen, ihre Kinder nicht so streng zu erziehen. Für sie stehen Tischmanieren mit Drohungen und strengen Ritualen in Zusammenhang, daher verzichten sie darauf.
Das Kind lernt schon früh, sich selbst um sein Essen zu kümmern. Es isst nur das, was es will und wann und wo es will. Oft entwickeln sich dadurch leider ungesunde Essgewohnheiten, Fertignahrung und Süßigkeiten ersetzen vernünftige Mahlzeiten.

Kinder brauchen regelmäßige Abläufe. Dazu gehört auch eine gewisse Regelmäßigkeit in der Ernährung. Lassen Sie trotzdem genügend Freiraum – nach einem späten Frühstück am Sonntag werden auch Sie keinen übermäßig großen Hunger auf das übliche Mittagessen haben. Wie wäre es stattdessen nur mit einem kleinen Imbiss?

Mahlzeiten in einer Familie mit Rückhalt

In einer Familie mit Rückhalt findet man vernünftige, aber flexible Regeln für die Mahlzeiten, die eine willkommene Möglichkeit für die ganze Familie darstellen, Körper, Geist und Seele zu stärken. Die Kinder lernen, wie man sich gesund ernährt, wie man Mahlzeiten zubereitet und wie man sich beim Essen benimmt. Außerdem erleben sie die gemeinsame Unterhaltung und den Austausch von Ideen, Meinungen und Gefühlen. Das heißt nicht, dass es hier nicht auch wie in jeder Familie Meinungsverschiedenheiten darüber geben kann, was, wo und wie man isst. Diese Meinungsverschiedenheiten werden aber vernünftig und ruhig besprochen.

Essgewohnheiten der Kinder

Auf seinen Körper hören

Die meisten Mütter, die ihre Kinder stillen, werden feststellen, dass jedes Kind seinen eigenen, ziemlich genauen Rhythmus entwickelt, wenn es an die Brust will. Keine Mutter weiß nach dem Stillen des Kindes genau, wie viel dieses getrunken hat. Wenn es satt ist, hört es einfach auf, und die Mutter ist zufrieden. Wenn eine Mutter ihrem Baby aber die Flasche gibt, hat sie schon eher eine genaue Vorstellung davon, wie viel es trinken muss, um satt zu werden. Solche Vorstellungen halten an bzw. herrschen auch dann vor, wenn Kinder bereits alt genug sind, vom Teller zu essen: Wenn der Teller nicht leer ist, können sie doch nicht satt sein!

Viele von Ihnen haben als Kinder sicher auch den Spruch gehört: »Wenn du nicht aufisst, müssen die armen Kinder in Afrika hungern.« Eine Alternative ist: »Wenn du nicht aufisst, hast du mich nicht lieb.« Auch eine Kombination von beiden Sprüchen ist möglich. Sie taten also Ihr Bestes, um Ihren Teller zu leeren.

Genug ist genug

Kinder lernen normalerweise schon sehr früh, auf ihren Körper zu hören. Sie wissen, wann sie satt sind, und sie versuchen, es uns mitzuteilen, aber wir hören nicht immer zu. Das Baby spuckt die Flasche aus dem Mund, und wir stecken sie wieder hinein. Das zweijährige Kind schiebt den Teller weg, und wir wenden alle Tricks an, damit es den Mund wieder aufmacht.

Kinder, die zum Essen gezwungen werden, lernen dadurch nur eines: Das, was es fühlt, spielt keine Rolle, und seine Gefühle werden ignoriert oder missbilligt.

Diese unsensible Haltung ist nicht nur eine Beleidigung für das Kind, sondern kann auch später ernsthafte Schwierigkeiten hervorrufen. Der Umgang von Teenagern mit sexueller Verführung, Drogen und Selbstmordneigung hängt davon ab, wie ihr Selbstwertgefühl ist, wie gut sie auf ihren Körper hören und anderen mitteilen können, was ihnen ihr Körper sagt. Wenn ein Mensch daran gewöhnt ist, auf seinen Körper zu hören, wird er sich unerwünschtem Sex, der Einnahme von ungesunden Substanzen und Selbstzerstörung widersetzen. Ein Kind, das gelernt hat, auf seinen Körper zu hören, wird dessen Mitteilungen deutlich vernehmen und sie anderen klarmachen können.

Kein Zwang zu essen

Wenn man Kinder zum Essen zwingt, auch wenn ihnen ihr Körper sagt, dass sie satt sind, erfahren sie dadurch: Was dein Körper dir sagt, ist nicht wichtig. Ich weiß besser, was du brauchst. Wenn ein Kind so erzogen wurde und später Gleichaltrige versuchen, es zum Sex oder zu Drogen zu überreden, dann hört es ebenfalls die bekannte Botschaft: Was dein Körper dir sagt, ist nicht wichtig. Ich weiß besser, was du brauchst. Also wird es eher mitmachen. Glauben Sie also Ihrem Kind, wenn es sagt, dass es satt ist. Hier steht mehr auf dem Spiel als Ernährung und Tischmanieren.

Entscheidungsraum geben

Lassen Sie einem Kind bei den Mahlzeiten Entscheidungsfreiheiten, die für Sie praktikabel und akzeptabel sind. Lassen Sie das Kind mit gewissen Einschränkungen selbst wählen. Wenn das Kind sagt, dass es ein ganzes Sandwich möchte, muss es nicht daran erinnert werden, dass es gestern nur ein halbes gegessen hat. Wie würden Sie sich fühlen, wenn Sie in einem Restaurant den Chefsalat bestellten und der Ober zu Ihnen sagte: »Letzte Woche haben Sie den Salat nicht aufgegessen, nehmen Sie heute nicht besser den kleinen Salat?«
Wenn das Kind aber nur die Hälfte des Sandwiches schafft, weil es doch keinen so großen Hunger hatte, und nun satt ist, dürfen Sie es nicht zwingen aufzuessen. Bieten Sie ihm an, den Rest aufzubewahren, falls es später Hunger bekommt. Wichtig ist nur, dass Ihr Kind ein zuverlässiges Körpergefühl entwickelt. Darauf muss es hören, nicht auf andere, die ihm sagen, wann es satt oder hungrig sei.

In einem vernünftigen Rahmen gehalten, sollten Kinder bei den Mahlzeiten eigene Entscheidungen treffen dürfen, um so ein zuverlässiges Gefühl dafür entwickeln zu können, wie viel sie brauchen, um satt zu werden.

Konsequenz beim Essen

Der bestmögliche Einsatz für diese Methode ist bei einer Mahlzeit. Ihr Kind kann z. B. die Kartoffeln, die es auf seinem Teller gehortet hat, nicht aufessen. Also kommt der Teller in den Kühlschrank. Wenn das Kind am Abend äußert, dass es hungrig sei, können Sie ihm die restlichen Kartoffeln anbieten. Wenn es wirklich hungrig ist, wird es die Kartoffeln essen.

Wenn die Augen größer als der Bauch waren

Servieren Sie ihm die Kartoffeln aber nicht zum Frühstück, das wäre eine Bestrafung dafür, dass es zu viel auf seinen Teller geholt hat. Sie möchten ihm ja nur dabei helfen, eine sinnvolle Einschätzung davon zu bekommen, wie viel es essen kann. In einer überorganisierten Familie würde das Kind gezwungen, die Kartoffeln zu essen, bevor es überhaupt etwas anderes zu essen bekäme.
In einer profillosen Familie würden die Kartoffeln weggeworfen werden. Hätte das Kind am Abend dann Hunger, bekäme es zunächst eine überflüssige Belehrung zu hören, z. B.: »Wenn du die Kartoffeln gegessen hättest, wärst du jetzt nicht hungrig.« Danach könnte es etwas anderes essen und würde effektiv nur eines lernen: dass es für seine Fehler keine Verantwortung übernehmen muss.

Lieblingsgerichte

Abwechslung und eine große Auswahl an verschiedenen Nahrungsmitteln schützen vor einseitiger und ungesunder Ernährung. Das Elternhaus legt die Basis für das spätere Essverhalten der Kinder im Erwachsenenleben.

Ihr Kind möchte am liebsten jeden Tag nur Nudeln? Unterstützen Sie die Vorlieben Ihres Kindes. Sie können z. B. einen Plan für die Mahlzeiten aufstellen und markieren, wann das Kind in dieser Woche sein Lieblingsessen selbst kochen oder beim Kochen helfen darf. Vielleicht gibt es für Ihren Geschmack dieses Lieblingsessen etwas zu häufig, wenn Sie sich auf diesen Wunsch einlassen. Aber mit Ihrem Kind die Freude an dieser Mahlzeit zu teilen ist bedeutend sinnvoller, als sich auf einen Machtkampf einzulassen. Nützen Sie die Wünsche und Interessen Ihres Kindes, um ihm verschiedene Rezepte und Zubereitungsmöglichkeiten zu zeigen. All das wird dazu beitragen, dass es dem »Thema« Essen den nötigen Stellenwert beimessen und vielleicht gar nicht mehr lustlos in seiner Mahlzeit herumstochern wird. Für die meisten Kinder wäre das Essen kein Problem, wenn die Eltern nicht eines daraus machen würden. Bedenken Sie, Kinder sind auch in diesem Bereich auf Einfluss und Vorbild der Eltern angewiesen, um für alles den richtigen Sinn zu entwickeln. Seien Sie Ihren Kindern also Lehrer und Beispiel zugleich, und beherzigen Sie vielleicht den ein oder anderen der folgenden Ratschläge.

Bewusstsein für die richtige Ernährung

Sorgen Sie dafür, dass eine große Auswahl an Nahrungsmitteln im Haus ist, die auch gegessen werden. Wenn Sie süchtig nach Schokolade sind, dann lassen Sie sie nicht herumliegen, um die Kinder nicht in Versuchung zu bringen. Versuchen Sie, Ihren Schokoladenkonsum zu reduzieren und den Kindern ein gutes Beispiel zu geben. Wenn Sie vor dem Fernseher sitzen und Süßigkeiten in sich hineinstopfen, dann wundern Sie sich nicht, wenn Ihre Kinder das genauso machen. Wenn Sie Süßigkeiten verbieten, werden sie dadurch für Kinder nur noch anziehender. Große Mengen an Süßigkeiten verursachen einerseits ernste gesundheitliche Probleme, und andererseits werden dadurch weniger gesunde Nahrungsmittel gegen Hunger eingesetzt. Versuchen Sie, einen Mittelweg zu finden: ab und zu, aber auch dann nicht im Übermaß. Stellen Sie lieber nahrhafte und gesunde Imbisse zur Verfügung: geschälte Karotten, Sellerie, Obst, Säfte und Joghurt. Die Schmackhaftigkeit dieser Speisen wird Sie und Ihre Kinder positiv bestärken, sich weiterhin bewusst zu ernähren.

Bewusst einkaufen

Zeigen Sie Ihren Kindern, wie man Lebensmittel vernünftig einkauft. Die Etiketten auf verpackten Nahrungsmitteln lesen sich oft wie eine Mischung aus Koch-, Mathematikbuch und Krimi. Sie müssen Ihren Kindern helfen, diese Angaben irgendwann zu verstehen, damit sie, wenn sie nicht mehr in Ihrer Obhut leben, selbst die richtigen Kaufentscheidungen treffen können. Zeigen und erklären Sie ihnen deshalb alles. Vielleicht werden uns die Kinder dann eines Tages zeigen, wie wir vernünftiger einkaufen sollen.

Wenn Ihr Kind Sie darauf aufmerksam macht, dass die Seife, die Sie eben kaufen wollten, nicht abbaubar ist oder dass die Erbsen nicht aus ökologischem Anbau stammen, dann dürfte Ihr Kind auch allein die richtigen Kaufentscheidungen treffen können.

Was steckt drin?

Erklären Sie den Kindern, was sie essen. (»Spaghetti sind Kohlenhydrate, Fleisch hat Eiweiß, Kleie wirkt abführend, Bananen aber nicht.«) Sie können auch zu Ihrem Kleinkind schon von Kohlenhydraten sprechen. Wir unterschätzen oft die Fähigkeit der Kinder, auch schwierige Wörter zu verstehen.

So ernähren Sie sich gesund!

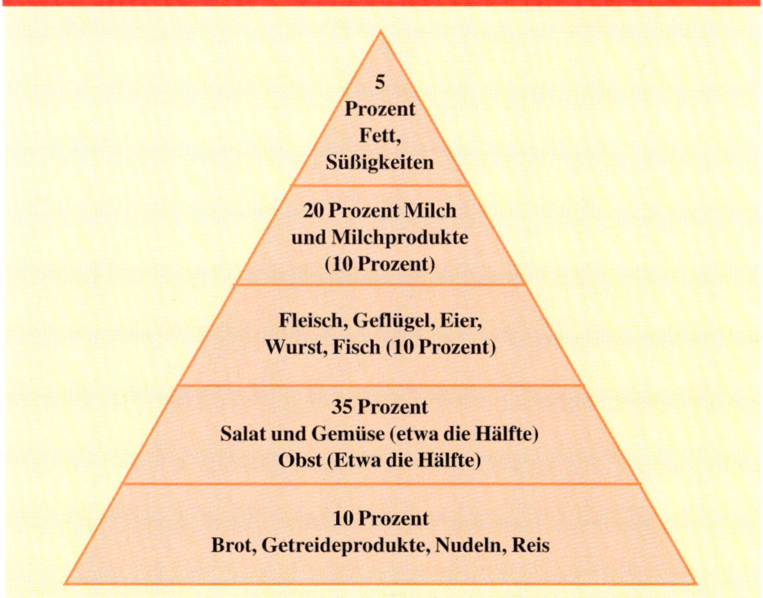

Der bewusste Umgang mit Nahrung setzt das Wissen um die Wirkung von unterschiedlichen Lebensmitteln voraus. Kinder sind diesbezüglich sehr neugierig.

Kochen lernen

Bringen Sie Ihren Kindern das Kochen bei. Ihre Kinder werden dadurch selbständiger, können Ihnen auch einmal Arbeit in der Küche abnehmen und sind vor allem für ihren eigenen Haushalt später schon etwas besser präpariert.

Selbstgekochtes schmeckt am besten

Sie werden staunen, was Ihre Kleinen so alles verputzen, wenn sie selbst den Kochlöffel schwingen durften.

Lassen Sie Ihre Kinder gut ausgewogene Mahlzeiten und gesunde Snacks für sich selbst und die ganze Familie vor- und zubereiten. Kinder neigen dazu, lieber das zu essen, was sie auch selbst zubereitet haben. Auch kleine Kinder können lernen, einfache Mahlzeiten oder kleine Imbisse selbst zuzubereiten.

Was ist das, und wie isst man das?

Essen Sie viele verschiedene Mahlzeiten, die auch auf unterschiedliche Weise serviert werden. So haben die Kinder zu Hause Gelegenheit, eine große Auswahl von Nahrungsmitteln kennen zu lernen und von jedem ein wenig probieren zu können. Zeigen Sie Ihren Kindern bei den Mahlzeiten, wie man die Platten weiterreicht, wie man die Menge abschätzen kann, die man auf seinen Teller lädt, und wann man nicht um einen Nachschlag bitten sollte. Bei einem Picknick können Sie den Kindern zeigen, wie man z.B. Papierteller auf den Knien balanciert, und andere Geschicklichkeiten schulen.

Gemeinsames Kochen dient nicht nur der wachsenden Selbständigkeit – es vermittelt Ihrem Kind auch Achtung vor einem liebevoll zubereiteten Mahl.

Einmal im Monat ein formelles Fest

Anlässe für Festessen gibt es viele: Geburtstage, Feiertage, Sonntage, Jahrestage und erste Schultage. Mindestens einmal im Monat decken Sie den Tisch besonders schön und feiern, weil es einfach Spaß macht, mit der ganzen Familie ein Fest zu begehen. Lassen Sie dabei auch das gute Geschirr auf keinen Fall im Schrank, eine schöne Erinnerung ist wichtiger als ein perfekt erhaltenes Service, das von niemandem benutzt und höchstens als Museumsstück gebührend bewundert wird.

»Das Leben soll ein einziges Fest sein! Wir brauchen keine speziellen Anlässe oder Zeiten, um uns daran zu erinnern. Der Weise findet jeden Tag einen Anlass, um ihn zu einem besonderen zu machen« (Leo Buscaglia).

Traditionen, Sitten und Gebräuche

Vermitteln Sie Ihren Kindern kulturelle oder religiöse Bräuche, die schon lange in Ihren Familien bekannt sind. Wenn Sie keine haben, erfinden Sie Ihre eigenen. Diese Gebräuche können bei Feiern oder in Krisenzeiten wunderbare gemeinsame Erinnerungen hervorrufen. Vor Jahren schenkte z. B. jemand unserer Familie einen besonderen roten Teller, der als Teil eines alten Brauchtums immer zu Ehren einer Person auf den Tisch gestellt worden war. Dieser Teller gehörte von da an als Gegenstand eines Brauchs unserer Familie zu allen Geburtstagen, Willkommensfeiern und Überraschungspartys.
Gelebte Bräuche sind besonders geeignet, um bei Kindern später immer wieder schöne Erinnerungen an diese Jugendzeit wachzurufen. Sprechen Sie mit Ihren Verwandten, Freunden oder Bekannten über Traditionen, die auch Ihre Familie miteinander verbinden könnte, und fragen Sie nach Gerichten, die von Generation zu Generation weitergegeben wurden.

Tischmanieren, aber keine Etikette

Gute Manieren sind soziale Tugenden, die den Menschen ermöglichen, auf angenehme Weise miteinander umzugehen und eben auch zu essen. Etikette dagegen heißt, sich strikt an gesellschaftliche Regeln und Höflichkeitsfloskeln zu halten, die bei gemeinsamen Mahlzeiten eher steif und einer entspannten Kommunikation hinderlich sind. Aber die elementaren Tischmanieren müssen Ihre Kinder besitzen, damit sie nicht unangenehm in der Öffentlichkeit auffallen und z. B. auch bei einem formellen Essen wissen, wie sie sich zu benehmen haben.

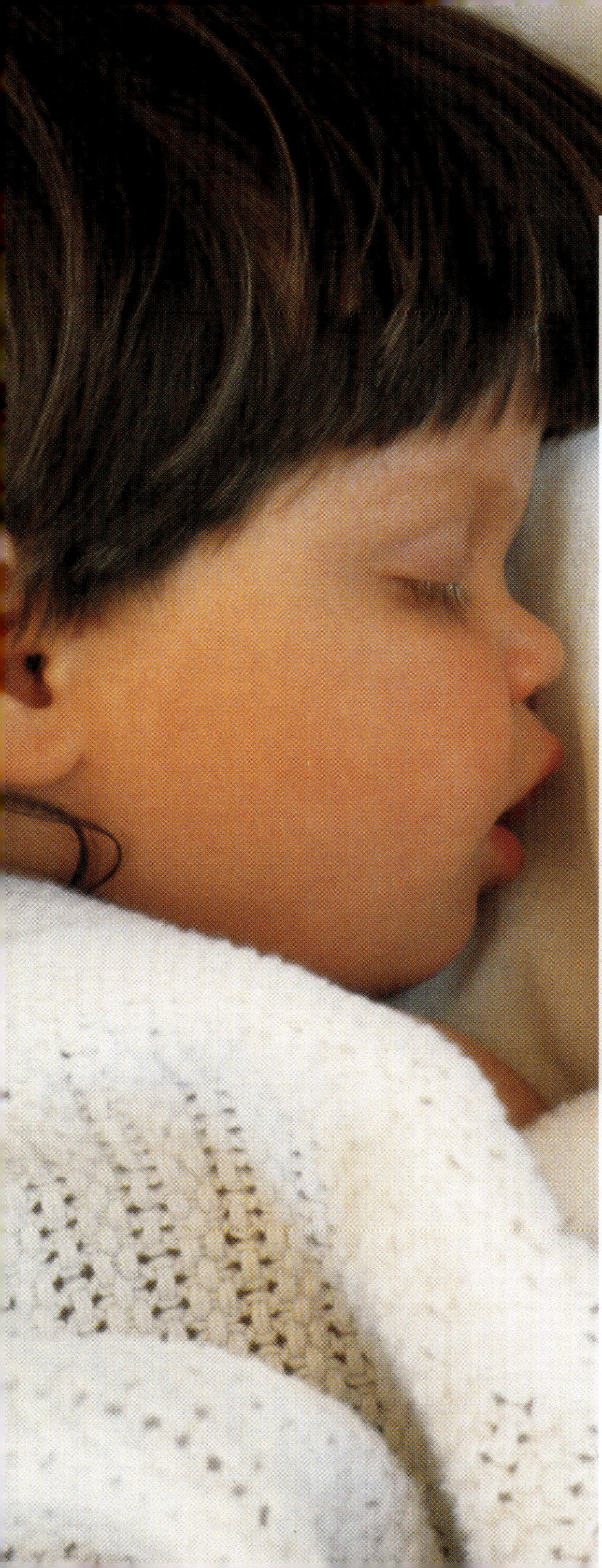

NACHTRUHE IN DER FAMILIE

Kinder ins Bett zu bekommen kann manchmal problematisch sein, und die Kleinen entwickeln eine recht große Bandbreite an Manövern, um das Zubettgehen herauszuzögern. Mit Strenge oder auch mit Willkür werden Sie allerdings nicht viel erreichen. Um Ihrem Nachwuchs das Schlafengehen näher zu bringen und zu erleichtern, braucht er klare Regeln für die Schlafenszeit, den Schlafplatz und für die Vorbereitungen vom Zähneputzen, übers Umziehen bis zur Gutenachtgeschichte.

Probleme und Methoden beim Schlafengehen

Schwierigkeiten beim Schlafengehen

Ermöglichen Sie es Ihren Kindern, ihren eigenen Schlafrhythmus zu finden. Dann gibt es kaum noch Probleme beim Schlafengehen.

Belügen Sie Ihre Kinder nicht. Sagen Sie ihnen nicht, dass sie ihren Schlaf brauchen, sagen Sie ihnen lieber ehrlich, dass ihr Schlaf vor allem für Sie notwendig ist. Und oft sieht es doch so aus, als bräuchten Sie mehr Schlaf als Ihre Kinder. Sie müssen sich entscheiden, ob die Kinder früh schlafen gehen und früh aufstehen oder spät ins Bett gehen und auch spät aufstehen sollen. Früh schlafen und spät aufwachen wird kaum möglich sein, auch wenn Sie sich das wünschen.
Sie müssen herausfinden, was für die ganze Familie am besten ist. Vielleicht haben Sie es aus beruflichen Gründen und aufgrund Ihres eigenen Rhythmus lieber, dass Ihre Kinder am späten Nachmittag schlafen, dafür länger aufbleiben und somit alle am Morgen länger schlafen können. Finden Sie für sich heraus, was Sie bevorzugen, und stellen Sie dann fest, was in der Familie durchführbar ist. Seien Sie offen und flexibel für eine Änderung der Routine und die wechselnden Schlafbedürfnisse der einzelnen Familienmitglieder.

Tausend Gründe, nicht zu schlafen

Aber auch die besten Absichten der Eltern, das Schlafengehen ihrer Kinder so zu gestalten, dass es funktioniert, können oft zu einem Desaster führen. Eine typische Situation sieht etwa so aus: Sie verkünden: »Also Kinder, es ist Zeit, ins Bett zu gehen.« Darauf folgen sofort die obligatorischen Fragen und Klagen: »Können wir nicht noch ein bisschen aufbleiben? Warum müssen wir so früh ins Bett? Alle anderen Kinder müssen nie vor zehn Uhr schlafen gehen.« Schließlich sind die Kinder aber doch im Bett. Sie decken sie zu, lesen eine Geschichte, geben den Gutenachtkuss, gehen nach unten und freuen sich auf ein ruhige Stunde mit Ihrem Partner.
Drei Minuten später erscheint das erste Kind auf der Treppe: »Mama, ich kann nicht schlafen. Kommst du zu mir?« – »Ich war den ganzen

Tag bei dir. Komm schon, ich decke dich noch einmal zu.« Sie decken es zu und gehen zurück ins Wohnzimmer. Dann sitzen Sie gemütlich im Sessel und lesen ein wenig. Das nächste Kind kommt die Treppe herunter: »Mama, ich muss aufs Klo.« – »Was soll das heißen, du musst aufs Klo? Vor fünf Minuten hast du nicht aufs Klo gemusst. Wenn du vorher gegangen wärst, dann müsstest du jetzt nicht.« Sie begleiten das Kind auf die Toilette, danach geht es dann endlich zurück ins Bett.

Vernünftige Routine ist das beste Konzept, um das den Eltern Schlaf raubende Thema »Nachtruhe« in den Griff zu bekommen.

Dafür kommt aber schon das dritte um die Ecke. »Mama, unter meinem Bett ist ein Monster.« – »Unter deinem Bett ist kein Monster.« Sie schauen unter das Bett, und das Kind denkt wahrscheinlich: »Warum schaut sie unter das Bett, wenn sie sagt, dass dort kein Monster ist?« Allmählich reißt Ihnen der Geduldsfaden, und Sie geben allen dreien zu verstehen: »Wenn einer von euch noch einmal herunterkommt, dann geht ihr alle morgen zwei Stunden früher ins Bett. Der Nächste, der hier erscheint, kriegt den Po voll. Vor morgen früh will ich keinen mehr von euch sehen!«

Das ein oder andere Kind wird aus Furcht weinen, bis es endlich einschlafen kann. Minuten später, wenn alles ruhig ist, schleichen Sie auf Zehenspitzen in ihre Zimmer, sehen die Kinder schlafen und fühlen sich schuldig. Den Rest Ihres friedlichen Abends verbringen Sie dann vielleicht mit Selbstanklagen darüber, was für miserable Eltern Sie doch sind. Es muss noch einen besseren Weg geben.

Guter Rat ist teuer

Wenn Ihre Kinder noch im Babyalter sind, können Sie sie vielleicht so lange stillen, bis sie eingeschlafen sind. Im Kleinkindalter wird aber bereits ein Konzept nötig, um gewisse Routine entstehen zu lassen. Ein Freund schlägt vielleicht vor, sie so lange schreien zu lassen, bis sie einschlafen. Ein anderer meint, Sie sollten sie so lange aufbleiben lassen, bis sie von selbst einschlafen. Wieder andere, die ältere Kinder haben, schütteln nur den Kopf und behaupten: »Das geht vorbei.« Auch einige Experten sind dafür, die Kinder einfach schreien zu lassen, andere sagen, ein Bett für alle zusammen würde helfen, und wieder andere sind der Meinung, es käme immer auf das jeweilige Kind an. Sie bekommen also überall große Hilfe! Sie müssen bei diesem Problem schon selbst entscheiden, wie Sie damit umgehen wollen – aufgrund Ihrer Erfahrungen und Einschätzungen. Wenn Sie sich dazu entschließen, Ihre Kinder nicht schreien zu lassen, bis sie einschlafen, haben Sie alle Hände voll zu tun.

Schlafengehen in einer überorganisierten Familie

In einer überorganisierten Familie ist das Schlafengehen weniger Routine als vielmehr ein genau vorgeschriebenes Ritual. Zwanghafter Ordnungssinn, Kontrolle und das Erwarten von Gehorsam sind bei diesem Thema ganz offensichtlich. Die Eltern haben von »Fachleuten« gehört, dass man ein Kind auch in den Schlaf wiegen kann, dass es aber vor allem lernen muss, von selbst einzuschlafen. Also werden Kinder zu einer festgesetzten Zeit ins Bett gebracht, und das Licht wird ausgemacht. Die Eltern setzen sich vor den Fernseher und lassen die Nachbarn dem schreienden Baby oder Kleinkind lauschen. Die Gefühle des Kindes werden ignoriert oder negiert, und schließlich lernt es tatsächlich, selbst einzuschlafen und auch ohne Hilfe der Eltern weiterzuschlafen, wenn es einmal aufwachen sollte. Es ist nicht überraschend, dass die Eltern immer unempfindlicher gegenüber Schmerzen und Schreien werden. (»Nachdem wir ihn einen Monat schreien ließen, wurde er so ein braves Baby. Jetzt hören wir keinen Muks mehr von ihm. Es hat funktioniert.«)

Wenn Schlafenszeiten unverrückbar festgelegt und die Gefühle der Kinder nicht berücksichtigt werden, gerät die erwünschte Routine im Sinne einer Regelmäßigkeit zum festgefahrenen Ritual.

Durch eine Gutenachtgeschichte zeigt die Mutter: Ich bin für dich da und beende unseren gemeinsamen Tag mit einem schönen Erlebnis.

Die Schlafzimmer sind streng getrennt. Kinder schlafen ausnahmslos immer in ihren eigenen Betten und in ihren eigenen Zimmern. Dieses Verhalten resultiert aus der Meinung, dass man Kinder nie mehr aus dem Bett der Eltern herausbekommt, wenn man sie auch nur einmal darin schlafen lässt.

Zementierte Regeln

Genauso unsinnig wie das Erzwingen der Bettruhe ist das völlige Sich-selbst-Überlassen, wann und wo das Kind schlafen geht. In einer solchen Umgebung wird es schier unmöglich, ein sicheres Gefühl für die Ruhe und den dazu richtigen Zeitpunkt zu entwickeln.

Von klein auf ist die Schlafenszeit von den Eltern festgelegt; das setzt sich bis zum Teenageralter fort, ohne dass die Kinder ein Mitspracherecht haben. (»Es ist acht Uhr, in einer Viertelstunde bist du im Bett und schläfst.«) Die Regeln werden auch nicht bei besonderen Anlässen ausser Kraft gesetzt, z.B. wenn ein Freund übernachtet. (»Es ist mir egal, ob der Film zu Ende ist oder nicht. Daran hättest du vorher denken können. Acht Uhr ist Bettgehzeit, du brauchst deinen Schlaf.«) Mit Hilfe von Drohungen und Bestechungen wird Gehorsam erzwungen. (»Wenn ihr beide nicht aufhört zu reden, dann darf nie mehr ein Freund hier übernachten.« – »Wenn du dem Babysitter keine Schwierigkeiten machst und brav um acht Uhr schlafen gehst, dann bring ich dir was Schönes mit.«)

Schlafengehen in einer profillosen Familie

Natürlich gibt es in einer profillosen Familie für das Schlafengehen keine festen Regeln. Eltern und Kinder schlafen einfach ein, wann und wo sie wollen. Eine verlässliche Routine (z.B. regelmäßiges Zähneputzen, allabendliche Gutenachtgeschichten) existiert nicht, alles funktioniert nach dem Zufallsprinzip. Die Eltern, die aus einer überorganisierten Familie stammen, weigern sich oft, ihren Kindern eine Routine vorzuleben. Sie lehnen die Strenge ihrer Eltern ab, haben dem aber keine besseren Erziehungsstrukturen entgegenzusetzen. (»Schlafengehen ist bei uns kein Drama. Wir lassen die Kinder einfach im Wohnzimmer einschlafen. Für mich ist es kein Problem, wenn sie in ihren Kleidern schlafen, ich schlafe auch oft so ein.«)
Das klappt auch in vielen Situationen; wenn aber die Eltern der schlechten Angewohnheiten ihrer Kinder überdrüssig sind, greifen sie auf die strikten Methoden aus ihrem Elternhaus zurück. (»Du gehst jetzt sofort ins Bett. Ich habe es satt, dass du immer so lange aufbleibst und irgendwann auf dem Sofa einschläfst. Du bist zu schwer,

um ins Bett getragen zu werden.« – »Wenn du nur noch einmal aus dem Bett kommst, setzt es Prügel.« – »Putz dir endlich deine Zähne. Ich habe keine Lust, die hohen Zahnarztrechnungen zu bezahlen.«) Kinder können sich bei so viel Willkür nicht entwickeln. Ihnen fehlt einfach eine klare Orientierungshilfe, Verwahrlosung ist oft die Folge: Sich spätabends noch in der Nachbarschaft herumzutreiben und am nächsten Tag zu spät zur Schule zu kommen, weil sie (oder gleich die ganze Familie) verschlafen haben, ist nicht selten der Fall. Oft versucht das älteste Kind, eine Art von Ordnung in das Leben der Jüngeren zu bringen und dafür zu sorgen, dass die Kleinen pünktlich im Bett und auch in der Schule sind. In diesem familiären Chaos ist das aber eine kaum zu bewältigende Aufgabe.

Schlafengehen in einer Familie mit Rückhalt

In einer Familie mit Rückhalt schaffen die Eltern eine grundlegende Routine, die den Bedürfnissen der einzelnen Familienmitglieder und der ganzen Familie angepasst ist. Die Verantwortung für die Einhaltung der Routine liegt vor allem bei den Eltern und in zunehmendem Alter auch immer mehr bei den Kindern.

Schaffen Sie mit Ihren Kindern und für sie einen regelmäßigen Rhythmus und trotzdem einen individuellen Ablauf der Zu-Bett-geh-Zeremonie.

Vernünftige Routine

Wenn die Kinder erwachsen sind und das Haus verlassen, haben sie gelernt, was zu tun ist, damit ihr Körper die richtige und ausreichende Ruhe bekommt, die er braucht. Sie hören dann auf ihre eigene biologische Uhr und respektieren auch die Bedürfnisse ihrer Mitmenschen. Die tägliche Routine der Kinder sollte etwa so aussehen: Zähne putzen, schmutzige Wäsche in den Wäschekorb legen, Schlafanzug anziehen, ins Bett gehen, und bevor man das Licht ausmacht, noch ein bisschen lesen.

Worauf Sie achten sollten

Mit Strenge, Zügellosigkeit oder Willkür werden Sie Ihrem Kind das Schlafengehen niemals näher bringen und erleichtern. Was es braucht, sind klare Regeln für Schlafenszeit, Schlafplatz und Vorbereitungen.

Unproblematisches Schlafengehen – wann, wo, wie?

Der Schlafrhythmus ändert sich im Laufe der Entwicklung. Lehren Sie Ihre Kinder, auf die Signale ihres Körpers zu achten und sich dementsprechend Ruhephasen zu gönnen.

Die richtige Zeit, schlafen zu gehen, wird sich mit zunehmendem Alter der Kinder verändern. Ein kleines Kind hat seinen eigenen Schlafrhythmus, dem sich die Eltern anpassen. Wenn das Kind größer wird, stimmt sich dieser Rhythmus auf die eigene innere Uhr und auf den in der Familie üblichen Schlafrhythmus ein. Ein 18 Monate altes Kind will keinen Nachmittagsschlaf mehr machen, aber Sie wissen, dass es ohne diesen unausstehlich wird. Oft entwickelt sich dann der Nachmittagsschlaf einfach zu einer kleinen Ruhepause, die meist im Schulalter aufgegeben wird. Wenn möglich, sollte diese Ruhepause aber auch später noch aufrechterhalten werden. Früher war es weltweite Tradition, in der Mitte des Tages eine Ruhepause einzulegen. Dies wird auch heute noch von zwei Dritteln der Weltbevölkerung so gehalten. Auch Erwachsene brauchen immer wieder Ruhepausen. Anstatt die Signale des Körpers mit Koffein zu bekämpfen, wäre es besser, von den Kindern zu lernen und sich mittags eine kleine Ruhepause zu gönnen.

Für jedes Kind die richtige Zeit

Wenn Kinder älter werden, heißt das nicht unbedingt, dass sie deshalb automatisch später schlafen gehen. Ein Kind in der ersten Klasse geht vielleicht sogar vor einem Kleinkind schlafen, denn das Kleinkind hatte sein Nachmittagsnickerchen und ist noch putzmunter. Lassen Sie das Kleinkind aufbleiben, und nehmen Sie sich dafür Zeit, das Schulkind in Ruhe ins Bett zu bringen. Wenn Ihr Schulkind bereits lesen kann, dann lassen Sie es ruhig noch lesen, bis es von selbst einschläft. Vielleicht denken Sie, das Kind würde dann die ganze Nacht aufbleiben, aber dem ist nicht so. Das Kind findet bald selbst heraus, wie lange es lesen kann, ohne am nächsten Tag todmüde zur Schule zu kommen. Sehen Sie höchstens später nochmals nach, ob das Licht ausgemacht wurde. Wenn Ihre Kinder ins Teenageralter kommen, müssen sie sich entscheiden, wie sie es einrichten können, damit sie den Freiraum und die Zeit haben, die sie brauchen. Einige Erwachsene brauchen mehr Schlaf als ihre Kinder, gehen deshalb früher ins Bett und »überlassen« den Jungen das Haus. Ein entsprechender Vorschlag könnte dann so aussehen: »Kinder, wenn ihr fertig seid, dann macht im ganzen Haus das Licht aus.« Es ist aber auch durchaus legitim, ein bisschen Distanz und Ruhe zu beanspruchen, wenn man als Erwachsener noch aufbleibt: »Ich brauche am Abend etwas Zeit für mich allein. Ihr seid bitte um zehn Uhr in euren Zimmern; ob ihr schlafen wollt oder nicht, das ist eure Entscheidung. Ich brauche hier etwas Raum für mich allein.«

Seine Zeit organisieren

Vielleicht kommen Sie nach Mitternacht am Kinderzimmer vorbei, sehen noch Licht, schauen hinein und finden Ihr Kind am Schreibtisch sitzen, wo es noch Schularbeiten erledigt. Verkneifen Sie sich, darauf zu sagen: »Wenn du früher angefangen hättest, müsstest du dir jetzt nicht die Nacht um die Ohren schlagen.« Das Kind weiß das selbst. In einer profillosen Familie würden die Eltern vielleicht versuchen, dem Kind zu helfen. (»Komm, ich mach das für dich. Es ist schon so spät, du gehst jetzt ins Bett.«) Lassen Sie das Kind die Hausaufgaben selbst erledigen. Es wird am nächsten Tag todmüde in die Schule kommen und aus den Konsequenzen lernen, dass es nichts bringt, wenn man fällige Aufgaben vor sich herschiebt.

Auch mit der Zeit umzugehen will gelernt sein. Manch einer braucht den Termindruck und kann erst dann richtig gut arbeiten. Die Konsequenzen sollten aber dann auch selbst verantwortet werden.

Vielleicht lernt das Kind dadurch, seine Zeit besser zu organisieren. Sprechen Sie mit Ihrem Kind über vernünftige Schlafenszeiten. Wenn es am Morgen nicht aus dem Bett kommt, sollte es früher schlafen gehen. Wie es das Problem aber löst, sollten Sie möglichst ihm überlassen, sonst lernt es nie richtig, mit Zeit umzugehen.

Was Eltern Schlaf raubt

Es wird immer wieder vorkommen, dass Kinder nicht einschlafen können oder einfach noch ein wenig reden oder kuscheln möchten. Wehren Sie dies grundsätzlich nie ab, auch wenn Sie selbst müde sind oder keine Zeit haben. Bleiben Sie sensibel und flexibel für solche Sonderbedürfnisse. Eltern mit kleinen Kindern fragen sich oft, ob sie jemals wieder acht Stunden ohne Unterbrechung schlafen werden können. Natürlich leiden auch viele Eltern von Neugeborenen unter Schlafmangel. Aber auch diese Belastungen kann man letztlich ohne große Probleme überstehen. Sie müssen auch in dieser Hinsicht damit leben, dass Ihr Freiraum eingeschränkt ist. Wenn Ihre Kinder älter werden, wird Ihnen die Tatsache, dass sie manchmal erst spät nach Hause kommen und sie so lange gewartet haben, mitunter auch den Schlaf rauben. Leben Sie damit – es lohnt sich.

Der richtige Schlafplatz

Finden Sie Ihre eigene Lösung. So wichtig wie das Rückzugsgebiet und der ungestörte Raum für Schlaf und Ruhe ist auch die Zeit zum Kuscheln mit den Kindern.

Es wurde viel darüber geschrieben, wo Kinder schlafen sollen. Manche sagen, ein gemeinsames Familienbett wäre optimal, andere wieder bestehen darauf, dass die Kinder ausschließlich in ihren eigenen Betten schlafen sollen. In Wahrheit gibt es nicht nur eine optimale Möglichkeit, aber viele falsche Ratschläge. Jede Familie muss für sich herausfinden, wie man es am besten einrichtet, dass alle genug Schlaf bekommen und dennoch genug Raum bleibt, auf typische Kinderbedürfnisse wie Kuscheln usw. einzugehen. Ebenso wichtig ist, dass jeder seine Privatsphäre haben kann und die Bedürfnisse der Eltern nach einem spontanen und erfüllenden Sexualleben ebenfalls nicht beeinträchtigt werden.

Kindern, die es gelernt haben, ihr Schlafbedürfnis mit den Anforderungen durch die Außenwelt abzustimmen, gelingt es häufiger, eigene Ziele zu verwirklichen.

Privatsphäre

Wenn Sie auf eine ungestörte Privatsphäre im Schlafzimmer Wert legen, dann müssen Ihre Kinder ab dem Zeitpunkt, zu dem sie nicht mehr bei Ihnen im Raum schlafen, dazu erziehen, Sie nicht zu stören.

- Verschließen Sie Ihre Türe immer – nicht nur ab und zu. Dann machen Sie auch niemanden neugierig.
- Erklären Sie Ihren Kindern offen, dass Sie ungestört Raum und Zeit brauchen, um sich allein küssen, streicheln und lieben zu können.
- Die Kinder sollen klopfen, wenn sie hereinwollen.

Da sein, wenn Kinder es brauchen

Kinder müssen die Privatsphäre der Eltern respektieren lernen, wobei sie aber stets die Sicherheit haben sollten, dass die Eltern im Bedarfsfall für sie da sind.

Wenn Kinder noch Babys sind, können sie noch leicht im Bett der Eltern oder in einem danebenstehenden Kinderbett schlafen. Kleinkinder sollten bereits in ihrem eigenen Zimmer untergebracht sein.
Erklären Sie Ihren Kindern schon bald, dass sie Ihre Privatsphäre achten sollen. Sie werden es verstehen, wenn Sie alles, was Sie mit ihnen vereinbaren, konsequent umsetzen. Machen Sie ihnen auch klar, dass Sie immer für sie da sind, wenn sie etwas brauchen, und klopfen. Sie sollten den Schlafbereich von Eltern und älteren Kindern aber nicht immer trennen. Es gibt auch Ausnahmen: Wenn ein Kind krank ist, können Sie es z.B. in Ihrem Bett schlafen lassen oder die Nacht ganz nah bei ihm in seinem Zimmer verbringen. Am Wochenende können Sie Ihren Kindern ruhig mal erlauben, am Morgen in Ihr Bett zu kommen, um zu kuscheln. Oder richten Sie einfach ein riesiges Schlaflager für die ganze Familie im Wohnzimmer ein, wo Sie dann alle zusammen einen Film ansehen und irgendwann einschlafen. Für Kinder ist das furchtbar aufregend.

Routine beim Schlafengehen

Die Vorbereitungen zum Schlafen sind von Familie zu Familie unterschiedlich. Kinder brauchen ein systematisches Programm, auf das sie sich verlassen können. Dazu sollten gehören: die persönliche Hygiene (Hände und Gesicht waschen, eventuell auch baden oder

Kinder brauchen in allem eine gewisse Struktur und Konsequenz, so auch bei den Vorbereitungen zur Bettruhe. Viele dieser Abläufe werden übrigens auch im Erwachsenenalter noch beibehalten.

duschen; Zähne putzen; wenn nötig, aufs Klo gehen), das Aus- und Umziehen (Schlafanzug oder Nachthemd anziehen) und etwas zur Beruhigung und Entspannung (singen, Geschichten erzählen oder vorlesen, Massage). Dann wird das Licht ausgemacht oder abgedunkelt, und schließlich wird geschlafen. Bei einem Kleinkind werden Sie sich noch um den genannten Ablauf kümmern, je älter die Kinder werden, umso mehr können sie selbst übernehmen. Ihre Kinder werden zwar immer unabhängiger, aber früh erlernte gute Gewohnheiten werden sie beibehalten. Sie werden z.B. Ihrem Kleinkind noch die Zähne putzen. Mit etwa zwei Jahren fängt es dann an, dies selbst zu tun. Und ab dann können Sie auch öfters gemeinsam Ihre Zähne reinigen. Wie immer ist das Vorbild auch hier prägend, wenn Sie Ihrem Kind Fertigkeiten beibringen wollen.

Vier Schritte, Fertigkeiten zu erlernen

1. Zuerst zeigen Sie den Kindern, wie Sie es machen.
2. Dann zeigen Sie den Kindern, wie sie es selbst machen können.
3. Dann machen Sie es mit den Kindern zusammen.
4. Dann sollen die Kinder es allein tun und die Verantwortung dafür übernehmen.

Gutenachtgeschichten

Das Schlafengehen ist eine wunderbare Gelegenheit, um Ihren Kindern Bücher nahe zu bringen, um sie mit der Nachahmung von Tierstimmen zu faszinieren und ihnen durch Geschichten Familiengeschichte und Tradition zu vermitteln. Kinder lieben es, wenn ihr Vater für sie Geschichten erfindet, die Mutter ihre Lieblingsmärchen vorliest und die Oma aus der eigenen Kindheit erzählt.

Eine gute Möglichkeit, Ihren Kindern »Gesellschaft zu leisten«, obwohl Sie gar nicht zu Hause sind, ist das Besprechen von Tonbandkassetten. So haben die Kinder immer eine Alternative: Entweder hören sie einen Livevortrag des Elternteils, der sie betreut, oder die Stimme des Abwesenden. Auch wenn Sie die Kinder bei einem Babysitter lassen, können sie die von Ihnen besprochenen Bänder anhören; vielleicht kommt am Ende des Bandes dann die Bemerkung: »Jetzt ist es Zeit, mit dem Bär zu kuscheln. Der Babysitter macht das Licht aus und setzt sich zu euch, bis ihr eingeschlafen seid.«

Massagen

Berührungen sind entscheidend für zwischenmenschliche Beziehungen. Alle von uns brauchen Berührungen, unabhängig vom Alter. Die Stimulierung über die Haut bzw. ein Mangel an Stimulation hat eine grundlegende Wirkung auf unser körperliches und geistiges Wohlbefinden. Babys gedeihen besser durch eine Ganzkörpermassage, dabei wird der ganze Körper im Uhrzeigersinn sanft gestreichelt. Kleinkinder und ältere Kinder lassen sich gern am Kopf, Rücken, an den Armen, Beinen und Füßen massieren. Wenn Ihr Kind sehr lebhaft ist und schwer zur Ruhe kommt, dann bereiten Sie ihm zum Schlafengehen ein heißes Bad, nach dem Sie es sanft mit einem warmen Handtuch abtrocknen. Tragen Sie dann das Kind ins Bett, und rubbeln Sie fest seine Fußsohlen. Die Chinesen kennen den Wert der Fußmassage schon seit dem Altertum. Ein chinesisches Sprichwort sagt, dass die Augen das Fenster zur Seele und die Füße der Eingang zum Körper sind. Durch das feste Rubbeln der Fußsohlen entspannt sich das Kind und bleibt im Bett liegen.

»Berührung gehört zu den vertrautesten sinnlichen Wahrnehmungen, die wir kennen. Andere zu berühren drückt klar und deutlich aus: Ich bin hier, ich bin nahe bei dir, und ich mag dich. Wie schade, dass viele von uns ein Leben lang darauf warten, diese geheimnisvolle Kraft zu entdecken« (Leo Buscaglia).

Berührungen sind lebenswichtig

Durch liebevolle Berührung erfährt das Kind, dass sein Körper etwas Gutes ist. Liebevolle Berührungen – Massagen, sanftes Kitzeln oder Umarmungen – vermitteln, dass Sie den Körper Ihres Kindes annehmen; dadurch kann das Kind ebenfalls sich selbst annehmen. Die Wahrung der persönlichen Grenzen – kitzeln oder umarmen z. B. ist nur erlaubt, wenn das Kind das auch will – hilft dem Kind, seine Grenzen zu erkennen. Wenn diese Grenzen respektiert werden, erfährt das Kind, dass nur es selbst über seinen Körper bestimmen kann. Manchmal ist es am schwersten, Kinder zu umarmen, wenn sie es am dringendsten brauchen: nämlich, wenn sie wütend sind. Wenn ein Kind aus Ärger oder Müdigkeit einen Wutanfall hat, wirkt eine sanfte, aber feste Umarmung beruhigend und hilfreich. Das Kind erfährt über seinen Körper, dass es akzeptiert wird; dadurch verliert der Anlass der Aufregung an Wichtigkeit.

Eltern, die in Familien aufgewachsen sind, in denen Berührungen ein Tabu waren oder die persönlichen Grenzen nicht respektiert wurden, empfinden oft einen Widerstand gegen Berührungen. Traurigerweise haben sie die ursprünglichste Form von Zuwendung nicht erfahren. Sie müssen erst durch Übung lernen, ihre Kinder immer wieder auf eine natürliche und gute Art zu berühren. Suchen Sie nicht nur, aber vor allem vor dem Schlafen den Körperkontakt zu Ihren Kindern. Umarmen Sie sie liebevoll, streicheln oder massieren Sie ihren Rücken. Das tut ihnen gut, beruhigt sie, und sie werden besser schlafen. Außerdem werden sie sich durch eine solche Behandlung zu Erwachsenen entwickeln, für die Berührungen selbstverständlich sind.

Träume und Alpträume

In unseren Träumen verarbeiten wir Geschehnisse des Tages. Wir wissen, so Furcht einflößend der Traum auch sein mag, dass wir wieder aufwachen werden. Kinder müssen aber auch dies erst lernen und brauchen dazu Ihre Hilfe und Ihr Verständnis.

Wenn die Kinder endlich schlafen, können auch Sie sich entspannen. Wenn aber Alpträume den Schlaf der Kinder stören (»Papa, da ist ein großer Bär hinter mir her, ich fürchte mich!«), ist es an der Zeit, ihnen zu zeigen, wie man mit Träumen umgeht. Träume haben auf uns alle Einfluss. Wenn Ihre Kinder von Alpträumen geplagt werden, dann nehmen Sie sie in die Arme und geben Ihnen das Gefühl von Geborgenheit. Geben Sie ihnen zu verstehen, dass sie ihren Träumen nicht einfach ausgeliefert sind, sondern dass es in Träumen auch für alle Probleme Lösungen gibt. Sie können z. B. sagen: »Weißt du, Träume sind phantastisch, denn du kannst darin Dinge vollbringen, die du niemals tun könntest, wenn du wach bist. Du kannst schneller laufen als jeder Bär der Welt, und du kannst einen Baum erfinden, auf den kein Bär klettern kann. Du kannst dich auch umdrehen und zu dem Bär sagen: ›Hallo Bär, ich bin dein Freund.‹«

Keine Gespenster, keine Monster, aber Träume existieren

Drohen Sie Ihren Kindern nicht damit, dass ein Gespenst kommt, wenn sie nicht schlafen wollen, und dass sie ein Monster erwischen wird, wenn sie aus dem Bett steigen. Behaupten Sie auch nicht, dass Träume nur Schäume sind. Wenn wir für die Träume, Alpträume und Ängste unserer Kinder ein ebenso offenes Ohr haben wie für ihr restliches Gefühlsleben und sie mit Achtung behandeln, lernen auch unsere Kinder, wie sie damit umgehen können. Diese Fähigkeit wird ihnen ihr ganzes Leben lang von Nutzen sein.

Nächtliche Angstzustände

Nächtliche Angstzustände haben nichts mit Alpträumen zu tun. Im Alter von etwa zwei Jahren kann sich das Kind im Schlaf ruckartig im Bett hin und her werfen und unkontrolliert schreien. Dies ist besonders häufig dann der Fall, wenn der Tag anstrengend und konfliktbeladen war. Sicher eilen Sie bei solchen Schreien sofort zum Bett Ihres Kindes, vorher sollten Sie aber tief Luft holen und sich beruhigen. Ihr Kind soll nicht aufwachen und völlig entsetzte Eltern an seinem Bett vorfinden. Wenn Sie sich selbst beruhigt haben, wecken Sie es sanft und versichern ihm, dass alles in Ordnung ist und dass Sie bei ihm bleiben, bis es wieder einschläft. Ihr Kind wird sich am nächsten Morgen vermutlich nicht an den Vorfall erinnern können.

»Im Schlaf werden wir neu geschaffen« (Leo Buscaglia).

Der Schlaf ist eine Zeit des Übergangs, ein Abschluss des vorherigen Tages und eine Vorbereitung für den neuen. Ebenso wie die Jahreszeiten, ihre Feiertage und Festlichkeiten den Jahreskreislauf strukturieren und kennzeichnen, ist die Nacht die Wende zwischen zwei Tagen. Wenn wir unsere Kinder auf eine vernünftige und ihnen entsprechende Weise in den Schlaf begleiten, wird dieser ihnen die nötige Ruhe und Kraft für den neuen Tag und das Leben geben.

Kinder brauchen das Gefühl, in einer sicheren Umgebung einzuschlafen. Ein Nachtlicht in der Steckdose oder ein Kuscheltier im Bett kann aufgewühlte Gemüter beruhigen.

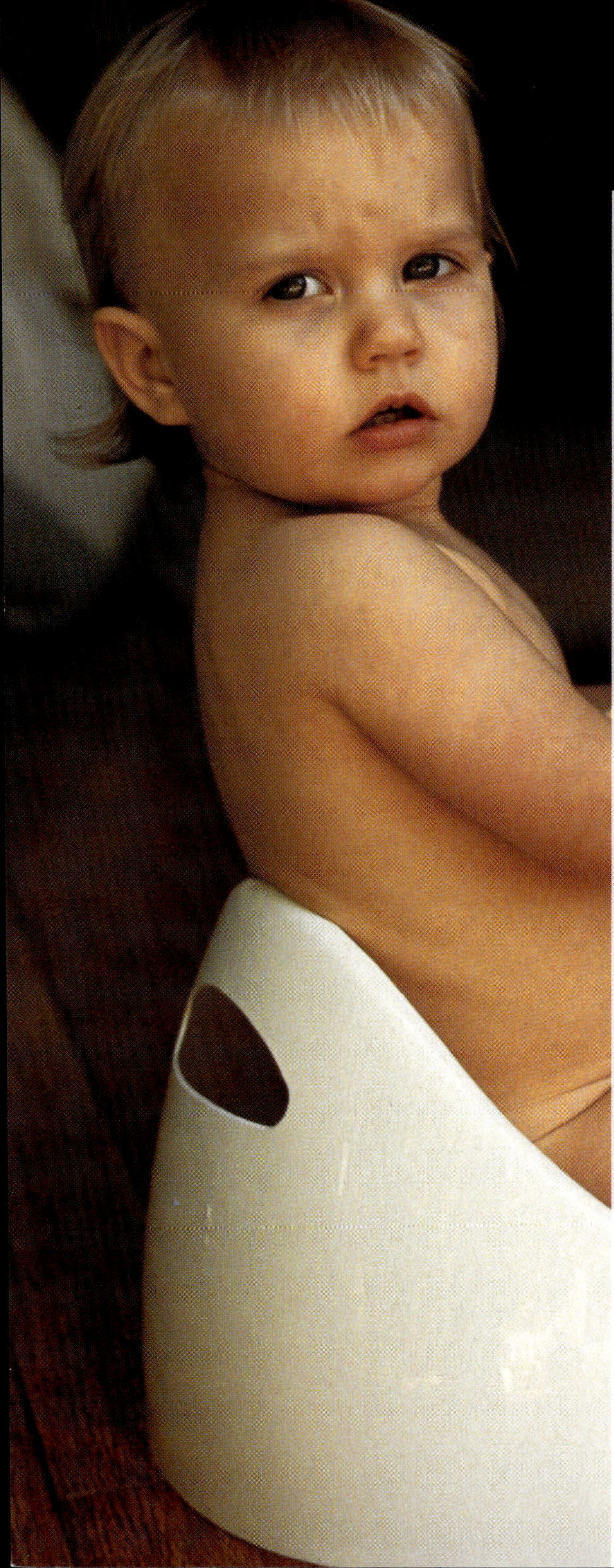

KINDER WERDEN SAUBER

Viele Mütter und Väter sorgen sich, dass das Erlernen der Blasen- und Darmkontrolle auf einer geheimnisvollen Wechselwirkung zwischen Eltern und Kind basiert, die mit vielen versteckten Fallen bestückt ist, die alle zu einer lähmenden Neurose führen können. Entspannen Sie sich! Auch die Fähigkeit, zur rechten Zeit den Gang auf die Toilette zu unternehmen und nicht die Hose voll zu machen, ist ebenso eine Fertigkeit, die es zu erlernen gilt, wie laufen lernen oder richtig mit Messer und Gabel umzugehen.

Erziehungsmethoden beim Sauberwerden

Probleme beim Sauberwerden

Wenn Ihr Kind dem Babyalter entwächst und in das »schreckliche« zweite Lebensjahr kommt, in dem es seine Eigenständigkeit oft auf kreative und manchmal nicht so konstruktive Weise behauptet, steht Ihnen und vor allem Ihrem Kind eine neue Herausforderung bevor. Erst gestern noch wollte es nicht essen und hatte einen Wutanfall, heute ist es zornig, weil es die Schuhe nicht allein ausziehen kann und das Marmeladeglas sich partout nicht aufschrauben lässt. Das Neinsagen wird pausenlos und sehr erfolgreich geübt. Alle diese Verhaltensweisen gehören zu den Versuchen des Kindes, Kontrolle über seinen Körper zu bekommen, aber erst beim Sauberwerden schafft es das Kind zum ersten Mal wirklich.

»Wenn du musst, dann musst du« (aus: »Annie, das Waisenkind«). Dieser Aussage ist kaum noch etwas hinzuzufügen. Das Bedürfnis, sich seiner Ausscheidungen zu entledigen, ist ein elementares, seine Steuerung bedarf allerdings einiger Übung.

Sauberwerden in einer überorganisierten Familie

In einer überorganisierten Familie übernehmen die Eltern – wie in allen anderen Bereichen – auch die Verantwortung für das Sauberwerden des Kindes. Oft möchten sie, dass es schon sauber wird, bevor es dazu körperlich bereit ist. Das Kind hat bereits gelernt, den Eltern in allen Lebensbereichen zu Gefallen zu sein, deshalb wird es versuchen, auch hier die Anerkennung der Eltern zu bekommen, wenn es erfolgreich zur Toilette geht. Nach einigen Fehlschlägen aber wird es entweder frustriert aufgeben oder eine widerspenstige Haltung einnehmen. Dann leidet es unter seinem »Versagen« oder weigert sich, überhaupt noch auf die Toilette zu gehen. Vielleicht hört man von den stolzen Eltern, dass das Kind schon mit zehn Monaten sauber war. Dies klappte aber nur, weil es alle zehn Minuten auf den Topf gesetzt wurde. Man muss sich fragen: Um wen geht es hier, um die Eltern oder das Kind? Das Kind wird mit Belohnungen und Strafen unter Druck gesetzt, um zu funktionieren. Typische Belohnungen: »Wenn du schön auf den Topf gehst, bekommst du etwas Süßes.«

Bei den Strafen wird mit emotionalem Missbrauch gearbeitet (»Du böser Junge. Ich mag kleine Jungs nicht, die in die Hosen machen«), verbaler Ablehnung (»Große Mädchen machen nicht in dic Hosen«), Demütigung (»Du musst wieder Windeln tragen wie ein Baby«), Vergleichen (»Tom macht nicht mehr in die Hosen. Warum kannst du nicht auch ein großer Junge sein, so wie er?«), Liebesentzug (»Ich mag dich nicht umarmen, du hast in die Hosen gemacht«) und Androhung körperlicher Strafen (»Du darfst nicht aufstehen, bis du etwas gemacht hast. Ich werde dich so lange hier festhalten, bis etwas kommt. Wenn du vom Topf aufstehst, ohne dass etwas drin ist, dann kriegst du eins auf den Po«).

Vermeidbare Risiken

Die Kontrolle über seine Körperfunktionen verbindet das Kind in der überorganisierten Familie sehr schnell mit etwas Unangenehmem. Das Kind hat dem Willen der Eltern gemäß zu funktionieren; ob es körperlich überhaupt schon dazu in der Lage ist, ist ohne Belang.

In einer überorganisierten Familie wird ein Machtkampf inszeniert, und das Kind kann wählen, ob es Widerstand leisten oder den Eltern gefallen will. In beiden Fällen verliert das Kind und erfährt, dass es keine Kontrolle über seine eigenen Körperfunktionen hat. Es können aber auch echte Probleme entstehen, wenn aufgrund des Kampfes ums Sauberwerden das Kind seine Darmtätigkeit verweigert und dadurch Verstopfung bekommt, was wiederum zur Folge hat, dass sein Körper mit Einläufen, Zäpfchen und Abführmitteln manipuliert wird. Oder aber das Kind wird aufgrund des Stresses, weil es für die Eltern perfekt zu funktionieren hat, immer nervöser und ängstlicher, was zu einem anwachsenden Verlust der Darmtätigkeit führt, die zunehmend schwieriger zu kontrollieren ist. So setzt sich der Kreislauf aus Versagen, Scham und Kränkung fort.

Sauberwerden in einer profillosen Familie

Die Eltern in einer profillosen Familie haben eine sehr lässige Einstellung zu dieser Angelegenheit und geben dem Kind auch keine Informationen über seine Körperfunktionen. Der Zeitpunkt, zu dem ein Kind mit zwei Jahren lernen könnte, sauber zu werden, wird verpasst. Denn die Eltern bemerken die Anzeichen dafür nicht oder bringen nicht die notwendige Energie bzw. Geduld auf, um geeignete Methoden zu finden, die dem Kind bei seiner Aufgabe helfen. Oft sind sie auch gar nicht da, um das Kind konsequent anzuleiten und zu unterstützen.

Erst wenn man den Eltern mitteilt, dass das Kind den Kindergarten nicht besuchen kann, bevor es sauber ist, stellt sich Besorgnis ein. Sie wissen dann aber nicht, wo sie anfangen sollen, oder möchten damit nicht behelligt werden. Daher übertragen sie die Anleitung zum Sauberwerden oft einer Tagesmutter und lassen das Kind die andere Zeit über in Windeln. Durch diese und andere Inkonsequenzen wird der Prozess des Sauberwerdens verlängert. Manchmal soll es aushalten, bis es zu Hause ist, dann darf es wieder in die Windeln machen, weil es für die Eltern gerade bequem ist. Einmal ist es ganz in Ordnung oder sogar lustig, wenn das Kind es nicht rechtzeitig zur Toilette schafft, dann wieder werden die Eltern wütend und strafen es, wenn es beim Spielen in die Hosen machte.

Sauber, aber zu welchem Preis?

In der überorganisierten wie in der profillosen Familie werden die Kinder letztendlich sauber, aber zu einem hohen Preis, denn sie fühlen sich machtlos, ungeliebt, unsicher, gedemütigt und verwirrt. Diese Gefühle wirken sich auch auf ihre anderen Lebensbereiche aus. Die Kinder lernen nicht, dass sie über ihren eigenen Körper Kontrolle haben.

Das Sauberwerden in einer Familie mit Rückhalt

In einer Familie mit Rückhalt überlassen die Eltern dem Kind die Kontrolle über seine Körperfunktionen und erlauben, dass es gemäß seinem eigenen Tempo sauber werden kann. Die Eltern sorgen auf ungezwungene Weise für ein flexibles Lernprogramm. Fehler können ihrer Meinung nach immer passieren und sind eine Gelegenheit, um zu lernen. Die Eltern verhalten sich entspannt und stets hilfsbereit. Sie lassen sich durch die Erwartungen und Kommentare von anderen Erwachsenen nicht beirren und sind auch nicht übermäßig besorgt.

Sauberwerden lässt sich nicht erzwingen. Jedes Kind braucht dazu seinen individuellen Zeitpunkt. Eltern sollten diesem Prozess gelassen und entspannt entgegensehen.

Vorbereiten und Üben des Sauberwerdens

Sie und Ihr Kind müssen für den Prozess des Sauberwerdens bereit sein. Sie müssen die nötige Zeit, Geduld und Ermutigung für das Kind aufbringen und wissen, warum Sie dem Kind dabei helfen wol-

Drei Anhaltspunkte dafür, dass ein Kind sauber werden kann

1. Die körperliche Entwicklung

Die meisten Kinder sind von ihrer körperlichen Entwicklung her im Alter zwischen 18 Monaten und zweieinhalb Jahren dafür reif. Bei einigen normal entwickelten Kindern kann es auch erst zwischen dreieinhalb und vier Jahren so weit sein. Die wesentlichen Anzeichen dafür sind eine regelmäßige Darmtätigkeit und die bewusste Wahrnehmung des Urinierens oder der Darmtätigkeit. Außerdem sollte das Kind tagsüber schon längere Zeit trocken sein können.

2. Die Bereitschaft zum Sauberwerden

Ein Kind kann mit 18 Monaten zwar körperlich reif sein, aber kein Interesse daran haben, auf die Toilette oder den Topf zu gehen. Mit zweieinhalb Jahren kann witzige bunte Unterwäsche ein guter Ansporn sein. Ein positives Anzeichen für die Bereitschaft ist der Wunsch des Kindes, nach jedem Urinieren oder Darmentleeren die Windeln zu wechseln.

3. Die Fähigkeit, sich mitzuteilen

Für das Sauberwerden ist es nicht unbedingt notwendig, aber hilfreich, wenn das Kind sein Bedürfnis verbal mitteilen kann. (»Ich muss jetzt groß machen.«) Auch einfache Hinweise werden durchaus verstanden. Z.B. können sprechbehinderte Kinder und ihre Eltern ohne Worte so weit miteinander kommunizieren, dass das Sauberwerden erfolgreich erlernt werden kann.

Überdenken Sie Ihre Motive. Nicht für Sie soll Ihr Kind sauber werden, sondern weil es nun bereit ist und dazu Ihrer Hilfe bedarf.

len. Haben Sie einfach das Windelnwechseln satt, soll das Kind jetzt in den Kindergarten gehen, oder möchten Sie mit den Nachbarn konkurrieren, deren Sohn schon seit Monaten nur noch Höschenwindeln braucht? Wenn das Ihre Motive sind, sollten Sie noch einmal darüber nachdenken. All das kann Sie natürlich beeinflussen, aber der eigentliche Punkt ist, ob Sie Ihrem Kind helfen wollen, weil es bereit ist, Ihre Hilfe auch anzunehmen.

Falls die Voraussetzungen nicht stimmen

Wenn all diese Anzeichen nicht ersichtlich sind, dann wird das Kind auch nicht durch Drohungen, Zwang, Süßigkeiten und Ratgeber sauber werden. Wenn ein Kind bereit ist und seine Bedürfnisse mitteilen kann, kann es durch »Trockenübungen« schon einmal viel Erfahrung sammeln, auch wenn es körperlich noch nicht so weit ist. Bedenken Sie aber, dass ein Kind, solange es noch nicht körperlich in der Lage ist, seine Darmtätigkeit zu kontrollieren, mit dem Sauberwerden keinen Erfolg haben wird, auch wenn es will. Tragen Sie also dazu bei, dass es nicht frustriert aufgibt und womöglich jeden weiteren Versuch verweigert. In einem anderen Fall könnte ein Kind den Willen und die körperliche Fähigkeit besitzen, wäre aber aufgrund seiner psychologischen Verfassung (weil die Mutter sich mehr um das Neugeborene kümmert) nicht imstande, das Saubermachen zu lernen.

Die nötigen Hilfsmittel

Wenn alle drei Anhaltspunkte gegeben sind, können Sie und Ihr Kind sich auf das Abenteuer Sauberwerden einlassen. Einige Hilfsmittel sind dabei sehr nützlich.

Erleichtern Sie sich und Ihrem Kind das Thema »Sauberwerden«. Bauen Sie auf den Nachahmeffekt, und »üben« Sie beispielsweise gemeinsam.

- Dazu gehört vor allem ein Töpfchen. Ein Kind kann leichter darauf sitzen, und es ist vertrauter als ein Toilettensitz. Stellen Sie das Töpfchen ins Badezimmer. Das Kind kann dann darauf sitzen, während Sie auf dem »großen Stuhl« sind – und beide können dabei gemütlich in einem Buch oder einer Zeitschrift blättern. Das Kind darf mit dem Töpfchen spielen und sich somit daran gewöhnen. Vielleicht sitzt in der Anfangszeit der Teddy länger darauf als das Kind selbst.
- Wichtig ist auch bequeme Kleidung, die man leicht ausziehen kann. Spezielle Lernhöschen mit Plastikeinlage und Klettverschluss kann das Kind leicht selbst öffnen, sie sind auch unproblematisch, wenn doch einmal etwas danebengeht. Für den gleichen Zweck gibt es auch Wegwerfhöschen. Das Kind kann sie leicht selbst an- und ausziehen, und für Sie fällt dadurch weniger Wäsche an.
- Außerdem braucht man jede Menge Toilettenpapier. Wenn Kinder einmal dessen Verwendungszweck erkannt haben, werden damit alle Schmusetiere und das gesamte Badezimmer abgewischt. Wenn die Kinder daran gewöhnt sind, auf den Topf zu gehen, werden Sie ihnen am Anfang noch dabei helfen müssen, sich mit Toilettenpapier abzu-

Kleinere Malheure wird es besonders in der Anfangszeit noch geben. Sehen Sie jedoch von einer Bestrafung ab, Ihr Kind wird wahrscheinlich selbst am unglücklichsten sein, wenn es noch einmal danebengehen sollte.

putzen. Später können sie das selbst machen. Kleine Mädchen müssen lernen, von vorn nach hinten zu wischen, damit keine Stuhlreste in die Scheide gelangen können und dort Entzündungen hervorrufen.

- Auch ein kleiner Hocker im Badezimmer ist für Kinder nützlich. Sie können draufsteigen, um ans Waschbecken zu gelangen, und die Füße darauf abstützen, wenn sie auf der Toilette sitzen.
- Daneben sollten Sie noch einen ausreichenden Vorrat an Windeln bereithalten, auch wenn Sie denken, damit wäre es nun endgültig vorbei. Einige Kinder brauchen nachts noch längere Zeit Windeln, auch wenn sie tagsüber schon längst trocken sind. Andere Kinder wiederum können ihre Ausscheidungen noch nicht regelmäßig kontrollieren und kehren deshalb vorübergehend wieder zu Windeln zurück. Das ist kein Rückfall, sondern nur eine kleine Unterbrechung im Lernprozess des Kindes.

Übung macht den Meister

Für die Kontrolle seiner Blasen- und Darmtätigkeit braucht das Kind genauso Übung wie für alle anderen Fertigkeiten. Es gibt nicht nur einen richtigen Weg zum Sauberwerden. Sie können mit Ihrem Kind zusammen herausfinden, was für Sie beide am besten ist. Bitte denken Sie immer daran, dass Sie ihm helfen, seinen Körper zu kontrollieren. Dazu einige Vorschläge, die sich in der Praxis bewährt haben.

Körperhygiene und Selbstachtung hängen eng zusammen. Kinder, die hierbei richtig angeleitet wurden, können jederzeit selbst für körperliches Wohlbefinden sorgen.

- Wenn das Kind seine Umgebung erforscht und an allem Interesse zeigt, was Sie tun, dann nehmen Sie es mit ins Badezimmer, und zeigen Sie ihm, was Sie dort tun. Kleine Jungs z.B. werden sehr stolz sein, wenn sie ihren Vater nachahmen können.
- Wenn Sie dem Kind die Windeln wechseln, dann sprechen Sie vor, was das Kind später selbst sagen soll, z.B.: »Tommi ist nass. Tommi hat gedrückt.«
- Wenn das Kind angestrengt drückt oder unruhig herumläuft, sieht es so aus, als ob es auf den Topf müsste. Fragen Sie es, ob es auf den Topf will, aber drängen Sie es nicht, falls es nein sagt. Denken Sie daran, dass es sein Körper ist und dass es alles auf seine Art und in seinem eigenen Rhythmus lernen wird. Es braucht nur Ihre Anleitung und Unterstützung dabei.

Auf Signale achten

- Wenn Sie auf körperliche und verbale Signale Ihres Kindes achten, werden Sie einen gewissen Rhythmus feststellen, durch den man schon vorher erkennen kann, wann es zur Toilette muss. Auch Ihr eigener Rhythmus kann Ihnen Anhaltspunkte liefern, den Ihres Kindes zu verstehen. Größere Kinder können die Ausscheidungen für eine gewisse Zeit zurückhalten, kleinere aber sind dazu nicht in der Lage.
- Wenn Kleinkinder andere Kinder beobachten, die bereits sauber sind und das Töpfchen oder die Toilette benutzen, können sie den ganzen Vorgang besser begreifen. Wenn einmal etwas danebengeht, erfährt Ihr Kind, dass es anderen auch passieren kann und keine schlimme Sache ist (es gibt immer trockene Ersatzunterhosen). Alle Kleinkinder haben hin und wieder eine Panne. Manchmal kann es auch später noch passieren, besonders wenn sich in ihrem Leben etwas Wichtiges verändert. Das kann ein neues Geschwisterchen sein, ein Umzug oder die Scheidung der Eltern. Denken Sie daran, dass es sich um eine Fertigkeit handelt, die man lernen kann, und nicht um einen Wettbewerb, den man gewinnen muss.

Wenn Sie aufmerksam den Rhythmus Ihres Kindes verfolgen, vielleicht sogar notieren, werden Sie schnell die Zeiten Ihres Kindes herausfinden. Nutzen Sie diese für die ersten Töpfchensitzungen aus.

Bettnässen – ein Sonderproblem

Die Kontrolle der Blasentätigkeit lernen Kinder normalerweise, nachdem sie die Darmtätigkeit kontrollieren können. Tagsüber trocken zu sein lernen sie meist schneller, als während der Nacht

Bettnässen hat meist psychologische Gründe. Belohnung oder Strafe wird Sie hier nicht ans Ziel bringen. Üben Sie sich in Geduld, und versuchen Sie der Ursache auf die Spur zu kommen.

trocken zu bleiben. Bettnässen (Enurese) bei Kindern, die älter als vier oder fünf Jahre alt sind, kann auf einen Konflikt und Scham- oder Schuldgefühle sowohl bei den Eltern wie auch bei den Kindern hinweisen. Die Eltern könnten versucht sein, das Kind durch Belohnung oder Strafe dazu zu bringen, nachts trocken zu bleiben.

Beides wird nicht funktionieren und das Kind vielmehr dazu veranlassen, sich gar nicht mehr darum zu kümmern oder das nasse Betttuch zu verbergen. Der bekannte Kinderarzt Dr. T. Berry Brazelton gibt in seinem Buch »Touchpoints: The Essential Reference« (»Berührungspunkte: Der wesentliche Bezugspunkt«) einen guten Hinweis auf Ursachen und Folgen:

»Beim Bettnässen geht es um das Bedürfnis des Kindes, in seinem eigenen Tempo unabhängig werden zu können. Auch wenn die Gründe physiologischer Natur sind und auf einer noch nicht entwickelten Blasenkontrolle oder Tiefschlaf (ein Zeichen für ein noch nicht entwickeltes Signalsystem des Körpers) beruhen, ist die entscheidende Frage, wer die Situation kontrolliert.

Eltern und Ärzte untersuchen die Gründe und wenden bestimmte Maßnahmen an (Alarmvorrichtungen, Strafen und Anzeigesignale, die ausgelöst werden, wenn das Kind einnässt). Dabei gehen die Autonomie des Kindes und sein Kontrollbedürfnis verloren. Das Kind erlebt sich als Versager – unreif, schuldig und hoffnungslos. Die Verletzung seines Selbstwertgefühls wird schwerwiegender sein als die Symptome.«

Ein trockenes Bett

Es gibt Sicherheitseinlagen zu kaufen, die man einem vierjährigen oder älteren Kind geben kann, das Bettnässer ist und bei einem Freund übernachten möchte, aber Angst hat, in eine peinliche Situation zu geraten. Das Kind kann diese Einlagen jede Nacht tragen, so lange, bis es auch nachts trocken ist. Die Einlagen werden in der Unterhose befestigt; es sind keine dick auftragenden Windeln, sie nehmen trotzdem den Urin auf, halten dicht und riechen auch nicht. Damit kann das Kind beruhigt schlafen gehen, ohne Angst vor einem bösen Erwachen. Vielleicht wird der Opa oder die Oma bei dieser Gelegenheit dem Kind erklären können, dass auch sie diese Einlagen gern verwenden.

Humor und Geduld

Für die Übungsphase brauchen Sie viel Humor, um alle missglückten Versuche durchzustehen. Man kann das Sauberwerden auch lustig gestalten, indem man z. B. Toilettenlieder erfindet, mit dem Toilettenpapier auf die Schüssel zielt und dem »Aa« hinterherwinkt, bevor es hinuntergespült wird. Ein Kind kann nicht an einem Tag lernen, sauber zu werden, auch wenn das in manchen bekannten Büchern behauptet wird.

Wenn Sie lange genug warten, kann das etwas ältere Kleinkind »plötzlich« eine ganz normale Unterhose »für große Mädchen oder Jungen« tragen und wird vielleicht von diesem Tag an völlig trocken sein. In Wahrheit aber ist dies das Ergebnis eines langen Prozesses, der sich über viele Monate hin erstreckt hat. Die jüngeren Geschwister werden oft schneller sauber, denn sie haben ein Vorbild, dem sie nacheifern können.

»Das Sauberwerden ist nicht anders als jede andere Lernerfahrung in der frühen Kindheit, ähnlich dem Umgang mit Messer und Gabel oder dem Zuknöpfen einer Jacke. All das erfordert ein koordiniertes Zusammenspiel zwischen Geist und Körper« (Alison Mack).

Nehmen Sie's gelassen

Außer Humor ist auch noch eine große Portion Geduld wichtig. Man braucht Geduld, wenn man ein Telefongespräch mit einer alten Freundin unterbricht, um dem Kind auf das Töpfchen zu helfen und dann zu hören: »Es kommt doch noch nichts.« Noch mehr Geduld braucht man, wenn man das Kind sauber machen muss, obwohl es noch vor drei Minuten ganz sicher war, dass es nicht aufs Töpfchen will. Aber es ist die Sache wert. Entspannen Sie sich, auch Ihr Kind wird es lernen.

Worauf Sie achten sollten

- Erkennen Sie sensibel den richtigen Zeitpunkt, zu dem Ihr Kind sauber werden will und kann.
- Leiten Sie es vorsichtig an, und unterstützen Sie es geduldig, auf seine eigene Weise seinen Körper etwas mehr zu entdecken und zu beherrschen.
- So leisten Sie einen wertvollen Beitrag zur Befähigung Ihres Kindes, seinen Körper zu verstehen, anzunehmen, zu beherrschen und mit Achtung zu behandeln.

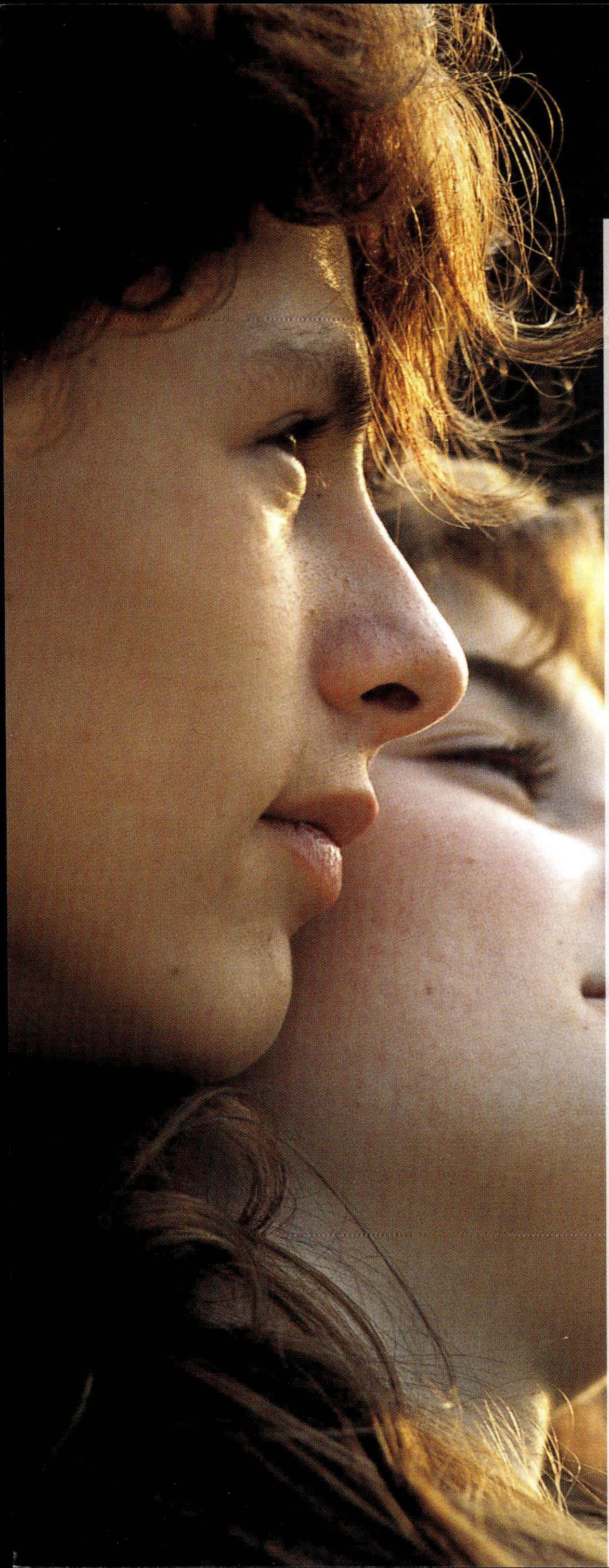

GESUNDE EINSTELLUNG ZUR SEXUALITÄT

Sexualität ist bis in die heutige Zeit in vielen Familien ein Tabuthema geblieben. Doch mangelnde Information, schlechte Aufklärung oder auch die unerklärliche Scheu davor, Dinge beim Namen zu nennen, haben fatale Folgen. Dieses Kapitel gibt Ihnen wertvolle Hilfen, wie Sie mit Ihren Kindern durch dieses besonders in der Pubertät schwierige Thema kommen. Schaffen Sie ein angenehmes Familienklima, in dem Sexualität und das Entdecken des eigenen Körpers etwas ganz Natürliches sein dürfen.

Sexualerziehung ohne Zwang und Lügen

Tabus und Probleme bei den Eltern

Ein siebenjähriger Junge fragt: »Mama, wo komme ich her?« Die Mutter lässt den Wäschekorb fallen und bittet ihren Sohn, sich zu setzen; sie werde ihm die Frage gleich beantworten, verspricht sie hastig. Etwas irritiert läuft sie ins Schlafzimmer und holt einige Bücher aus dem Nachttisch hervor. Der Vater sollte sie dem Sohn doch auf dem letzten Ausflug zeigen, jetzt sieht es ganz so aus, als ob die Mutter die leidige Aufgabe hätte, den Siebenjährigen aufzuklären. Als sie endlich mit den Büchern in der Küche erscheint, schüttelt der Junge den Kopf. »Was willst du damit? Die kenne ich außerdem schon, Papa hat sie mir beim letzten Ausflug gezeigt. Ich wollte wissen, aus welcher Stadt wir kommen. Ich habe vergessen, ob es Hamburg oder Frankfurt ist.«

»Wenn wir unsere Sexualität als ebenso natürlich betrachten könnten wie unser Verdauungs- und Ausscheidungssystem, wären wir in der Lage, Kinder zu einer gesunden Einstellung zur Sexualität zu erziehen« (Lynn Leight).

Was schlechte Information bewirken kann

Vielen von uns ist es unangenehm, mit unseren Kindern über Sexualität im Allgemeinen und Sex im Besonderen zu sprechen. Das kommt teilweise daher, dass wir auch von unseren Eltern nichts oder nur sehr wenig darüber erfahren haben. Sie hatten darauf gehofft, dass wir das später in der Schule lernen würden. Und jeder von uns weiß, wie schlecht wir manchmal informiert waren: Der Storch bringt die kleinen Kinder! Viele junge Mädchen dachten damals, sie könnten beim ersten Geschlechtsverkehr oder während der Periode nicht schwanger werden. Wenn sich das dann als falsch erwies, war es leider schon zu spät. Wie viele Jungen hatten Angst, man könnte es ihnen ansehen, wenn sie masturbierten. Alle Welt würde dann wissen, was für schreckliche Dinge sie tun. Ein Mädchen konnte furchtbare Angst haben zu verbluten, wenn es zum ersten Mal menstruierte, und ein Junge befürchten, seine Blase nicht mehr kontrollieren zu können, wenn er zum ersten Mal einen nächtlichen Samenerguss hatte.

Die richtigen Gespräche und Erfahrungen

Den Weg zur eigenen und vor allem zu einer unverkrampften Sexualität finden die Kinder wieder nur durch das Beispiel und Vorleben der Eltern. Sexualität sollte kein Tabuthema sein.

Kinder erfahren immer etwas über Sexualität, wenn auch nicht immer durch uns. Oft handelt es sich dabei aber um falsche Informationen und Interpretationen, um Übertreibungen und abwertende Vorstellungen in Bezug auf den eigenen Körper und den des anderen Geschlechts. Wenn wir vermeiden, über Sexualität zu sprechen, übermitteln wir unseren Kindern indirekt nicht sehr gute Botschaften: »Es ist nicht erlaubt, frag mich nicht. Schau nicht hin, suche dir deine Informationen woanders.«

Wenn wir die Ersten sein wollen, die den Kindern vermitteln, was Sexualität eigentlich bedeutet, ist es entscheidend, dass wir schon mit kleinen Kindern offen darüber sprechen. So kann eine positive Vertrauens- und Gesprächssituation zu diesem Thema entstehen, bevor die Pubertät mit all ihren Hormonschwankungen einsetzt und Gedanken sowie Gefühle unserer Kinder bezüglich ihrer eigenen Sexualität beeinflusst. Wenn wir Sexualität nicht nur als Sex verstehen, können wir als Eltern auf verbale und nichtverbale Weise vermitteln, dass dies alles nicht nur unsere Genitalien betrifft, sondern ein wunderbarer Teil unseres Lebens ist. Unsere Handlungen, Ausdrucksweisen, Gefühle und die Art und Weise, wie wir mit unserem Körper sowie dem unserer Kinder umgehen und wie wir auf ihre Gefühle reagieren, tragen zu einer gesunden Einstellung der Kinder zur eigenen Sexualität bei. So entsteht ein angenehmes Familienklima, in dem die Kinder ihren eigenen Körper entdecken und ihre Fragen stellen können.

Sexualität in einer überorganisierten Familie

In einer überorganisierten Familie werden meist Verbote ausgesprochen und sittliche Richtlinien festgesetzt. Kindern wird in Zusammenhang mit Sexualität ein falsches Schamgefühl eingeflößt. (»Berühr ihn nicht, sonst fällt er ab.« – »Du böser Junge, du hast deine Hose nass gemacht.« – »Nicht hinfassen, das gehört sich nicht.« – »Brave Mädchen tun so etwas nicht«.) Oft werden sexuelle Themen totgeschwiegen, den Kindern wird klargemacht, dass man entsprechende Fragen nicht stellt. So begreifen sie weder das eigene noch das andere Geschlecht, bleiben unwissend und ängstlich. Aber auch wenn Informationen verweigert werden, hält das Kinder nicht davon ab, sexuell aktiv zu werden – oft ist genau das Gegenteil der Fall.

Der beste Schutz ist Aufklärung

Aktuelle Untersuchungen haben gezeigt, dass Kinder, die mit ihren Eltern offen über Sexualität sprechen können, gut informiert sind und zu den Jugendlichen gehören, die am wenigsten Geschlechtsverkehr haben. Nicht Wissen, sondern Unwissenheit führt zu einem unangemessenen Verhalten.
Aufgeklärte Teenager, die zudem erleben, dass ihre Eltern auf verantwortungsvolle Weise mit Sexualität umgehen, sind bedeutend seltener durch ungewollte Schwangerschaft oder Geschlechtskrankheiten gefährdet.

Wird das Thema »Sexualität« totgeschwiegen oder werden die Kinder einem Übermaß an Informationen ausgesetzt, schwinden die Chancen, ein gesundes und maßvolles Sexualverhalten aufbauen zu können.

Sexualität in einer profillosen Familie

Auch beim Thema »Sexualität« zeigt sich die nachlässige Erziehungshaltung in einer profillosen Familie. Die Eltern hoffen, dass ihre Kinder in der Schule, von Freunden, aus dem Fernsehen oder aus Büchern all das erfahren, was die Eltern nicht vermitteln können oder wollen.

Sex ohne Grenzen

Besonders extrem veranlagte Eltern in einer solchen Familie kennen beim Ausleben ihrer Sexualität wiederum keine Grenzen. Sie leben den Kinder häufigen Partnerwechsel vor und setzen kleine Kinder einem Übermaß an Informationen über Sexualität aus, die für sie noch unverdaulich und schädlich sind. (»Es macht ihm nichts, wenn er den Pornofilm sieht. Ich habe auch schon viele gesehen, und mir hat es auch nicht geschadet.« – »Ich kann diese Hefte herumliegen lassen. So erfahren die Kinder Dinge, über die sie mit uns nicht sprechen wollen.«)

Sex, ein Mittel zum Zweck

In dieser Familiensituation lernen Kinder nicht, mit ihrer eigenen Sexualität richtig umzugehen. Sie erfahren vielmehr, dass Sex ein Mittel ist, um etwas anderes zu bekommen. Die Informationen über den eigenen Körper sind verzerrt, es gibt keine Anleitung für ein angemessenes und gesundes Sexualverhalten.
In diesen beiden Typen der profillosen Familie können Kinder keine Fragen über Sexualität stellen. Grenzen werden nicht festgelegt, die

Kinder sind weniger gefährdet, schon als Teenager Geschlechtsverkehr zu haben (und schwanger oder geschlechtskrank zu werden), wenn sie gut informiert sind, offen mit ihren Eltern sprechen können und erleben, dass ihre Eltern auf gesunde Weise mit Sexualität umgehen.

Kinder können ihre eigene Sexualität nicht entdecken und dabei ihren eigenen Körper und den anderer Menschen respektieren. Diese Kinder geben leicht dem Druck von Gleichaltrigen nach. (»Alle machen das.« – »Du brauchst nicht zu glauben, was dir deine Eltern sagen. Sie möchten nur nicht, dass es dir Spaß macht.« – »Du kannst mir schon vertrauen, du wirst bestimmt nicht schwanger.«)

Sexualität in einer Familie mit Rückhalt

In einer Familie mit Rückhalt schaffen die Eltern die Grundlage für eine gesunde sexuelle Erziehung, noch bevor die Kinder geboren werden. Sie begreifen ihre eigene Sexualität als wichtigen Teil ihrer Wertvorstellungen, ihrer Moral und ihrer Gefühle. (Das ist leichter gesagt als getan! Aber es ist noch nicht zu spät, auch wenn ihre Kinder schon in der Pubertät sind.) Dieses starke Selbstwertgefühl befähigt die Eltern, die wunderbaren Eigenschaften von Mädchen und Jungen zu schätzen und nicht in stereotype Rollenverteilungen zu verfallen. Die Eltern sind für die Kinder ein Vorbild, dem diese nacheifern können. Sie behandeln ihren eigenen Körper ebenso mit Achtung wie den ihres Partner oder ihrer Kinder. Damit beginnt eine lebenslange Beziehung voller Vertrauen, Liebe und Kraft.

Der natürliche Umgang mit unserem nackten Körper vermittelt dem Kind die Erfahrung: Ich darf so sein, wie ich bin. Ich muss mich für nichts schämen.

Aufklärung – vom Kleinkind bis zum Jugendlichen

Den richtigen Wortschatz wählen

Wenn kleine Kinder ihre Körperteile entdecken und erforschen, können Sie eine offene und ehrliche Gesprächsbasis schaffen, indem sie alle Körperteile mit dem richtigen Namen bezeichnen. Das ist nicht so einfach, wenn sich alte Gewohnheiten und schlechte Beispiele in unser Vokabular einschleichen. (»Das sind die Augen, die Ohren, die Nase, der Ellbogen, das Knie, der Knöchel und die Muschi.«) Es gibt in der Umgangs- und Vulgärsprache mehr als 100 verschiedene Wörter für »Penis« und »Busen«, aber kein einziges für »Knöchel«. Das sagt mehr über die Einstellung der Gesellschaft zur Sexualität aus als über mangelnde Phantasie bei der Bezeichnung des Fußknöchels. Nicht die korrekten Bezeichnungen, sondern die Wörter in der Umgangssprache unterstellen etwas Geheimnisvolles, Unnatürliches, Verbotenes oder Schmutziges. Durch die umgangssprachlichen Wörter können wir das Thema »Sexualität« vermeiden und brauchen nicht direkt über die Sexualorgane und ihre Funktionen sprechen.

»Erschreckende Zahlen aus Amerika: Über eine Million Mädchen im Teenageralter werden jedes Jahr schwanger. Einer von sieben Teenagern infiziert sich jährlich mit einer Geschlechtskrankheit. Unter 500 Studenten ist einer HIV-positiv – Resultat mangelnder Aufklärung und sexueller Unwissenheit« (Robert W.M. Blum, M.D. Ph.D.).

Zwei Beispiele

Ein vierjähriges Mädchen steht mit seiner Mutter in einer Warteschlange vor der Supermarktkasse und verkündet plötzlich laut und deutlich, dass es einen Juckreiz in seiner Vagina habe. Die anwesenden Erwachsenen schnappen nach Luft. Es ist aber doch viel besser, wenn ein vierjähriges Mädchen sich so ausdrücken kann, als wenn eine 30-jährige Frau zu ihrem Arzt sagen muss: »Da unten juckt es so.« Viele Vierjährige sind durchaus in der Lage, schwierige Wörter auszusprechen, warum sollten sie also Wörter wie »Uterus«, »Schwangerschaft«, »Penis« oder »Klitoris« nicht verstehen oder aussprechen können? Die Vermeidung der korrekten Bezeichnung kann aber auch Verwirrung und Unruhe hervorrufen. Sie erklären z.B. Ihrem vierjährigen Sohn: »Das Baby wächst im Bauch der Mama.« Erst gestern haben Sie ihm aber beim Mittagessen erzählt, dass die Spaghetti in den Bauch wandern. Jetzt stellt er sich vor, dass die Spaghetti und das Baby zusammen im Bauch liegen.

Kurze, aber präzise Erklärungen

Beantworten Sie die Fragen Ihrer Kinder zur Sexualität möglichst genau, mit der richtigen Bezeichnung und ohne falsche Scham. Nur so gelingt es, dass die Kinder lernen, dass auch dieses Thema nichts Unnatürliches oder gar Verbotenes ist.

Es ist erforderlich, die Dinge direkt beim Namen zu nennen, z.B.: »Das Baby wächst in Mamas Gebärmutter. Mädchen haben diesen besonderen Ort, an dem ein Baby wachsen kann, bis es geboren wird.« Sie können die Gelegenheit auch gleich nutzen und fortfahren: »Jungen haben keine Gebärmutter. Soll ich dir auf einem Bild zeigen, wie die besonderen Körperteile von Jungen aussehen?« Wenn der Junge eine Schwester hat, sind ihm sicher schon einige anatomische Unterschiede aufgefallen. Dieses Thema wird damit sicher nicht zum letzten Mal auftauchen. Vierjährige brauchen keine langwierigen Erklärungen, sondern gezielte Informationen, um zu lernen. Es gibt gute illustrierte Kinderbücher, die schon kleinen Kindern anschaulich und sinnvoll die Tatsachen des Lebens vermitteln. Wenn Sie ein Buch dieser Art zu den anderen Kinderbüchern ins Regal stellen, zeigen Sie damit dem Kind, dass die darin enthaltenen Informationen ebenso interessant, spannend und normal sind wie die in anderen Kinderbüchern.

Aus dem Alltag lernen

Alltägliche Situationen sind die beste Möglichkeit, um kleinen Kindern einen Begriff von Sexualität zu vermitteln. Die Katze der Nachbarn hat gerade Junge geworfen, die Tante hat ein Baby bekommen, und heikle Themen kommen vor allen Verwandten beim Abendessen aufs Tablett. (»Papa, Tomi masturbiert gerade unter dem Tisch. Du hast ihm doch gesagt, dass er es nur machen soll, wenn er allein ist!«) Alle diese Situationen sind Gelegenheiten, den Kindern Wissen, Werte und sittliche Belange zu vermitteln. Dadurch werden sie in der Lage sein, sich auch als sexuelles Wesen zu begreifen.

Den Informationsfluss nicht abreißen lassen

In der späteren Kindheit beginnt oft eine ruhige Phase. Kinder sind dann mehr an Fakten interessiert. Sie möchten keine langatmigen Ausführungen als Antwort auf ihre Fragen. (Erinnern Sie sich noch an die Tage, als Ihr Kleinkind Sie mit seinen Fragen nach dem Warum fast an den Rand der Verzweiflung brachte? Diese Zeit ist jetzt vorbei.) Nun sind Kinder normalerweise nicht am anderen Geschlecht interessiert, sondern sie möchten mehr über ihren eigenen Körper erfahren und ihn mit dem der anderen Kinder des gleichen Geschlechts vergleichen. (»Du zeigst mir deinen, ich dir meinen.«) Das heißt jedoch nicht, dass damit keine korrekten Informationen über Sexualität mehr notwendig sind. Der Informationsfluss soll dann nicht abbrechen. Dafür gibt es zwei Gründe.

- Zunächst einmal tauchen immer und überall falsche Informationen auf: auf dem Schulhof, auf der Straße oder in den Medien und manchmal auch in den Köpfen der Kinder, weil sie sich etwas zusammenreimen.

Denken Sie nicht, dass Kinder die richtigen Informationen wirklich verinnerlicht haben, nur weil Sie ihnen etwas erklärt haben, weil es in der Schule durchgenommen wurde oder weil sie es im Fernsehen gesehen haben. Meistens haben Kinder zwar irgendetwas gehört, es aber nicht unbedingt verstanden.

- Der zweite Grund, den Informationsfluss nicht abreißen zu lassen, selbst wenn die Fragen nur von den Eltern kommen, ist die Notwendigkeit, die Kommunikation auch dann aufrechtzuerhalten, wenn die Kinder das nächste, für alle äußerst schwierige Entwicklungsstadium erreichen.

Über Freunde, Schulkameraden oder auch über die Medien erhalten Kinder eine Flut an Informationen – auch über das andere Geschlecht und über die Sexualität. Um die Zusammenhänge verstehen zu können, brauchen sie jedoch elterliche Hilfe.

Immer mehr Detailinformationen

Die ruhige Phase ist vorbei, und die Hormone zeigen noch keine größere Wirkung. Nun können Sie als Erzieher davon profitieren, dass Kinder vor der Pubertät sehr an ihrem Körper und an den Veränderungen, die sich in Körper, Geist und Gefühlen zeigen, interessiert sind.

Kinder im Alter von neun bis elf Jahren hören alles Mögliche über Sexualität, Liebe, Verabredungen, Krankheiten und Pickel. Sie möchten wissen, worum es eigentlich geht. Jetzt müssen die Kinder detailliert erfahren, was es mit Sexualität, Intimitäten, Rendezvous und Geschlechtskrankheiten auf sich hat. Je mehr sie darüber Bescheid wissen, umso besser werden sie später in der Lage sein, ihre eigene Sexualität auf verantwortungsvolle Weise zu leben.

Die beste Gelegenheit, diese Informationen an Ihr Kind weiterzugeben, ist beim Autofahren. Setzen Sie sich zusammen ins Auto, und fahren Sie eine gute Stunde lang einfach in der Gegend herum oder in die nächste Stadt.

Bildnachweis

Bavaria Bildagentur, Gauting: 38, 117, 127 (TCL), 132 (FPG), 161 (Janicek); Bilderberg, Hamburg: 2 (Aurora/Jose Azel); Das Fotoarchiv, Essen: 16 (Andreas Riedmiller), 56 (Wolfgang Schmidt), 87 (Kirsten Neumann), 96 (Jochen Tack), 107 (Henning Christoph), 122 (Tobias Gremme), 152 (Bernd Euler), 166 (Peter Hollenbach), 187 (Anne Koch), 194 (Peter Hollenbach); IFA-Bilderteam, Taufkirchen: 31 (Winter), 37, 174 (Weststock), 44 (Comnet), 66 (Ventura), 76 (J. Heron), 92 (Disc), 104 (Digul), 116 (Garet), 149 (March), 202 (Putz); Mauritius, Mittenwald: 24 (Enzinger), 49 (Superstock), 154 (Mitterer), 177 (Cash); The Image Bank, München: 9 (Kristofik), 10 (Maria Taglienti), 72 (Barros & Barros), 139, 188 (Elyse Lewin), 162 (Bard Martin), 171 (Yellow Dog Prods), 182 (David de Lossy), 198 (Carol Kohen); Tony Stone, München:Titelbild (Adamski Peek); VISUM : 83 (Jörg Müller)

Anmerkung der Redaktion

Sie haben es sicher bemerkt, dass wir diesem Buch die neuen amtlichen Rechtschreibregeln zu Grunde/zugrunde gelegt haben.

Hinweis

Das vorliegende Buch ist sorgfältig erarbeitet worden. Dennoch erfolgen alle Angaben ohne Gewähr. Weder Autorin noch Verlag können für eventuelle Nachteile oder Schäden, die aus den im Buch gegebenen praktischen Hinweisen resultieren, eine Haftung übernehmen.

Impressum

Titel der kanadischen Originalausgabe:
Kids are worth it

First published by Sommerville House Books Limited, Toronto, Ontario, Canada
Für die deutschsprachige Ausgabe:

Projektleitung: Ernst Dahlke
Redaktion: Monika Zilliken, Christoph Taschner
Redaktionsleitung: Josef K. Pöllath
Bildredaktion: Bettina Huber
Produktion: Manfred Metzger
Umschlag und Layout: Till Eiden
DTP/Satz: AVAK Publikationsdesign, München
Druck und Bindung: Legoprint, Trento
Printed in Italy
Gedruckt auf chlor- und säurearmem Papier

ISBN 3-517-01963-1

Register